Coldwell · Mit Gesundheit zum Erfolg

Leonard Coldwell

Mit Gesundheit zum Erfolg

Das Selbsthilfeprogramm für Streßresistenz und Leistungsfähigkeit

GABLER

Die Deutsche Bibliothek – CIP-Einheitsaufnahme

Coldwell, Leonard:
Mit Gesundheit zum Erfolg : das Selbsthilfeprogramm für Streßresistenz und Leistungsfähigkeit / Leonard Coldwell. – Wiesbaden : Gabler, 1996
ISBN 3-409-19628-5

Der Gabler Verlag ist ein Unternehmen der Bertelsmann Fachinformation.

Lektorat: Manuela Eckstein

Umschlaggestaltung: Schrimpf und Partner, Wiesbaden
Satz: FROMM MediaDesign GmbH, Selters/Ts.
Druck und Bindung: Graphischer Großbetrieb Pößneck GmbH, Pößneck
Printed in Germany

ISBN 3-409-19628-5

Ich widme dieses Buch
einer der inspirierendsten
Persönlichkeiten, die ich kenne,
dem großartigen Kollegen, Trainer, Lehrer,
Helfer und Freund Zig Ziglar.

Vorwort

Gesundheit ist kein Zufall! Gesundheit ist ein ganzheitliches Konzept!

Die meisten Herzinfakte ereignen sich Montag morgens zwischen acht und neun Uhr. Keine andere Zeit des Tages und der Woche erreicht auch nur ähnliche Häufungen wie dieser Zeitpunkt. Dies geschieht, weil die Betroffenen sich dann gerade darauf vorbereiten, zu einer Arbeit zu gehen, vor der sie Angst haben, die sie belastet, die sie zerstört! Damit es Ihnen nicht ähnlich ergeht, habe ich für Sie dieses Buch geschrieben. Als zweite Chance für Sie: um heute neu zu beginnen und die Vergangenheit hinter sich zu lassen. Sie lernen, wie Sie künftig mit Druck, Streß und Befürchtungen effektiver umgehen und welche Verhaltensweisen für eine lebenslange, optimale Gesundheit wichtig sind.

„Mit Gesundheit zum Erfolg“ ist eine Anleitung, die Ihnen dabei hilft, mehr aus Ihrem Leben zu machen. Genutzt werden ausschließlich die natürlichen Möglichkeiten, die durch die Funktionsweisen der menschlichen Neurologie und des Gehirns vorgegeben sind.

Dieses Buch, das Ihre Lebensqualität und Ihre Fähigkeit, größere Erfolge zu schaffen, augenblicklich positiv verändert, ist leicht verständlich geschrieben und sofort anwendbar. Es wird Ihr Leben und das Ihres Teams privat und beruflich bereichern.

Dieses Buch ist in der von mir entwickelten NAPS-technischen Lehr- und Lernweise geschrieben, so daß es Ihnen sehr leicht fällt, schon beim ersten Durcharbeiten positive Veränderungen in Ihrem Leben, Ihrer Lebensqualität und Ihren Erfolgen vorzunehmen. Wiederholungen sind gewollt und dienen der Konditionierung und einem effektiveren Gesamtverständnis. NAPS ist ein holistisches System und bezieht deshalb jeden Lebensbereich zur Weiterentwicklung ein. Diese Anleitung ist für Ihre persönliche Weiterentwicklung und für den Erhalt Ihrer Gesundheit geschrieben. Es stellt reine Hilfe zur Selbsthilfe dar.

Ich sehe mich nicht als Trainer, sondern als Coach und Freund, als jemand, der Informationen an wertvolle Menschen vermittelt, mit ihnen gemeinsam übt, trainiert, sie anspornt und fördert, Fragen stellt und gemeinsam mit ihnen individuelle Erfolgskonzeptionen entwickelt.

Viel Erfolg und lebenslange Gesundheit wünscht Ihnen

LEONARD COLDWELL

Inhaltsverzeichnis

Ihr Weg zu mehr Gesundheit und Erfolg

Selbständige, Verkäufer und Manager sind in Berufen tätig, die mit den größten allgemeinen Gesundheitsrisiken behaftet sind. Viele Menschen werden durch die Belastungen des Berufs, durch den hohen Einsatz von Energie, Kraft, Emotionen und Zeit so hoch belastet, daß es zu erheblichen gesundheitlichen Fehlentwicklungen kommt, wie beispielsweise Magen- und Darmgeschwüre, Migräne, chronische Rückenleiden, Kreislaufprobleme bis hin zu Krebs, Herzinfarkt, Gehirnschlag oder vorzeitigem Tod.

Gerade für Sie, verehrte Leserin, verehrter Leser, die oder der Sie ganz besonderen Herausforderungen durch Ihren beruflichen Alltag ausgesetzt sind, habe ich aus meiner Praxis- und Forschungsarbeit ein ganz spezielles Selbsthilfesystem entwickelt, das Ihnen dabei helfen kann, trotz der außergewöhnlichen Belastungen in Ihrem Leben, eine gesunde, vitale Zukunft zu gestalten, eine Zukunft, in der es Ihnen möglich ist, die Erfolge, für die Sie ständig Ihren außergewöhnlichen Einsatz erbringen, voller Energie, Fitneß und höchstmöglicher Lebensqualität solange wie nur irgend möglich genießen können.

Die potentielle Lebenserwartung eines Menschen liegt bei 140 Jahren, und diese gilt es zu erreichen. Leider wissen wir aus umfangreichen weltweiten Forschungsstudien, daß 86 Prozent aller Menschen von Zeit zu Zeit oder chronisch krank sind und daß die meisten nur maximal zwei Drittel ihres potentiellen Alters erreichen.

Niemals zuvor hat es eine so hohe Zahl von Pflegefällen, von chronischen Krankheiten und vorzeitigem Tod gegeben wie in der heutigen Zeit. Der Grund dafür liegt einzig und allein darin, daß unser Organismus noch nicht gelernt hat, mit den Veränderungen, den großen Belastungen, dem übermäßigen Streß, den ständig wachsenden Herausforderungen und Belastungen durch Gifte und anderen negativen Umwelteinflüssen optimal umzugehen, ohne durch Energieverlust und daraus resultierender Krankheit darauf zu reagieren.

Wir müssen alle bereit sein, mehr Eigenverantwortung zu übernehmen, denn wir können uns nicht nur auf unsere Mitmenschen, Therapeuten oder gar Politiker verlassen, wenn es um unsere Gesundheit geht oder um die Gesundheit der Menschen, die uns besonders wichtig sind.

Letztendlich ist es nur logisch, daß es für jede Krankheit und jedes Symptom einer Erkrankung eine Ursache geben muß. Diese ist in unseren Lebensumständen, in unserem Verhalten, in unserer Ernährung, in unserem Denken und Fühlen zu suchen und zu finden.

Wir müssen die Verantwortung und Kontrolle für unser Leben, für unsere Gesundheit und unsere Zukunft selbst übernehmen und die lebenslange Gesundheit voller Vitalität, Kraft, Energie und Leidenschaft selbst einleiten und programmieren.

Ich habe dieses Buch für Sie geschrieben, um Ihnen die Möglichkeit zu geben, durch neue, wichtige Informationen, Techniken und durch das Praktizieren von Verhaltensweisen, von denen Sie wissen, daß Sie sie sich längst hätten aneignen sollen, ein Fundament für ein möglichst langes, gesundes und in jedem Lebensbereich erfolgreiches Leben zu schaffen.

Doch gleich zu Beginn eine Warnung. Dies ist *kein Positiv-Denken-Buch, sondern ein Positiv-Handeln-Buch.* Dies ist ein Buch, das Ihnen dabei helfen kann, die Kontrolle über Ihr Leben, Ihre Gesundheit und Ihr Schicksal selbst zu übernehmen, wenn Sie bereit sind, das, was Sie hier erkennen und lernen werden, selbst umzusetzen.

Ich gehe fest davon aus, daß Sie zu den erfolgreichen Menschen im Leben gehören, zu den Machern, zu den Menschen, die daran arbeiten, ihre Träume und Ziele zu realisieren. Auch wenn sich vielleicht manche von Ihnen im Augenblick noch nicht ganz dort befinden, wo sie hinkommen möchten. Aber Sie werden es schaffen, weil Sie bereit sind, alles Erforderliche zu tun, was für Ihren Erfolg nötig ist.

Sie hätten ein solches Buch niemals gekauft, wenn Sie nicht zu den zehn Prozent aller Menschen gehören würden, die das Leben selbst in die Hand nehmen, zu denen, die sich nicht auf den Staat verlassen, auf Glück hoffen, auf sechs Richtige im Lotto warten oder auf Erbschaften spekulieren. Denn Sie zählen zu den Machern und sind bereits dadurch etwas ganz Besonderes. Ich bin sicher, daß dieses Buch nicht das erste Selbsthilfe-, Aus- und Weiterbildungsbuch ist, mit dem Sie an Ihrer Weiterentwicklung arbeiten, und bestimmt auch nicht das letzte!

Dieses Buch ist für die Menschen geschrieben, die durch ihre Einsatzbereitschaft, ihre zeitliche Investition und ihren Aufwand an Energie, durch ihr Durchhaltevermögen, ihre Ideen und das Nutzen ihrer eigenen Fähigkeiten, Talente und Chancen große Erfolge produziert haben und noch produzieren werden. Sicher wollen Sie dabei alt genug werden und vor allen Dingen fit, vital und gesund bleiben, so daß Sie Ihr so mühselig erarbeitetes Glück und den so hart erkämpften Erfolg auch genießen und erleben können.

Erfolgreiche Menschen sind diejenigen, die sich nicht durch äußere Umstände, andere Menschen, Rahmenbedingungen oder das Wetter Spielregeln aufzwingen lassen. Sondern es sind die, die in der Lage sind, für ihr individuelles Leben persönliche Spielregeln zu entwickeln und nach diesen Regeln zu leben.

Erfolgreich zu sein bedeutet, in allen Bereichen des Lebens entweder bereits die gesteckten Ziele erreicht zu haben, um neue Ziele zu verfolgen, oder sich auf dem Weg zu befinden, sich der Verwirklichung seiner Ziele, Träume und Wünsche zu nähern.

Sie können nach Ausreden für das eigene Versagen suchen, solange Sie wollen. Sie können sich auch endlos viel vormachen und anderen die Schuld an Ihren Mißerfolgen und den negativen Entwicklungen in Ihrem Leben geben. Ganz gleich, wie viele Schuldige Sie finden, Sie werden dadurch nichts an dem Endresultat ändern. Die Suche nach Schuldigen bringt Sie nicht weiter, falls Sie sich in einer Situation befinden, die nicht Ihrem wahren Potential entspricht und in der Sie emotional, physisch und finanziell nicht das zum Ausdruck bringen, was in Ihnen steckt.

Bevor Sie unnötig Zeit damit verschwenden, den Schuldigen zu suchen oder nach Entschuldigungen, sollten Sie lieber einen Schlußstrich ziehen. Ziehen Sie einen Schlußstrich unter Ihr bisheriges Fehlverhalten, unter die Verhaltensmuster des Zögerns, der Bequemlichkeit, des Unterlassens, und beginnen Sie einfach neu, indem Sie sofort Verantwortung und Kontrolle für Ihr Leben und Ihre Zukunft übernehmen. Sie sollten den Bereich Selbstmitleid und Jammern aus Ihrem Leben verbannen. Denn all das bringt Sie nicht weiter, sondern wirft Sie nur zurück.

Ich gebe Ihnen mit diesem Buch ein ganzheitliches, verständliches, leicht erlernbares und sofort anwendbares Gesundheitskonzept an die Hand. Es versetzt Sie in die Lage, schon heute damit zu beginnen, den Grundstein für lebenslange Gesundheit mit einer hohen Lebenserwartung zu legen.

Wir hören oft davon, daß Menschen mit 30 oder 35 Jahren auf dem Tennisplatz den ersten Herzinfarkt bekommen, daß erfolgreiche Geschäftsfrauen und -männer im Alter von circa 50 Jahren einfach an Überlastung sterben oder daß sie durch physische Erschöpfung oder Nervenzusammenbrüche zu einem Siechtum verdammt sind. Wir müssen uns allen Ernstes fragen: Was machen wir falsch, und was müssen wir tun, um unserem wahren gesundheitlichen Potential entsprechend zu leben? Was ist notwendig, damit wir die Erfolge, die wir uns in unserem Leben so mühselig erkämpfen und hart erarbeiten müssen, auch genießen und erleben können?

Denken Sie doch bitte einmal darüber nach, wie viele gesundheitliche Einschränkungen Sie bereit sind, hinzunehmen, und die dennoch regelmäßig die Qualität Ihres Lebens und Ihrer Gesundheit unnötig belasten.

Nur ein gesunder Mensch ist überhaupt in der Lage, positive Gedanken und Ideen zu haben und diese auch zu realisieren. Nur vollkommen gesund können Sie Spaß und Freude am Leben haben und auf dem höchstmöglichen Level Erfolge produzieren.

Gesundheit ist das optimale, ausgeglichene Funktionieren aller organischen, mentalen und emotionalen Bereiche eines glücklichen, erfüllten und erfolgreichen Menschen. Krankheit ist das durch Energiemangel ausgelöste Ungleichgewicht dieser Elemente. Dieser Energiemangel kann durch Fehlverhalten in jedem Lebensbereich ausgelöst werden.

Fitneß ist nicht gleich Gesundheit, sondern Fitneß ist die Fähigkeit, athletische Leistungen zu vollbringen, was jedoch nicht bedeutet, daß diese Person gleichzeitig auch gesund sein muß. Aus diesem Grund muß eine ganzheitliche (holistische) Gesundheit durch sich selbst, als bleibendes Resultat angestrebt werden.

Gesundheit hat nichts mit Glück oder Unglück zu tun, es ist keine Strafe, krank zu werden, und keine besondere Begünstigung, gesund zu bleiben. Beides ist das logische Resultat unseres persönlichen Handelns, unserer Verhaltensgewohnheiten im Bereich Ernährung, Bewegung, Atmung, genauso wie unserer mentalen Gewohnheiten, wie der falsche Umgang mit Ängsten, Sorgen oder Befürchtungen. Der falsche Umgang mit Streß oder die mangelnde Fähigkeit, sich durchsetzen zu können, gehört ebenfalls dazu. All diese Faktoren und viele andere mehr spielen eine wesentliche Rolle in unserer gesundheitlichen Entwicklung.

Aus der modernen Gesundheitsforschung wissen wir, daß Kopfschmerzen, Herz-Kreislauf-Probleme, Schwierigkeiten mit den Verdauungsorganen sowie alle anderen physischen, mentalen und emotionalen Fehlfunktionen immer nur die Symptome einer sogenannten Krankheit darstellen. Es ist keinem Menschen damit geholfen, das Symptom zu bekämpfen oder das Symptom zu beseitigen, wenn nicht gleichzeitig die Ursache, die zu diesem Symptom geführt hat, ebenfalls beseitigt wird.

Sie kennen dies alle selbst aus Ihrem Unternehmen oder aus Ihrer selbständigen Tätigkeit. Sie können eine betriebswirtschaftliche Fehlentwicklung, die durch Geldverschwendung entstanden ist, nicht dadurch beheben, daß Sie ständig aus Ihrer Privatschatulle Geld in den Betrieb nachschießen. Sie müssen die Ursache beheben und die unsinnige Geldverschwendung stoppen. Sie müssen Wege und Möglichkeiten finden, dies für die Zukunft auszuschließen. Nur so wird sich das Symptom des vollkommen unnötigen Geldmangels in diesem Fall langfristig beheben lassen.

Hat ein Mensch Kopfschmerzen, so kann er natürlich eine der vielen Kopfschmerztabletten zu sich nehmen und hoffen, daß das Problem beseitigt ist. Aber Kopfschmerzen können zahlreiche Ursachen haben, wie beispielsweise Verspannungen und Verkrampfungen der Muskulatur, Vergiftung des Körpers durch falsche Ernährung oder Sauerstoffmangel, schlechte Durchblutung, eingeklemmte Nervenbahnen und vieles, vieles andere mehr. Wenn eine Nervenbahn eingeklemmt ist, weil Sie sich ständig bei Druck und Streß im Berufsleben im oberen Schulter- und Nackenbereich verkrampfen und dadurch die Rückenwirbel aus ihrer normalen Bahn gezogen werden oder es sogar schon zu einem Bandscheibenvorfall kommt, können Sie Tonnen von Medikamenten zu sich nehmen, ohne auch nur die geringste Chance, das Symptom zu beseitigen.

Es wäre genauso absurd, Medikamente gegen Schmerzen einzunehmen, wenn Sie Ihren Finger in eine Tür einklemmen und ihn dort belassen. So wie Sie die Tür wieder öffnen und Ihren Finger befreien müssen, so müssen Sie sich selbst von der Ursache der Beschwerden befreien. Für völlige Wiedergesundung oder langfristige Gesundheitserhaltung sind Sie ganz allein verantwortlich. Nur Sie können Ihr körperliches, emotionales und geistiges Verhalten wunschgemäß verändern. Sie können die Symptome nur beseitigen, wenn Sie die Ursache beseitigen.

Verehrte Leserin, verehrter Leser, dies ist kein Buch, das Ihnen weismachen will, daß Sie nur positiv zu denken brauchen, um gesund zu werden. Dieses Buch ist für Macher geschrieben, für Menschen, die handeln. Wir unterscheiden in der Erfolgspsychologie nur zwei Typen von Menschen: diejenigen, die handeln, und diejenigen, die lediglich darüber reden zu handeln.

Genausowenig wie Ihre hohen Umsatzzahlen vom Himmel fallen, bekommen Sie Ihre Gesundheit geschenkt. Im gleichen Umfang, wie Sie etwas für Ihr Unternehmen und Ihre Karriere tun, müssen Sie auch etwas für Ihren Körper, Ihren Geist oder Ihre Gefühlswelt tun. Nur so stellen Sie sicher, daß Sie den Erfolg, den Sie produziert haben und noch produzieren werden, wirklich selbst genießen und erleben können.

Können Sie sich vorstellen, als Pflegefall, als Hilfsbedürftiger, als schmerz- und krankheitsgeplagter Mensch Ihren Erfolg genießen zu können? Ich denke nicht. Erfolgreich zu sein bedeutet nach meiner Definition, ganzheitlich erfolgreich zu sein. In jedem einzelnen Lebensbereich muß Erfolg geschaffen werden – gesundheitlich, finanziell, im Bereich Partnerschaftsbeziehungen, innerer Zufriedenheit, Ausgeglichenheit und Harmonie, genauso wie in den Bereichen Anerkennung, Gesundheit, innerem und äußerem Reichtum und all den anderen wichtigen Basiselementen, die dazu gehören, daß wir uns richtig wohl, rundum glücklich und erfolgreich fühlen können.

Erfolg ist ein Gefühl und nicht etwas physisch Greifbares. Jeder von uns definiert den Begriff Erfolg für sich selbst auf eine vollkommen andere Art und Weise. Um erfolgreich zu sein, müssen Sie sich selbst erfolgreich fühlen, und dafür sind für jeden Menschen andere Rahmenbedingungen notwendig.

Ich gebe Ihnen durch diese Anleitung zum Handeln – vollkommen unabhängig von anderen Menschen, Rahmenbedingungen, genetischer Erblast, dem Vollmond, dem Biorhythmus oder sogar Ihrem Horoskop – die Möglichkeit, die vollkommene Kontrolle über Ihr Leben zu übernehmen, über Ihr mentales, emotionales und physiologisches Verhalten. Damit sind Sie nie wieder Opfer des Lebens, der Umstände oder des Schicksals, sondern ganz im Gegenteil: Sie sind der Schöpfer, der Erschaffer Ihrer Zukunft, Sie bestimmen und gestalten Ihr Schicksal selbst.

Um Konfliktbereiche oder Ursachen für Fehlverhalten, Einschränkungen und ungewollte Resultate überhaupt beseitigen zu können, müssen wir diese erst einmal erkennen, definieren und verstehen. Erst danach können wir an die Lösung dieser Herausforderung herangehen.

Allein als Folge von Alkoholmißbrauch sterben in Deutschland 40 000 Menschen jährlich, und der betriebswirtschaftliche Schaden dadurch wird auf 80 Milliarden Mark geschätzt. 1 800 Menschen begehen jedes Jahr Selbstmord, als direkte Folge von Mobbing. Der betriebswirtschaftliche Schaden, der durch Mobbing in Unternehmen entsteht, wird auf mindestens 27 Milliarden Mark pro Jahr geschätzt. Es liegt an Ihnen, verehrte Leserin, verehrter Leser, die Verantwortung für das eigene Leben, das eigene Verhalten und die eigene Gesundheit genauso zu übernehmen wie für die Effektivität, die Gesundheit und den Erfolg der Menschen, die Ihnen anvertraut sind.

Ich habe dieses Buch als Ihr Gesundheitscoach geschrieben und alle Einzelaspekte mit aufgenommen, die Sie für ganzheitlichen Erfolg und ganzheitliche Gesundheit in jedem Lebensbereich und für alle Beteiligten benötigen. Ich wünsche Ihnen, daß dieses Buch Ihnen hilft, mehr von Ihrem wunderbaren Potential zu nutzen und Ihre Mitmenschen zu unterstützen, mehr von Ihrer eigenen Größe und Ihrem Potential zu erkennen, so daß Sie gemeinsam als Team nicht nur ganz nach oben kommen, sondern auch ganz oben bleiben werden.

Gesundheit, liebe Leserin, lieber Leser, ist ein ganzheitliches Element, das wir nur erleben und genießen können, wenn wir uns wohl fühlen, glücklich sind, ausgeglichen, zufrieden – und dies in allen Lebensbereichen. Die meisten Menschen wissen genau, was sie ändern müßten und wie sie es tun sollten – tun es aber nicht. Nicht Wissen, sondern Handeln macht den Unterschied. Es ist nicht immer das Neue, das Komplexe, das Schwierige, das den Unterschied zwischen Erfolg und Mißerfolg, Gesundheit und Krankheit ausmacht. Es sind die vielen tausend Kleinigkeiten, die Selbstverständlichkeiten, Bequemlichkeit und Zögern, Faulheit und Feigheit, Ignoranz und Dummheit, die dafür verantwortlich sind, daß wir das Leben qualitativ nicht auf dem höchstmöglichen Niveau erleben und genießen können.

Häufig glauben Menschen, wenn etwas leicht geht oder angenehm ist, nützt es nichts. Wenn eine Medizin süß ist, kann sie nicht wirken. Dennoch hat dies mit der Realität in vielen Bereichen überhaupt nichts zu tun. Richtig ist allerdings: Es gibt keine isoliert wirksamen Geheimnisse, Tricks und Kniffe für lebenslange Gesundheit, Vitalität und eine entsprechend hohe Lebenserwartung. Und deshalb funktionieren Fünf-

Tages-Blitz-Diäten genauso wenig wie „Werde-in-drei-Tagen-fit-und-vital"-Versprechungen. Gesundheit, genau wie Krankheit, ist das Resultat einer Entwicklung, die logische Konsequenz von richtigem oder falschem Verhalten in einem oder in vielen dieser Bereiche, die wir hier gemeinsam ansprechen und bearbeiten werden.

Als Ihr persönlicher Gesundheitscoach möchte ich Ihnen zeigen, wie einfach, schnell und erfolgreich Sie die Qualität Ihrer Gesundheit, Ihres Lebens und Ihrer Erfolge positiv beeinflussen können. Wenn Sie bereit sind, die vielen kleinen Basiselemente zu praktizieren, die dafür notwendig sind und die problemlos von jedem angewandt und durchgeführt werden können, wird sich Ihre Lebensqualität schnell verbessern.

„Lösungen sind immer simpel und einfach, wenn man sie nicht unnötig verkompliziert."

Durch Untersuchungen der Risikogruppen im Bereich Streßschäden und Managerkrankheiten sind wir heute in der Lage, genau die Ursachen für chronische oder sogar todbringende Krankheiten zu definieren und zu sagen, wie man gesundheitlichen Fehlentwicklungen und vorzeitigem Tod entgegenwirken kann. Noch vor einigen Jahrzehnten war man fest davon überzeugt, daß gesundheitliche Fehlentwicklungen mit genetischen Programmierungen zusammenhängen, Zufall oder einfach ein Schicksalsschlag sind. Heute wissen wir sehr genau, daß jeder Mensch, der ohne angeborene physische Einschränkungen auf die Welt kommt, die Möglichkeit hat, sein gesamtes Leben lang, ganz gleich, welches Erbgut er in sich trägt, gesund leben zu können.

Wenn ein Mensch nicht sein medizinisch mögliches Potential von 140 Lebensjahren erreicht, hat er dies durch falsche Verhaltensweisen im mentalen, emotionalen oder physiologischen Bereich beziehungsweise durch fehlerhafte oder mangelnde Ernährung, Bewegung oder Atmung selbst verursacht, genauso wie durch falschen Umgang mit Streß, Angst, Sorgen und Zweifel. Und wie Sie diese Ursachen beseitigen, das können Sie lernen.

1 Ganzheitliche Gesundheit

Es gibt Menschen, die im Alter von etwa 40 Jahren, wenn sie gerade damit beginnen könnten, ihren Erfolg zu genießen, einen Gehirnschlag oder Herzinfarkt bekommen und den Rest ihres Lebens im Rollstuhl verbringen müssen. Sie können teilweise nicht einmal mehr wahrnehmen, wenn ihre Angehörigen in der Nähe sind. Dieses ist wohl eines der negativsten Beispiele dafür, wie Erfolg und Gesundheit sich gegenseitig negativ beeinflussen können.

Natürlich höre ich schon, wie Sie in Ihrem Geist die übliche Ausrede formulieren: „Mir passiert das schon nicht, das sind immer nur die anderen." Doch glauben Sie mir, auch der Mensch, dem es geschehen ist, hat dies zuvor einmal gedacht. Denn wenn er es nicht gedacht hätte, wäre es ihm erst gar nicht passiert.

Laut umfangreichen Studien- und Forschungsergebnissen wissen wir mittlerweile, daß sieben Prozent aller Selbständigen oder Top-Manager bis zum Alter von 52 Jahren eine totale gesundheitliche Katastrophe erleiden. Allerdings weist Dr. Kenneth R. Pelletier, Professor am Department of Medicine and Psychiatry, University of California, San Francisco, in seinem Buch „Geist als Heiler, Geist als Krankheitsverursacher" darauf hin, daß die oberen sieben Prozent im Bereich Wirtschaft und Management den Streß des Lebens nicht nur schadlos überleben, sondern diesen sogar positiv dazu benutzen, um in jedem einzelnen Lebensbereich bessere Leistungen und Resultate zu produzieren. Am gleichen Streß sterben die unteren sieben Prozent dieses Berufszweiges.

Sie müssen sich entscheiden, ob Sie weiterhin Streß negativ auf Ihre Karriere, Ihre Gesundheit, Ihre privaten und beruflichen Partnerschaften wirken lassen wollen und damit Ihre Chancen für Erfolg nachhaltig stören. Sie können die Zipperlein, Schmerzen, Sorgen, Ängste, Verkrampfungen, Verspannungen, Konzentrationsschwierigkeiten, Magen- und Darmbeschwerden solange ignorieren, bis Sie vielleicht sogar den vorzeitigen Tod verursachen. Sie können nach Büchern, Kassettenprogrammen und Heilversprechen suchen, die Ihnen „Werde-schnell-gesund-Techniken“ teuer verkaufen wollen, oder gar wie andere Ihre Symptome mit Drogen und Medikamenten bekämpfen. Oder Sie können die Verantwortung für Ihre Zukunft, Ihr Leben, Ihre gesundheitliche Entwicklung, die Kontrolle über Ihr mentales, emotionales und physiologisches Verhalten selbst übernehmen. Dann sollten Sie den simplen Anweisungen, die ich Ihnen hier an die Hand gebe, folgen. Dies ist wichtig, um eine ganzheitliche, optimale Gesundheit zu kreieren und zu erhalten.

Dieses Programm enthält keine Kurzzeitlösungen, die die Symptome nur zudecken, so daß sie unterschwellig zu lebensbedrohlichen Geschwüren heranwachsen können. Sie lernen von meinen Erfahrungen aus Forschung und Praxisarbeit, von Patienten und Menschen, die es geschafft haben, entweder erst gar nicht zu erkranken oder eine bereits erlittene gesundheitliche Fehlentwicklung wieder optimal auszugleichen. Das Praktizieren der fundamentalen Grundlagen ist für lebenslange Gesundheit, Fitneß und Vitalität notwendig. Es gibt keine Geheimnisse und Tricks. Es gibt nur einen einzigen Weg zu ganzheitlicher, also holistischer Gesundheit. Dieser besteht darin, daß Sie die vielen notwendigen, aber einfachen Grundlagen dafür nutzen, das gewünschte Endresultat selbst zu produzieren.

Jeder Druck, Streß, jede Angst oder Befürchtung, jeder Kompromiß kann katastrophale Auswirkungen für unsere Gesundheit mit sich bringen, wenn wir nicht gelernt haben, optimal darauf zu reagieren und damit umzugehen. Nicht *was* in unserem Leben *geschieht*, bestimmt unser Leben und die Entwicklung in unserer Zukunft, sondern *wie* wir auf das *reagieren*, was geschieht.

In Deutschland beläuft sich der Schaden, der durch Ausfall und Krankheit von Führungskräften und Selbständigen entsteht, pro Jahr auf acht bis 17 Milliarden Mark. „Mein Job bringt mich um“, ist eine Aussage, die für viele Menschen zur Realität wird.

Die amerikanische Gesundheitsorganisation sagt eindeutig, daß zwei Drittel aller Todesfälle verfrüht und vermeidbar sind. Allein in den USA melden sich laut Auskunft der Versicherungen eine Million Menschen pro Tag krank. Der Killer Nummer eins sind Herzkrankheiten. Zwei von vier Personen sterben an einer Herzkrankheit und einer von vieren an Krebs. Diverse Untersuchungen haben ergeben, daß Streß die Hauptursache für vorzeitigen Tod oder Selbstmord ist.

Dieser Streß wird nur allzuhäufig dadurch hervorgerufen, daß die betreffenden Personen Geldsorgen haben, ihren Beruf hassen, keine Zukunftsperspektive für sich sehen, bis sie schließlich so viele Kompromisse eingehen, daß sie sich selbst den Raum zum Atmen und zum Leben nehmen.

Die meisten Menschen erleben ihren ersten Herzinfarkt am Montag morgen zwischen acht und neun Uhr, während sie sich gerade fertig machen und darauf vorbereiten, einen Beruf auszuüben, den sie in Wirklichkeit hassen. Deshalb ist es besonders wichtig, daß Sie mit allen Konsequenzen voll und ganz hinter sich selbst, Ihrem Beruf und den damit verbundenen Verantwortungen und Verpflichtungen stehen, denn sonst laufen Sie ebenfalls Gefahr, gesundheitliche Katastrophen zu programmieren.

Bei sehr sensiblen Personen besteht sogar die Gefahr, daß sie sich Krankheit oder Tod als Erlösung von der quälenden beruflichen Situation unbewußt herbeisehnen.

Es ist nie zu spät, neu zu beginnen

Sie sollten sich nicht zu viele Gedanken über Fehlverhalten in der Vergangenheit machen, sondern sich auf die Gestaltung Ihrer Zukunft konzentrieren. Zu viele Menschen glauben, daß sie ihren Körper schon so viele Jahre und Jahrzehnte vorgeschädigt haben, daß gar keine Möglichkeit mehr besteht, ihre gesundheitliche Situation zu verbessern.

Diese Annahme ist grundsätzlich falsch, denn circa 90 Prozent aller Körperzellen erneuern sich innerhalb von elf Monaten, und die meisten Zellen in Ihrem Körper sind nicht älter als zwei Jahre. Eine bis sieben Millionen Leberzellen erneuern sich pro Sekunde. Sie haben alle sechs Wochen eine vollkommen neue Leber, die Nieren erneuern sich innerhalb von acht Wochen, die Haut innerhalb von vier Wochen, die Schleimhäute teilweise innerhalb von 24 Stunden, vier Millionen rote Blutkörperchen erneuern sich in jeder einzelnen Sekunde unseres Lebens.

Wir sind uns allzuhäufig gar nicht bewußt, was für ein Wunderwerk unser Körper eigentlich ist.

- Wollte man die Speicherkapazität unseres Gehirns künstlich reproduzieren, müßte man zweimal das World Trade Center mit der modernsten Mikro-Chip- und Computertechnologie füllen. Man benötigte einen Fluß wie den Rhein, um diese Anlage zu kühlen, und soviel Strom wie eine mittlere Großstadt, um diese Anlage zu betreiben. Und dennoch wäre diese Anlage nicht in der Lage, auch nur einen einzigen Gedankengang auszuführen. Was für unser etwa drei Pfund schweres Gehirn, den gewaltigsten Biocomputer der Welt, eine Leichtigkeit ist.
- Unser Herz schlägt pro Tag circa 100 000mal und pumpt unser Blut in ein Netz von Blutbahnen, die aneinandergereiht etwa 100 000 Kilometer lang wären. Man könnte damit zweimal die Erde umrunden.
- Unsere Augen sind in der Lage, zehn Millionen Farbunterschiede wahrzunehmen, und unsere Muskeln haben eine Gesamtzugkraft von 25 Tonnen.

Wir verfügen wahrlich über ein unglaubliches Meisterwerk der Natur und sind uns dessen deshalb nicht bewußt, weil wir in der Regel gesund zur Welt kommen. Weil wir Gesundheit geschenkt bekommen und uns diese nicht erst hart erarbeiten müssen, gehen wir oft achtlos mit ihr um.

Erst wenn wir durch Krankheit und Einschränkungen erfahren haben, wie wertvoll und wichtig Gesundheit ist, legen wir Wert auf ihre Erhaltung. Die meisten Menschen benutzen in der ersten Lebenshälfte ihre Gesundheit, um Geld zu verdienen, das sie in der zweiten Lebenshälfte dafür ausgeben, ihre Gesundheit wiederzuerlangen. Genau diese Erfahrungen möchte ich Ihnen ersparen und Ihnen dabei helfen, sofern nötig, gesundheitliche Defizite wieder auszugleichen.

Es gibt eindeutige Beweise dafür, daß es keine unheilbaren Krankheiten gibt, sondern lediglich Menschen, die nicht bereit dazu sind, alles Erforderliche dafür zu tun, wieder gesund zu werden. Menschen, die nicht erkennen oder daran glauben, daß sie eigenverantwortlich für ihre gesundheitliche Entwicklung sind, haben die schlechtesten Heilungschancen.

Viele Menschen glauben nicht, daß Krankheit das Ergebnis von persönlichem Fehlverhalten ist, und können deshalb auch nicht zugeben, daß sie selbst schuld an ihrer gesundheitlichen Fehlentwicklung sind. Wer glaubt, keinen Einfluß auf seine gesundheitliche Entwicklung zu haben, wird deshalb viele notwendige Handlungen niemals durchführen.

Für viele von uns ist es schwer, sich einzugestehen, daß wir nicht perfekt sind. Nur allzuoft neigen wir dazu, uns hinter Ignoranz oder gar Starrköpfigkeit zu verstecken und die Schuld lieber anderen Menschen, Dingen oder Umständen zuzuschieben.

Die drei tödlichen Fehler

Die Menschen der westlichen Welt unterliegen drei wesentlichen Irrtümern, die dazu führen, daß die wahren Ursachen für negative gesundheitliche Entwicklungen nicht erkannt oder so verdeckt werden, daß sie ausreichende Entschuldigungen haben, die wahren Ursachen nicht beseitigen zu müssen.

Der erste große Irrtum: Fitneßtraining macht gesund

Es gibt zahlreiche Therapeuten, Athleten und Seminarleiter, die den Menschen weismachen wollen, daß Fitneßtraining und Sport die alleinige Therapie einer Krankheit sein kann oder daß Sport dafür sorgen kann, daß die betreffende Person niemals krank wird. Doch das ist absolut unwahr. Fitte Menschen müssen nicht unbedingt gesunde Menschen sein, das sieht man an erkrankten Hochleistungssportlern oder an Topathleten, die teilweise sehr jung sterben. Zum anderen kann kein einzelnes Element aus den vielen Basiselementen der holistischen Gesundheit die Lösung für alle Probleme sein. Fitneß-, Energie- und Bewegungstraining sind selbstverständlich wesentliche Voraussetzungen für Energie und somit auch für Gesundheit und Wohlbefinden, aber eben nur Bestandteile eines ganzheitlichen Gesundheitscoachings. Die Einstellung Ihrem Beruf gegenüber ist zehnmal wichtiger für Ihre Gesundheit als Sport. Positive Haltung gegenüber dem Beruf bedeutet Lebensqualität. Die Lebensqualität bringt Ihnen mehr positive Energie als Sport und ist ein wesentlicher Faktor zur Verhinderung von chronischen Erkrankungen wie beispielsweise Krebs.

Lebensqualität ist der 1A-Faktor für Gesundheit! Viele Menschen betäuben sich mit Sport, um nach außen hin offensichtlich alles zu tun, was notwendig ist, um gesund zu sein. Diese Menschen benutzen Sport als Ausrede, damit sie die kritischen Bereiche des Lebens, die wahren Ursachen, die zu Fehlentwicklungen führen und geführt haben, nicht angehen, nicht beseitigen müssen.

Man kann dies mit einem „Workaholic“ vergleichen. Ein sogenannter Workaholic arbeitet Tag und Nacht, um sich zu betäuben, damit er die wirklich wichtigen Bereiche des Lebens, die er eigentlich angehen müßte, nicht anzugehen braucht. Er arbeitet, um Gedanken zu verdrängen oder vor der Realität zu fliehen.

Der zweite große Irrglaube: Ernährung behebt jedes Problem

Die Annahme, *daß Ernährung jedes Problem behebt,* ist absolut falsch, denn auch die Ernährung, obwohl sie einen sehr wesentlichen Teil zur gesundheitlichen Entwicklung beiträgt, ist wieder nur einer der vielen Bausteine, die wir für erstklassige Gesundheit benötigen. Experten, wie der Yale-Professor und Bestseller-Autor Dr. Bernhard Siegel oder der erfolgreiche Krebsarzt Dr. Carl Simonton, sind der Meinung, daß die psychologische Einstellung des Menschen zwischen zwölf- und 15mal mehr Einfluß auf einen Herzinfarkt hat als die Ernährung.

Der dritte wesentliche Irrglaube: Streßvermeidung ist gleichbedeutend mit Gesundheit

Dies ist eine gefährliche Illusion, die Menschen zu Bequemlichkeit und Faulheit verführt. Durch die moderne Streßforschung wissen wir genau, wie wichtig bestimmte Streßreize für das Überleben sind. Der Mensch kann ohne Streß gar nicht überleben. Es ist wie in allen Bereichen des Lebens die Ausgeglichenheit, die Balance zwischen Belastung und Regenerationsphasen sowie zwischen Streß und Entspannung, die unsere gesundheitliche Entwicklung ausmachen.

Wir müssen davon ausgehen, daß Streß nicht zu vermeiden ist. Aber dadurch, daß Sie Ihre Einstellung verändern, können Sie negative Streßsituationen zu positiven Streßreizen machen. Eine Möglichkeit ist, die Herausforderungen des Lebens nicht mehr als Problem anzusehen, sondern als Chancen zu begreifen, die Ihnen Gelegenheit zu Höchstleistungen geben. Es ist niemals die Belastung, die schadet, sondern immer nur die Überlastung oder Dauerbelastung, die gesundheitliche Schäden nach sich zieht.

Vergleichen Sie doch einmal Ihren Körper mit Ihrem Auto. Würden Sie Ihr Auto ständig im roten Drehzahlbereich fahren? Oder kämen Sie auf die Idee, Ihr Auto niemals aufzutanken?

Dieser Vergleich soll Ihnen eines verdeutlichen: Regenerationsphasen, richtige Ernährung, die Ausgeglichenheit zwischen Belastung und Entspannung, zwischen Energieverbrauch und Energieaufnahme, sorgen für Effektivität und Lebensdauer. Alles andere ist Selbstbetrug, im Extremfall sogar Selbstmord.

Energie, die Basis für Gesundheit

Wer morgens kraftlos aufsteht, ist auch nicht in der Lage, Höchstleistungen zu vollbringen. Solche Energietiefs stehen jedoch nicht in Zusammenhang mit Ihrem Biorhythmus, mit dem Vollmond oder erblich bedingten Konditionierungen, sondern lediglich mit falschen Verhaltensweisen. So kann eine übermäßige Belastung des Energiehaushaltes durch falsche Ernährung genauso die Ursache sein wie das Schlafen in zu kleinen Räumen, mit geschlossenem Fenster und mangelnder Sauerstoffzufuhr. Selbstverständlich können auch die Flasche Wein und die Party oder die drei Stunden Schlaf daran schuld sein.

In der Praxis erzählen mir Menschen oft, wie schwer sie es haben, wie übel ihnen das Leben mitgespielt hat, wie gemein und unfair das Leben ist und was andere ihnen angetan haben. Oder sie beschweren sich gar darüber, daß sie keine reichen Eltern hatten, die ihnen zum geschäftlichen Start große finanzielle Hilfen geben konnten. Doch diese „Hindernisse" spielen in der Gegenwart keine Rolle. – Nur die Gegenwart und die Zukunft zählt. Denn die Vergangenheit können Sie ohnehin nicht mehr ändern.

Aus der modernen Psychologie und Psychiatrie wissen wir, daß das Fokussieren auf negative Vergangenheitselemente beträchtliche Energie, Kraft und Zeit raubt. Was in den meisten Fällen dazu führt, daß die Personen sich noch schlechter fühlen als zuvor. Sie erfüllen die Gegenwart mit den Nackenschlägen, Mißerfolgen und dem Leid der Vergangenheit. Ihr Gehirn ist nicht in der Lage zu unterscheiden, ob Sie etwas real erleben oder ob Sie nur daran denken, daß es geschieht. Es reagiert beim Erinnern und Vorstellen mit allen bioelektrischen und neurochemischen Reaktionen – Ausstoß von Hormonen, körpereigenen Botenstoffen, Neurotransmittern – und all den anderen dazugehörigen neurologischen und physiologischen Prozessen genauso, als ob das erinnerte Erlebnis aktuell geschehen würde.

Sie haben vielleicht ein traumatisches Erlebnis ein einziges Mal in der Realität erlebt, aber danach noch etwa 1 000mal in Ihrem Geist.

Dadurch wurde Ihr Energiehaushalt viele hundert Mal immer wieder aufs neue vollkommen unnötig belastet.

Meines Erachtens ist die Aufarbeitung der Vergangenheit in 99 Prozent der Fälle unsinniger Zeit- und Energieverlust. Fehlentwicklungen und Fehlresultate der Vergangenheit müssen einmal definiert, klar analysiert, bewertet und dann losgelassen werden, damit sie unser Leben in der Gegenwart und in der Zukunft nicht mehr negativ beeinflussen.

Selbstverständlich sollen wir aus Fehlern lernen, um uns in Zukunft effektiver und besser zu verhalten. Denn nur so können wir persönlich reifen und uns weiterentwickeln.

Die meisten von uns haben keine Zeit für Krankheit, und aus diesem Grund müssen wir immer genügend Zeit für ein entsprechendes Fitneß- und Vitalitätsprogramm haben. Wenn Sie Ihrem Körper die Zeit dafür nicht geben, wird er sie sich irgendwann selbst nehmen. Und darauf haben Sie dann keinerlei Einfluß – weder auf die Dauer des Ausfalls noch auf den Zeitpunkt. Und im schlimmsten Fall erleiden Sie bleibende Einschränkungen, die den Rest Ihres Lebens Ihre Lebensqualität negativ beeinflussen.

Es gibt sehr viele Menschen, die zwar fit, aber nicht gesund sind. Das liegt daran, daß sie niemals gelernt haben, körpergerecht zu trainieren. Ein falsches Fitneßprogramm oder Training erkennen Sie immer daran, daß Sie sich am Ende schlecht, ausgelaugt, ausgepumpt fühlen und daß Sie hecheln, nach Luft ringen. Der Grund ist, daß Ihr Körper Glykogen (Blutzucker) anstatt Sauerstoff und Fettgewebe als Energieträger verbraucht. Dieses Glykogen, das unter anderem Gehirnnahrung ist, wird vom Körper dringend benötigt und durch falsche, anaerobe Trainingsweisen verbraucht.

So funktioniert aerobes Training:

Aerob zu trainieren bedeutet, mit Sauerstoff zu trainieren und alle großen Muskelgruppen mit einzubeziehen. Der Körper verwertet Sauerstoff und Fettgewebe anstatt Glykogen als Energieträger, und Sie fühlen sich nach dem Training erheblich besser als zuvor. Mit ausreichender Menge Sauerstoff trainieren Sie, wenn Sie sich während der Übung mit jemand unterhalten können. Während der ersten neun Monate sollten Sie einen Herzschlagmesser tragen.

Machen Sie sich zunächst mit einigen leichten gymnastischen Bewegungen 15 Minuten lang warm. Dann beginnen Sie, bei Ihrer idealen

Pulsfrequenz (180 minus Ihr Alter) mindestens 15 Minuten lang zu trainieren. Nach dem Abschluß dieses Trainings kühlen Sie sich durch leichte Bewegungen 15 Minuten lang ab. So konditionieren Sie Ihren Metabolismus (Ihren Stoffwechsel) darauf, in Zukunft Sauerstoff und Fett bei körperlichen Anstrengungen und Aktivitäten zu verbrauchen. Sie verändern Ihren Metabolismus auf sinnvolle Weise, und der positive Effekt ist, daß Sie sich den ganzen Tag über fit für die Lösung Ihrer Aufgaben fühlen.

Namhafte Professoren, Forscher und Therapeuten haben darauf hingewiesen, daß ein energiegefüllter Körper weder durch Viren noch durch Bakterien krank werden kann. Professor Bernard strich sich beispielsweise im Beisein seiner Studenten Cholerabakterien aufs Brot und hat diese in Anwesenheit seiner Studenten gegessen. Er ist niemals an Cholera erkrankt. Seine Aussage war eindeutig und klar: Ich muß keine Angst vor den Bakterien haben, weil mein Körper gesund ist.

Es gibt in der gesamten medizinischen Forschung keinen Beweis dafür, daß ein Virus oder eine Bakterie in der Lage wäre, eine gesunde Körperzelle zu schädigen. Selbst Dr. Düsberg, ein Mitarbeiter von Gallo, dem Entdecker des HIV-Virus, der von Gallo als ein hervorragender Wissenschaftler bezeichnet wird, sagt: „Ich stehe gern zur Verfügung, um mir Aids-Viren direkt in die Blutbahn spritzen zu lassen, um zu beweisen, daß ein Virus einen gesunden Körper nicht schädigen kann. Denn das Territorium ist alles, die Mikrobe ist gar nichts."

Wissenschaftler auf der ganzen Welt sind sich einig darüber, daß ein Körper, der mit Energie angefüllt ist, nicht krank werden kann. Bei der erfolgreichen Behandlung von Patienten mit Gicht, Rheuma, Asthma, Muskelschwund oder Krebs habe ich feststellen können, daß durch das Freiwerden von Energie unglaubliche Heilungschancen möglich werden, und dies ohne Einfluß von Medikamenten oder Operationen. Wenn der Patient damit beginnt, neue Ziele zu setzen, bereit ist, das Leben wieder selbst in die Hand zu nehmen, Hoffnung und Glauben an sich selbst und an die Zukunft entwickelt und durch einige Verhaltensveränderungen für die Zufuhr von Energie sorgt, geschehen grundlegende Veränderungen.

Die Atmung, Motor des Lebens

Die Menschen der westlichen Welt atmen meist nur soviel, daß sie nicht ersticken. Wir atmen hoch oben in der Brust, wo es kaum Lungenbläschen gibt, und deshalb ist keine optimale Sauerstoffzufuhr gewährleistet. Durch gleichzeitige Verspannungen verengen sich die Atemwege, was eine Austrocknung oder Verschleimung zur Folge hat und Asthma oder Bronchitis begünstigt.

So funktioniert unsere Atmung: Beim Einatmen füllen sich die Lungenbläschen mit Sauerstoff, und erst beim Ausatmen werden die Lungenblasen zusammengedrückt und der aufgenommene Sauerstoff in die Blutbahnen gepreßt. Bei zu kurzem Ausatmen werden nur geringe Mengen des vorhandenen Sauerstoffs in die Blutbahn befördert. Daher ist es besonders wichtig, auf tiefe Bauchatmung zu achten. Aus der Atemtherapie weiß man, daß Menschen, die unter Angstzuständen leiden, diese Angst verlieren, wenn sie in einem ruhigen Atemzyklus vier Sekunden lang durch die Nase ein- und elf Sekunden lang durch den Mund ausatmen. Dabei ist es wichtig, zuerst tief in den Bauch hinabzuatmen, danach hinauf bis in beide Schulterspitzen, so daß sich der Körper wie ein Blasebalg von unten nach oben mit Sauerstoff anfüllt.

Sie sollten sich in schwierigen Verhandlungen, Gesprächen und Telefonaten ganz besonders darauf konzentrieren, aufrecht zu sitzen oder sogar zu stehen und tief hinab in den Bauch zu atmen, um genügend Sauerstoff und Energie zur Verfügung zu haben. Dies ist wichtig, um gleichzeitig ruhig und ausgeglichen zu bleiben, so daß Furcht und endogene Ängste Sie nicht negativ in Ihrer Handlungsweise beeinflussen können.

Übung

Eine entsprechende Übung, die Sie möglichst dreimal täglich durchführen sollten, ist folgende: Atmen Sie bitte vier Sekunden lang durch die Nase ein, halten Sie 16 Sekunden lang die Luft an, und atmen Sie acht Sekunden langsam durch den Mund aus. Zwingen Sie sich nicht zu diesem Atemrhythmus, sondern versuchen Sie, diese Sequenzen in etwa einzuhalten, ohne sich unnötig anzustrengen. Falls Sie unter Atemwegserkrankungen leiden, befragen Sie bitte Ihren Arzt, bevor Sie diese Übung durchführen. Wiederholen Sie diese Atemübung zwölfmal hintereinander und dreimal täglich. Sie werden sehr schnell die positive Wirkung auf Ihren Energiehaushalt spüren.

Wenn Rocksaum oder Hosenbund zu eng sind, Sie nach vorn gebeugt sitzen, so daß der untere Bauchbereich eingeengt wird, werden die Lungenspitzen abgeklemmt und die tiefe Atmung und Sauerstoffzufuhr verhindert. Der Körper beginnt Disstreß-Hormone zu produzieren, die in Ihnen Krampf- oder Fluchtreaktionen auslösen. Ihr Körper glaubt zu ersticken und produziert deshalb Streßhormone. Da diese nicht von allein abgebaut werden, folgen innere Unruhe, endogene Ängste, Spannungen, Verkrampfungen oder Konzentrationsstörungen. Gleichzeitig vergiften diese ausgeschütteten Streßhormone Ihren Organismus.

TIPS

- Treppensteigen ist ein gutes Mittel, um Streß abzubauen!
- Schlafen Sie bei offenem Fenster. Wir atmen nachts sehr viele Giftstoffe aus und sollten diese nicht wieder einatmen. Zudem kann sich Ihr Körper bei Sauerstoffzufuhr besser erholen.

Sie sind nur so gesund wie Ihre Zellen. Wenn das Material, aus dem wir unser Haus bauen, minderwertig, brüchig oder drittklassig ist, brauchen wir uns nicht zu wundern, wenn es irgendwann einmal einstürzt, keinen Isolierwert hat oder die gewünschten Funktionen nicht erfüllt. Genauso verhält es sich mit unserem Körper. Wir müssen ihn mit den qualitativ hochwertigsten Materialien versorgen, um eine gesunde Substanz zu erhalten.

Es reicht in der Regel schon aus, jeden Abend 20 Minuten an der frischen Luft spazieren zu gehen, um durch Bewegung und Sauerstoffaufnahme Vitalität zu tanken.

Werden Sie ein Sieger

Ein Sieger ist jemand, der in der Lage ist, sich selbst zu besiegen – seine eigenen Sorgen, Zweifel und Ängste, die Faulheit und Bequemlichkeit, den inneren Schweinehund. Ein Sieger ist jemand, der in der Lage ist, falsche Verhaltensweisen abzulegen, die ihn davon abhalten, der Mensch zu sein, der er sein könnte. Ein Sieger ist jemand, der weiß, daß man andere Menschen nicht besiegen kann und daß es vollkommen absurd ist, dies zu versuchen. Ein Sieger weiß, daß nur er selbst gut sein muß, um die gewünschten Resultate zu erzielen und seine Umwelt positiv zu beeinflussen.

Ich möchte Sie bitten, die klare Entscheidung zu treffen, daß Sie nie bereit sein werden, sich nach unten zu orientieren. Die Falle der Bequemlichkeit lauert auf Sie, wenn Sie sagen: „Es geht schon", „andere haben es schlechter", „eigentlich geht es mir ganz gut", „ich kann mit den Konzentrationsstörungen und den Rückenschmerzen leben". Dann schnappt die Falle zu.

Sie müssen wissen, daß Sie genau das erhalten, worauf Sie sich konzentrieren und Ihre Aufmerksamkeit richten. Und aus diesem Grund müssen Sie Ihr Augenmerk auf Dinge richten, die Sie haben wollen, und nicht auf die, die Sie nicht wünschen. Konzentrieren Sie sich auf Ihre gesundheitliche Situation, Kraft, Vitalität und Energie. Schaffen Sie in sich ein perfektes Bild von dem Menschen, der Sie sein wollen, mit Ihrer idealen Figur, Ihrem perfekten Gewicht, der ersehnten Konfektionsgröße. Sehen Sie sich in der Fassung, wie Sie sich selbst in Zukunft im Spiegel sehen möchten, mit den strahlenden, leuchtenden Augen, mit dem Ausdruck von Energie, Kraft und Dynamik einer erfolgreichen und selbständigen Person. Was gehört zu Ihrem Bild von persönlicher Perfektion?

Genau dies müssen Sie festlegen, um ein Ziel zu haben, an dessen Realisierung Sie arbeiten können. Nur wenn Sie genau wissen, was Sie wirklich wollen, können Sie an der Realisierung dieses arbeiten. Sie können keine Zielscheibe treffen, die Sie nicht sehen, und noch viel weniger können Sie eine Zielscheibe treffen, die Sie nicht einmal haben. Um ein Ziel erreichen zu können, müssen Sie dieses klar vor sich sehen, jede Einzelheit definieren und dann Wege und Möglichkeiten zur schnellsten und besten Zielerreichung suchen.

Der wichtigste Schritt: die Eigenprogrammierung

Der wichtigste Schritt zu einer erfolgreichen und gesunden Zukunft voller Vitalität, Kraft und Energie ist das Verändern Ihres Selbstbildnisses oder Selbstimages. So, wie Sie sich selbst in Ihrem Geist sehen und erleben, mit diesen Fähigkeiten, Talenten, Erfolgen, mit dieser Gesundheit und Vitalität, werden Sie den Rest Ihres Lebens leben.

Sehen Sie sich selbst als einen kränklichen, hilflosen Menschen, der nicht in der Lage ist, Entscheidungen zu treffen, sich durchzusetzen, das Steuer für die Fahrt durch das Leben selbst in die Hand zu nehmen, dann brauchen Sie es gar nicht zu versuchen, denn Sie werden es nicht können. Um dies zu ändern, müssen Sie erst einmal festlegen, wer Sie wirklich sind, in Ihrem tiefsten Innern, und wer Sie in der Realität, in Ihrem Leben und Ihrer Zukunft wirklich sein wollen. Jeder Mensch ist für Erfolg geboren, aber er verliert diesen Anspruch dann, wenn er sich selbst zum Verlierer macht oder durch andere zum Verlierer machen läßt. Wir verlieren zu oft den Glauben an uns selbst. Dadurch schrauben wir unser Selbstbildnis und unsere Eigenprogrammierung ständig weiter nach unten.

Um eine Zukunft zu haben, die Ihren wahren Möglichkeiten und Ihrem wahren Niveau, Ihren Wünschen, Träumen und Zielen entspricht, müssen Sie zuerst beginnen, Ihr Selbstbild positiv zu verändern. Indem Sie sich so sehen, wie Sie sein wollen: stark, vital, entscheidungskräftig, sprühend vor Gesundheit, Energie und Vitalität, handelnd, sich durchsetzend, durchhaltend. Um dies für sich selbst glaubhaft zu machen, sollten Sie sich ständig wieder vor Augen führen, wie viele Erfolge Sie bereits in Ihrem Leben produziert haben.

Aufgabe

Schreiben Sie einmal auf, welche Erfolge Sie bisher in Ihrem Leben produziert, welche Hindernisse Sie überstanden, welche Schwierigkeiten Sie gemeistert haben. Gehen Sie weit zurück in die Vergangenheit, bis hin in Ihre Kindheit und Schulzeit. Schreiben Sie alles auf, worauf Sie stolz sind, worauf Sie stolz sein könnten, wenn Sie es sein wollten. Danach schreiben Sie auf ein Extrablatt: „Ich mag mich, weil ..." und notieren mindestens zehn Punkte, warum Sie sich selbst mögen!

Das Gehirn arbeitet mit Referenzen, mit Bestätigungen, die es benötigt, um ein einmal programmiertes und konditioniertes Selbstbildnis entsprechend zu verändern. Erfüllen Sie Ihren Geist mit Ihren Erfolgen. Konzentrieren Sie sich auf Zeiten in Ihrem Leben, in denen Sie vor Energie, Vitalität und Kraft nur so gestrotzt haben. Zeigen Sie sich selbst, Ihrem Unterbewußtsein, Ihrem Gehirn, Ihrem Geist, daß es möglich ist, diese Gesundheit, Vitalität und Kraft zu erlangen, indem Sie sich selbst programmieren.

Machen Sie es glaubhaft, greifbar für Ihr Gehirn! Sehen Sie gleichzeitig Möglichkeiten und Wege, mit Hilfe derer Sie diesen Idealzustand erreichen werden. Sehen Sie sich in Ihrem Geist bei sportlichen Aktivitäten, erleben Sie in Ihrem Geist, wieviel Freude es Ihnen bereitet, diesen unglaublichen Körper in Hochform zu bringen und in Hochform zu erhalten. Sehen Sie, wie Sie sich sinnvoll ernähren, erleben Sie in Ihrem Geist, wie gut es schmeckt, gesunde Nahrung zu sich zu nehmen. Erleben Sie, wieviel Spaß es macht, an Ihrem Erscheinungsbild zu arbeiten, an Ihrer Körperhaltung, an Ihrer Atmung, die von nun an tief und kraftvoll, ruhig und gleichmäßig ist. Sehen Sie sich in Ihrer geistigen Welt einmal vor einen mentalen Spiegel treten. Erkennen Sie, daß Ihre Augen ein unglaubliches Leuchten, ein Strahlen in sich haben, das vielleicht schon lange nicht mehr dagewesen ist. Geben Sie Ihrem Gehirn die Möglichkeit zu erkennen, daß dieser Zustand eigentlich der von Ihnen gewünschte Normalzustand ist. Schaffen Sie sich durch diese Visualisierung Ihrer idealen mentalen und körperlichen Verfassung eine ausreichende Basis, eine ausreichende Motivation, alles Erforderliche dafür zu tun, um diesen imaginierten Zustand zur Realität in Ihrem Leben zu machen.

Genauso einfach, wie dies klingt, so wirksam ist diese simple Technik. Die geistigen Programmierungen, die Sie in Ihr Gehirn eingeben, bestimmen, welche Funktionen im Organismus ablaufen. Jede einzelne körperliche Reaktion wird durch Botenstoffe (Neurotransmitter), die das Gehirn aussendet, verursacht. Diese mentalen Programmierungen bewirken Stimulationen in Ihrem Nervensystem, die im Körper realisiert werden.

Dieser Vorgang ist kein methaphysisches Ereignis, sondern hat lediglich mit der natürlichen Funktionsweise des Gehirns zu tun. Wie gesagt, kann das Gehirn nicht unterscheiden, ob etwas real geschieht oder ob Sie sich nur vorstellen, daß etwas geschieht. Aus diesem Grund fühlen Sie sich auch ausgezeichnet, wenn Sie jemandem von einem großartigen Erfolg berichten. Sobald Sie Ihre Vergangenheitsschilderungen jemandem wiedergeben, lassen Sie dieses Ereignis wieder in Ihrem Gehirn ablaufen. Für Ihr Gehirn geschieht dieses Erlebnis real, mit allen dazugehörigen emotionalen, mentalen und physiologischen Abläufen. Dieser Baustein für lebenslange Gesundheit ist das Fundament Ihrer Zukunft.

Alles, was Sie nicht bewußt selbst entscheiden und programmieren, sondern dem Zufall überlassen, wird im Ergebnis niemals so ausfallen, wie Sie es sich unbewußt wünschen. Überlassen Sie es nicht mehr dem Zufall, welche Bilder Sie in Ihrem Geist kreieren. Sie werden niemals auf Dauer schlank, solange Sie sich geistig als übergewichtig sehen. Sie müssen erst in der Lage sein, sich schlank zu sehen und sich in Ihrer Vorstellung als schlanken Menschen erleben, bevor Sie durch Ernährung, Bewegung und Atmung die Figur realisieren können, die Sie sich wünschen.

Sie werden niemals langfristig mit dem Rauchen aufhören, solange Sie sich geistig als Raucher sehen. Sie werden übermäßigen Alkoholkonsum nicht einschränken, solange Sie sich geistig als Trinker sehen. Üppiger Alkoholkonsum ist schon lange nicht mehr sozial akzeptabel, sondern ein Zeichen von Schwäche und mangelndem Selbstwertgefühl – dem eigenen Körper gegenüber.

Sie können auch nicht über Ihre vermeintlichen Fähigkeiten hinaus erfolgreich handeln, solange Sie sich auf Ihre Beschränkungen konzentrieren. Maßstab für Ihr Handeln ist einzig und allein Ihr Glaubenssystem mit den damit verbundenen Programmierungen. Das Gehirn bewertet nicht, ob etwas gut oder schlecht, richtig oder falsch ist. Es ist bedingungsloser Sklave Ihrer Programmierungen und führt widerspruchslos jeden Befehl, das heißt jedes Programm, aus.

Wollen Sie neue Resultate, neue Handlungsweisen, neue Verhaltensmuster installieren, so müssen Sie dies erst in Ihrem Geist programmieren. Solange Sie sich beispielsweise als ungeduldig und aggressiv im Umgang mit Ihren Mitarbeitern sehen und erleben, werden Sie auch in der Realität so handeln, ganz gleich, wie viele gute Vorsätze Sie für eine entsprechende Veränderung gefaßt haben.

Ich bitte Sie, diese Ausführungen noch nicht zu bewerten, sondern nur zu verwerten. Nehmen Sie die Informationen auf, durchdenken Sie diese, und lassen Sie einfach den Gedankengang zu, daß es möglich ist. Entscheiden Sie bitte erst, wenn Sie am Ende dieses Buches angelangt sind und alle Informationen selbst geprüft haben.

Um die Führungskraft, der Partner, das Elternteil sein zu können, wie Sie es sich wünschen, müssen Sie zuerst festlegen, wer und was Sie eigentlich sein wollen. Was verstehen Sie persönlich unter optimaler Gesundheit, Kraft und Vitalität? Welche Fähigkeiten und Talente möchten Sie besitzen und praktizieren? Wie möchten Sie sich in Ihrem Büro, Ihren Mitarbeitern, Ihren Kunden, Ihrem Team gegenüber verhalten?

Welche Resultate möchten Sie produzieren? Erst wenn Sie sich selbst bewußt darüber geworden sind, was Erfolg für Sie bedeutet, was Gesundheit für Sie bedeutet, was Glück für Sie bedeutet, erst dann haben Sie überhaupt die Möglichkeit, Fehlfunktionen und Fehlentwicklungen entgegenzuwirken und Gewünschtes einzuleiten. Alles Programmierte wird von Ihrem Gehirn, das genauso funktioniert wie ein ganz normaler Computer mit der eingegebenen Software, entsprechend gesteuert.

Mit dem Gehirn ist es genauso wie mit jedem anderen Computer auch. Sie können nur erhalten, was Sie zuvor eingeben. Der Input entspricht dem Output. Wenn Sie Bilder von Krankheit, Schwächen, Fehlern, mangelnder Energie, Kraftlosigkeit, fehlendem Durchsetzungsvermögen, mangelnder Konzentrationsfähigkeit oder schlechten Führungsqualitäten eingeben, kann das Gehirn nichts weiter tun, als genau dieses Programm ablaufen zu lassen, wenn analoge Situationen in Ihrem Leben auftreten.

Um ein Leben lang wirklich erfolgreich und gesund zu sein, müssen Sie die fehlerhaften Programmierungen der Vergangenheit durch gewünschte neue Fassungen ersetzen. Von Ihrem Computer würden Sie auch nicht erwarten, daß er mit einer Kalkulationsmaske arbeitet, wenn Sie ein Rechtschreibprogramm installiert haben. Genauso wenig können Sie von sich Stärke erwarten, wenn Sie Schwäche programmiert haben.

Aufgabe

Definieren Sie bitte jetzt an dieser Stelle:

1. Was bedeutet für mich Gesundheit? (Wie sehe ich aus = Wie sieht mein Körper aus? Welche Konfektionsgröße habe ich? Wieviel Kondition, Fitneß, Vitalität, Energie und Kraft besitze ich? Über welche Ausstrahlung verfüge ich?)
2. Was bedeutet für mich ganzheitlicher Erfolg in jedem einzelnen Lebensbereich (physisch, emotional, mental, finanziell, beruflich und privat?)
3. Wie sieht das Idealbild meines Körpers, meines Geistes, meiner Person, meiner Persönlichkeit aus? Welche Bestandteile gehören dazu? Welche Fähigkeiten und Talente besitze ich in der Idealversion?

Definieren Sie schriftlich die von Ihnen gewünschte Form Ihres Selbstbildnisses, und sorgen Sie dafür, daß dies ganzheitlich und vollständig ist und jeden einzelnen Lebensbereich umfaßt, so daß Sie künftig nichts mehr dem Zufall überlassen, sondern genau festgelegt haben, was Sie wirklich von sich, Ihrer Zukunft und Ihrem Leben, von Verhaltensweisen und den Resultaten, die Sie dadurch produzieren, erwarten.

Damit Sie ein Ziel überhaupt erreichen können, muß es klar und präzise sein. Beginnen Sie unsere gemeinsame Arbeit damit, jetzt festzulegen, was Ihr Ziel in bezug auf Ihre Person, Ihre Gesundheit, Ihren Körper, Ihre Fähigkeiten, die Nutzung Ihrer Talente und Möglichkeiten ist.

Wir leben in einer Welt, in der 90 Prozent aller Informationen negativ sind. Ganz gleich, ob diese durch andere Menschen oder die Medien an uns herangetragen werden oder ob wir uns viel intensiver auf negative Informationen fokussieren. Wen wundert es da, daß nur noch wenige Menschen den Mut zum Träumen aufbringen? Nur 0,8 Prozent aller Menschen träumen ungewöhnlich große Träume und arbeiten mit hundertprozentigem Einsatz daran, diese auch zu realisieren. Ich möchte Ihnen mit diesem Buch helfen, zu den 0,8 Prozent zu gehören, die es wirklich schaffen, ihre verborgenen Talente, Möglichkeiten und Chancen zu erkennen und dafür zu benutzen, Träume wahr werden zu lassen.

Ganz gleich, wie oft Sie gehört haben, daß Geld stinkt, daß Bescheidenheit eine Tugend ist und Unternehmer Ausbeuter sind, es darf für Sie keine Rolle spielen. Diese Vorurteile sind vollkommen absurd. Sie als Meisterwerk der Schöpfung haben nicht nur das Recht, sondern auch die Verpflichtung, Ihrem Potential entsprechend bestmögliche Erfolge zu produzieren. Sie sind für das Beste geboren, für Erfolg geschaffen. Sie wurden geboren, um die unbegrenzten Möglichkeiten, die in Ihnen stecken, zu erkennen und zu realisieren. Entwickeln Sie ein Selbstbildnis, das Ihren wahren Möglichkeiten und Potentialen entspricht!

Immer wieder lesen wir, daß Versicherungsgesellschaften Menschen nach einem Unfall hohe Summen zahlen, beispielsweise für den Verlust der Augen zwei Millionen Mark, für den Verlust der Beine 500 000 Mark, für den Verlust der Stimme bei einem Sänger 15 Millionen Mark. Ich frage Sie allen Ernstes: Glauben Sie wirklich, daß die Stimme eines Sängers mehr wert ist als Ihre, daß Ihre Beine weniger wert sind als die eines anderen? Welchen Wert würden Sie für Ihre Leber oder Ihr Herz veranschlagen? Wenn Sie einmal ernsthaft darüber nachdenken, werden Sie feststellen, daß Sie einen Multimilliarden-Dollar-Körper besitzen, der von einer Multimilliarden-Dollar-Persönlichkeit erfüllt wird und dadurch unbezahlbar ist. Mittelmaß und Mangel sind für Sie, diese wertvolle Schöpfung, nicht akzeptabel!

Ich lenke deshalb Ihre Aufmerksamkeit so intensiv auf Ihre Person, auf Ihre Besonderheiten und Ihren individuellen Wert, weil wir in einer negativen Umwelt des Neides leben. Viele von uns trauen sich gar nicht mehr zu, Träume und Visionen zu entwickeln und an deren Realisierung zu arbeiten, weil uns die Umwelt schlechte Gefühle vermittelt, weil wir ja nur allzuhäufig alleine dastehen mit unserem großen Anspruchsdenken und unseren riesigen Träumen, weil die anderen über uns lachen und vielleicht schon in der Schule gelacht haben, als wir sagten: „Ich werde etwas Besonderes und Großes erreichen." Wir haben oft zu früh aufgegeben und nie mit dem Handeln begonnen. Durch all diese Negativprogrammierungen der Vergangenheit sind wir immer wieder darauf konditioniert worden, unser Anspruchsdenken herabzusetzen, unsere Wunschvorstellungen herunterzuschrauben.

Und nur allzuhäufig habe ich in meiner Arbeit erlebt, daß Führungskräfte dadurch krank wurden, weil sie zwar Erfolg angestrebt und produziert haben, aber gleichzeitig in ihrem tiefsten Innern ein ungutes Gefühl verspürten, was zu Dauerverkrampfung, extremem Fehlverhalten und Eigensabotage bis hin zu bewußter Selbstzerstörung, Alkoholismus, Drogenkonsum oder gar Selbstmord führte.

Wenn Sie Erfolg wollen, müssen Sie entsprechend handeln, um ihn selbst zu produzieren. Sie müssen vor allen Dingen diesen Erfolg erwarten und daran glauben, das Recht zu besitzen, diesen Erfolg auch produzieren und erhalten zu dürfen. Denn gemischte Neuroassoziationen sind wesentliche Ursachen für gesundheitliche Schädigungen. Unter gemischten Neuroassoziationen versteht man, einerseits einen starken Wunsch zu verspüren, andererseits Angst vor dessen Realisierung zu empfinden.

So kann es beispielsweise vorkommen, daß jemand mit all seinem Streben am Erfolg arbeitet, aber gleichzeitig Angst vor der Verpflichtung oder den Anforderungen hat. Er befindet sich dadurch ständig in einem Zwiespalt. Gemischte Neuroassoziationen sind gleichbedeutend mit negativen Neuroassoziationen. Beide können einen bleibenden negativen Einfluß auf Ihr Leben und Ihre gesundheitliche Entwicklung nehmen.

Wann immer Sie sich regelmäßig in bestimmten Lebenssituationen anders verhalten, als Sie es sich eigentlich wünschen, spielt eine Fehlsteuerung durch eine gemischte oder negative Neuroassoziation eine wesentliche Rolle. Finden Sie heraus, welche Lebenssituationen davon betroffen sind. Ändern Sie Ihre Neuroassoziationen, indem Sie sich die Vorteile des Wunschverhaltens und alle Nachteile des Fehlverhaltens schriftlich bewußt machen. Danach lassen Sie vor Ihrem geistigen Auge einmal einen Film ablaufen, der zeigt, wie es nicht sein soll. Danach versuchen Sie, sich 20- bis 30mal so zu erleben, wie Sie in Zukunft in dieser Situation handeln wollen. Sie konditionieren dadurch Ihr Wunschverhalten, die neue Positiv-Neuroassoziation.

Input gleich Output

Wie gesagt ist unser Gehirn nichts weiter als ein ganz normaler Computer, der lediglich endlos mehr Möglichkeiten und Kapazitäten besitzt als seine elektronischen Verwandten. Die Funktionsweise ist im Prinzip die gleiche. Sie können nur mit Programmen arbeiten, Lösungen und Antworten erhalten, die Sie zuvor eingegeben, sprich gespeichert haben.

Haben Sie zu ganz bestimmten Verhaltensweisen eine schlechte Software in Ihrem Biocomputer eingegeben, werden Sie sich genau in der Art und Weise verhalten, in der Sie sich immer verhalten haben oder in der Sie glauben, sich verhalten zu müssen, zum Beispiel: Ich kann keine Entscheidungen treffen, ich kann nicht vor Publikum sprechen.

Und Befürchtungen führen ebenfalls zu einer Programmierung in Ihrem Gehirn und zu einer sich selbst erfüllenden Prophezeiung. Was Sie befürchten, wird dadurch wahr, daß Sie es bildhaft als Computerprogramm in Ihr Gehirn eingegeben haben. Alles, was Sie sich bildhaft vorstellen, führt zu einer Programmierung.

Achten Sie grundsätzlich darauf, wenn Sie an sich selbst denken, sich immer so in Ihrem Geist zu sehen, mit den Fähigkeiten, dem Durchsetzungsvermögen, der Stärke, der Gesundheit und Energie, dem Verständnis, der Flexibilität, der Entscheidungskraft usw., wie Sie diese besitzen beziehungsweise sein möchten. Denn diese mentalen Programmierungen stellen die Software, das Arbeitsprogramm dar, mit dem Ihr Gehirn in der Zukunft arbeiten wird. Alle Fähigkeiten und Talente, die Sie benutzen wollen, müssen Sie zuvor in Ihren Computer eingeben, denn nur so haben Sie die Möglichkeit, mit der entsprechenden Software auch zu arbeiten.

Für einzelne Lebensbereiche haben wir unsere besonderen Speicher und Softwarekarteien. Genauso wie wir uns in diesem Bereich sehen und mit uns selbst sprechen, werden wir handeln, und entsprechend werden unsere Resultate sein. Um ein gesunder, dynamischer Verkäufer zu sein, mit all der Power, die Sie für die Herausforderungen Ihrer Karriere und Ihres Privatlebens benötigen, müssen Sie sich entsprechend geistig sehen und erleben (programmieren). Konzentrieren Sie sich also nicht darauf, was Sie nicht können, denn in diesem Fall wird genau das programmiert, was Sie nicht an Verhaltensmustern und Resultaten wünschen.

Gefährlich sind auch kommunikative Programmierungen wie: „Verpfuschen Sie bloß den Job nicht, das ist unser wichtigster Kunde." In diesem Fall wird Ihr Mitarbeiter seine gesamte Konzentration und seine mentale Welt darauf ausrichten, was er nicht tun soll. Weil Ihr Mitarbeiter nichts anderes in seinem Computerprogramm in bezug auf diesen Kunden gespeichert hat, als die Bilder, die er dadurch kreiert, daß er es nicht verpfuschen soll, wird sein Verhalten wahrscheinlich zu katastrophalen Resultaten führen.

Künftig sollten Sie im Umgang mit Ihren Mitmenschen und vor allen Dingen im Umgang mit sich selbst immer auf positive, nach vorn gerichtete Suggestionen und Sprechgewohnheiten achten. Zum Beispiel: „Weil dies unser wichtigster Kunde ist, habe ich ihn Ihnen anvertraut, denn ich weiß, daß Sie sich optimal auf das Kundengespräch vorbereiten werden und ganz sicher den Vertrag mit diesem wertvollen Kunden abschließen. Ich habe Vertrauen zu Ihnen."

Wir wissen aus der Hypnosetherapie, daß Suggestionen wie „die Kopfschmerzen gehen jetzt weg" häufig zu katastrophalen Verschlechterungen der Kopfschmerzen führten. Weil das Gehirn eine Negation nicht umsetzen kann, legt es seine Aufmerksamkeit auf die Grundaussage „Kopfschmerzen" und macht diese dann noch schlimmer. Die richtige Formulierung ist, wie wir heute wissen: „Der Kopf wird immer leichter, freier und klarer."

Wenn Sie sich als einen Menschen sehen, der sich gut Namen merken kann, wenn Sie in sich selbst den festen Glauben entwickeln, hervorragend mit Zahlen umgehen zu können oder besonders begabt zu sein, öffentlich zu sprechen, sich in einer Diskussion durchzusetzen und die dazugehörigen geistigen Bilder aufbauen, werden Sie schon nach kürzester Zeit Ihre Resultate verbessern.

Die interne Kommunikation

Ob Sie zu sich selbst sagen: „Ich schaffe das nicht, ich bin ein Idiot, ich bin ein Versager“ oder „Ich schaffe das, selbstverständlich kann ich das“, macht einen gravierenden Unterschied in Ihrem Leben, Ihren Leistungen und vor allen Dingen in Ihrer gesundheitlichen Entwicklung. Wenn Sie mit sich selbst stark, aufrecht und selbstbewußt kommunizieren, indem Sie sich sagen: „Ich bin wertvoll; ich schaffe das; ich kann das; nichts hält mich auf; egal was passiert, ich stehe ohnehin wieder auf“, dann haben Sie ein viel effektiver funktionierendes Immunsystem, als wenn Sie sich all die destruktiven, negativen Dinge sagen, mit denen wir uns alle nur zu häufig selbst unnötig belasten.

Spornen Sie den Menschen an, der der wichtigste in Ihrem Leben ist: sich selbst. Kommunizieren Sie immer in einer positiven, lösungsorientierten, handlungsorientierten, zielbewußten Art und Weise mit sich selbst, und werten Sie sich auf. Ihr Gehirn wird diese Informationen umsetzen, und Sie werden sich genau so verhalten, wie es Ihrer Eigensuggestion und später Ihrem Selbstbildnis entspricht. Sprechen Sie also immer in anspornender, positiver Weise mit sich selbst.

Sagen Sie jeden Morgen, wenn Sie vor dem Spiegel stehen: „Ich bin ein leistungsstarker und besonders wertvoller Mensch. Ich freue mich auf die Herausforderungen des Tages, weil ich weiß, daß ich daran wachsen werde, um mich weiter zu entwickeln, und dadurch größere Erfolge im Leben produziere. Durch meine Leistungs- und Einsatzbereitschaft werde ich meine Lebensqualität und die meiner Mitmenschen erheblich verbessern. Ich werde jede Aufgabe, die mir das Leben stellt, als Herausforderung ansehen und mir und meiner Umwelt beweisen, zu welch großartigen Leistungen ich fähig bin.“ Wenn Sie das jeden Morgen wiederholen und den Tag genau so beginnen, dann gehört der Tag Ihnen. Denn wie Sie den Tag anfangen, so wird er auch weiter verlaufen.

Wenn Sie Ihr Selbstimage und Ihr Idealverhalten ständig neu programmieren und konditionieren, wird das Gehirn „reflexbedingt“ in der von Ihnen „programmierten“ Weise antworten und reagieren.

Die interne Kommunikation und Repräsentation

Sie selbst bestimmen die Bilder, die Sie in Ihrem Geist schaffen. Sie selbst bestimmen Streß oder Gelassenheit, wenn Sie Ihren Gesprächspartner als übermächtig stark und erfolgreich sehen, sich selbst im Gegensatz dazu als hilflos und schwach erleben – selbst wenn Ihre Vorstellung nicht den Tatsachen entspricht. Diese negative Polung wird einen negativen Einfluß auf Ihren Energiehaushalt haben, weil das Gehirn nicht unterscheiden kann, ob etwas real geschieht oder nicht. Es werden, wie bereits ausgeführt, die gleichen neurochemischen und bioelektrischen Prozesse im Organismus ausgelöst, als wäre dieses geistige Erlebnis real geschehen. Für Ihr Streßempfinden und Ihre Verhaltensweisen spielt es überhaupt keine Rolle, ob etwas real ist oder reine Vorstellung.

Emotionale und körperliche Reaktionen werden durch reales Geschehen oder mentales Erleben in gleichem Maße beeinflußt. Deshalb ist es wichtig, daß Sie sich grundsätzlich vor einem schwerwiegenden Gespräch einer Aussprache, einem Meeting immer als überlegen, erfolgreich, geistig flexibel und als guter Kommunikator sehen, um entsprechend positiven Einfluß auf Ihren Energiehaushalt zu nehmen. Sie programmieren die gewünschten Erfolge auf diese Art und Weise bewußt.

Wenn Sie an Vergangenheitserlebnisse denken, beispielsweise an ein Gespräch mit einem Menschen, der Sie beleidigt, wütend gemacht oder Sie sogar eingeschüchtert hat, werden jedesmal, wenn Sie an dieses Erlebnis denken, ähnliche negative Empfindungen und Energieverluste entwickeln, wie es damals im Realfall geschehen ist. Gefühle der Hilflosigkeit, der Minderwertigkeit, der Furcht oder Wut und Haß entstehen und schaden immer.

Wenn Sie die gleiche Situation für sich neu bewerten und in einer hilfreichen und sinnvollen Art und Weise für sich wiedergeben, werden Sie nicht negativ beeinflußt und verwandeln sogar negative Energien (Disstreß) in positive, hilfreiche, entspannende Energien (Eustreß).

Denken Sie an eine Situation, die Sie heute noch belastet, und stellen Sie sich den anderen bildhaft vor. Machen Sie in Ihrem Geist Ihrem Gegenüber riesige Mickymaus-Ohren, geben ihm eine große, rote Nase, schrumpfen ihn ein, geben ihm riesige Entenfüße, mit denen er unbeholfen läuft, und lassen sie ihn mit einer Mickymaus-Stimme sprechen. Erleben Sie die vergangene Situation in dieser Fassung zwei-, dreimal hintereinander, und Sie werden feststellen, daß Sie lächeln müssen oder sogar lachen, wenn Sie das nächste Mal daran denken.

Gehen Sie jetzt noch einen Schritt weiter. Stehen Sie bitte auf, stellen Sie sich mit beiden Beinen fest auf die Erde. Atmen Sie kraftvoll und tief in den Bauch hinab und dann hinauf in beide Schulterspitzen. Stehen Sie aufrecht, siegessicher und selbstbewußt. Stellen Sie sich nun vor, wie Ihr „Lieblingsfeind" von ganz hinten, als Mickymaus auf Sie zugerannt kommt. Er ist winzig klein und rennt gegen Ihr Schienbein, prallt ab und wird zurückgeworfen wie ein Hartgummiball, den man gegen eine Wand wirft. Sehen Sie, wie er wegtrudelt und ganz zerknittert und zerbeult versucht, wieder aufzustehen.

Durch dieses Verändern der internen Repräsentation, Ihres Vorstellungsbildes, werden Sie diesem Erlebnis für die Gegenwart und Zukunft den negativen Einfluß nehmen. Es wird Sie in bezug auf den Umgang mit dieser betreffenden Person stärken und selbstbewußter machen.

Nicht das, was geschieht oder geschehen ist, ist wichtig, sondern wie Sie das, was geschehen ist, für sich selbst repräsentieren (wiedergeben), bestimmt den Einfluß auf Ihr Empfinden und Ihr Handeln, weil Sie ein Ereignis erst dadurch für sich selbst bewerten.

Beginnen Sie also noch heute damit, den Sieger in sich zu erkennen, zu akzeptieren, zu erwecken und das Erfolgspotential, das Sie in sich tragen, zu leben. Sehen Sie sich so, wie Sie sein könnten. Sehen Sie sich als Problemlöser, als effektive Führungskraft, als hervorragenden Teamspieler, im familiären, freundschaftlichen und beruflichen Bereich. Fragen Sie sich: Was muß ich tun, um dieses Idealbild zu erreichen? Wie muß ich sein, welche Fähigkeiten und Talente muß ich erwerben, besser nutzen oder verbessern?

Sie können alles sein, erreichen oder besitzen, wovon immer Sie träumen, wenn Sie Ihr Selbstbildnis entsprechend positiv einrichten und bereit sind, den Preis zu bezahlen, den das Leben für den von Ihnen gewünschten Erfolg verlangt. Einsatzbereitschaft, Durchhaltevermögen, die Fähigkeit, einmal mehr aufzustehen, als das Leben Sie niederwirft, und all die anderen Basiselemente, über die wir in diesem Buch sprechen, gehören dazu. Gesund und erfolgreich zu sein bedeutet, sich selbst gesund und erfolgreich zu machen und zu erhalten.

Es kommt niemals der Zeitpunkt, an dem Sie damit aufhören können, etwas für Ihre Gesundheit und für Ihre Erfolge im Leben zu tun. Durch ständige Weiterentwicklung Ihrer Umwelt und Ihrer eigenen Person bereichern neue Herausforderungen und Veränderungen Ihr Leben. Diese leiten Sie dazu, Ihre Persönlichkeit, Ihren Charakter noch weiter zu festigen, aus- und aufzubauen sowie die Qualität Ihrer Erfolge und Ihres Lebens zu verbessern.

2 Die Basis für Gesundheit

Der Körper, das Wunderwerk der Natur

Um Ihren Körper in der Art und Weise zu behandeln, wie er es verdient, sollten Sie sich einmal über das Wunderwerk bewußt werden, das Sie als so selbstverständlich hinnehmen.

Dadurch, daß wir in der Regel gesund auf die Welt kommen, uns Gesundheit nicht schwer erarbeiten müssen, weil sie eben der Normalzustand ist, gehen wir sehr leichtfertig mit ihr um. Viele Menschen zerstören, wie gesagt, ihre Gesundheit in der ersten Hälfte des Lebens, um das Geld zu verdienen, das sie in der zweiten Hälfte des Lebens dafür ausgeben, um ihre Gesundheit wieder zu erlangen.

Machen Sie sich doch einmal folgendes klar: Niemals zuvor hat es einen Körper in der Konstellation gegeben, wie Sie ihn besitzen. Im Universum gibt es keinen anderen Körper, der so ist, wie der Ihre.

Ihr Körper ist ständig darauf bedacht, sich zu regenerieren, zu entgiften, zu erholen, sich auf- und auszubauen und Ihnen die bestmöglichen Konditionen für Ihr Leben zur Verfügung zu stellen. Das alles hilft Ihnen jedoch recht wenig, wenn Sie dem Körper keine Möglichkeit geben, sich zu erholen und ihm nicht den notwendigen Treibstoff zuführen, die er für ein optimales Funktionieren benötigt.

Es liegt an Ihnen, ob Sie alt genug werden und gesund genug bleiben, um den Erfolg auch genießen zu können, an dem Sie gerade arbeiten. Wenn Sie sich nicht bewußt für Ihre Gesundheit entscheiden, werden Sie mit Sicherheit früher oder später mit gesundheitlichen Problemen kämpfen müssen.

Jede Form der Krankheit ist auf Ursachen zurückzuführen, die in unserem Fehlverhalten in irgendeinem Lebensbereich liegen. Es gibt keine unheilbaren Krankheiten, sondern lediglich unheilbare Menschen – Menschen, die nicht bereit sind, Krankheitsursachen zu beseitigen.

So kann die Unfähigkeit, sich selbst mit einer Führungsposition zu identifizieren, große Konflikte auslösen. Die ständige Angst vor Aufgaben und Herausforderungen kann genauso zu katastrophalen gesundheitlichen Entwicklungen führen, wie die Unfähigkeit, nein sagen zu können, oder die Bereitschaft, es ständig allen recht machen zu wollen.

Es ist niemals *eine* Ursache, niemals *ein* Fehlverhalten, niemals *eine* einmalige Entgleisung, die für konstante gesundheitliche Einschränkungen verantwortlich ist, wenn wir einmal Unfälle und dergleichen ausschließen. Um die Gesundheit schwer zu schädigen, ist langfristiges und konsequentes Fehlverhalten notwendig, beispielsweise durch regelmäßigen und übermäßigen Alkoholkonsum oder durch langjähriges und exzessives Rauchen. Aber dennoch ist es niemals ein einzelner Faktor, der zur Katastrophe führt.

Ganzheitliche Gesundheit, von der ich hier spreche, kann nur entstehen oder erhalten bleiben, wenn man wirklich jeden einzelnen Lebensbereich mit einbezieht. Dadurch, daß Sie bereits in Ihrem Leben bewiesen haben, daß Sie ein Macher und Sieger sind, gehe ich fest davon aus, daß Sie die hier angebotenen Informationen und Gedankengänge selbständig prüfen werden, um danach selbst zu entscheiden, was Sie für Ihre Gesundheit tun werden.

Verhalten Sie sich bitte wie ein *Verwerter* und nicht wie ein Bewerter, denn *Bewerter* sind typische *Versager.* Sie sind Verlierer, die Dinge bewerten, bevor sie sie geprüft haben oder kennen. Ein Bewerter ist durch sein mangelndes Selbstwertgefühl und Selbstvertrauen nicht in der Lage, Neues oder Ungewohntes anzunehmen und selbst zu prüfen. Da er sich geistig außerstande sieht, mit neuen Denkweisen, neuen Technologien oder neuen Erkenntnissen umgehen zu können und damit keinem anderen auffällt, daß er unfähig dazu ist, wird er Neues bekämpfen, schlecht machen und jede Veränderung verhindern wollen. Deshalb ist ein typischer Bewerter eine Katastrophe für jede Weiterentwicklung und Verbesserung innerhalb eines Unternehmens. Ein Bewerter ist jemand, dem Sie ein Essen anbieten, das er nicht kennt, und der aufgrund der Farbe und Struktur der Nahrung bereits zu wissen glaubt, wie sie schmeckt, aber nicht probiert.

Probieren Sie diese Information erst aus, und entscheiden Sie dann, was für Sie richtig ist!

Was ist Gesundheit?

Gesundheit ist kein Zufallsprodukt, sondern die logische Konsequenz aus richtigem Verhalten im physischen, emotionalen und mentalen Bereich. Gesundheit basiert auf einem optimalen Energiehaushalt, und mit ausreichenden Energiemengen ist es unmöglich, krank zu werden, eine Grippe zu bekommen oder auch nur einen Schnupfen. Aus der modernen Gesundheitsforschung wissen wir, daß der Energiehaushalt bestimmt, ob es überhaupt die Möglichkeit einer Erkrankung in unserem Körper gibt oder nicht. Krankheit ist Energiemangel beziehungsweise Zusammenbruch des Energiehaushaltes, verursacht durch Streßfaktoren, falsche Ernährung, Sauerstoffmangel und fehlerhafte oder mangelnde Bewegung.

Viele meiner Patienten, die nach Aussage von fachkundigen Ärzten nur noch wenige Monate zu leben hatten, wurden wieder vollkommen gesund und stehen heute als Referenz für die unglaublichen Möglichkeiten von Körper und Geist, als Hoffnungsträger für alle scheinbar unheilbaren, ausweglosen Fälle. Ich habe erkannt, daß Menschen, die an einer schweren Krankheit leiden, fast immer sterben, wenn sie selbst keine Ziele mehr haben, keine Träume und Wünsche, keine positive Zukunftsperspektive, wenn sie nicht mehr leben wollen und Sinnlosigkeit empfinden.

Für Krankheit können Sie selbstverständlich der Umwelt, den Rahmenbedingungen oder anderen Menschen die Schuld geben, aber ändern werden Sie durch diese Schuldzuweisung nichts. Sie können nur sich selbst ändern, und das haben allein Sie in der Hand.

Sie bleiben nur gesund, wenn Sie selbst dafür sorgen

Erst wenn Sie eigenverantwortlich die Kontrolle über Ihre gesundheitliche Entwicklung übernehmen und bereit sind, alles Erforderliche zu tun, was immer notwendig ist, um gesund zu werden, bleiben Sie auch gesund. Wenn Sie sich nie wieder mit weniger Gesundheit, Vitalität, Kraft und Energie zufriedengeben, als Sie erleben könnten, beginnt ein vollkommen neuer Lebensweg, mit erhöhter Lebensqualität und Gesundheit. Entscheiden Sie sich für lebenslange Gesundheit, für die Sie bereit sind, alles Erforderliche selbst zu tun.

Gesundheit – Ihre zweite Chance

Heute haben Sie die Möglichkeit, noch einmal vollkommen neu zu beginnen. Sie bekommen eine zweite Chance im Leben, um Ihre Gesundheit neu zu ordnen und künftig effektiver und sinnvoller damit umzugehen. Letztendlich geht es immer wieder auf dieselben Grundlagen zurück, wenn wir über Gesundheit sprechen. Es sind unsere Atmung, unsere Bewegung, Ernährung und unsere mentalen Aktionen, die unsere gesundheitliche Entwicklung bestimmen. Sobald Sie positiven Einfluß auf diese Basiselemente nehmen, verändern Sie Ihren Gesundheitszustand positiv.

Die Angst, krank zu werden oder früh zu sterben, ist ein großer Streßfaktor. Sobald Sie durch dieses Aktionsbuch erkannt haben, daß nur Sie selbst Einfluß auf Ihre gesundheitliche Entwicklung nehmen können, werden diese unnötigen zerstörerischen Ängste von selbst verschwinden.

Letztendlich müssen Sie Ihre Einstellung bezüglich Ihrer Gesundheit verändern. Sie müssen Ihren Körper als wichtiges, wertvolles Instrument begreifen, mit dem Sie Ihre geistigen Qualitäten realisieren können. Gesundheit und Erfolg sind einzig und allein das Resultat Ihrer Lebenseinstellung.

Als erstes müssen wir lernen, die Eigenverantwortung für unsere Gesundheit zu übernehmen und die soziale Konditionierung ablegen, durch die wir die Verantwortung für unsere gesundheitliche Entwicklung unserem Arzt überlassen. Ein Arzt oder Therapeut darf, soll und kann lediglich ein Coach sein, ein Spezialist, der Hilfestellung leistet.

Wir leben in dem weitverbreiteten Glauben, daß es für verschiedene Krankheiten keine Heilung gibt. Deshalb verzweifeln viele Menschen, wenn die Diagnose beispielsweise Krebs lautet. Dr. Bernhard Siegel, Yale-Professor und Bestsellerautor, weist darauf hin, daß sich das Immunsystem im Fall einer tödlichen Diagnose wie Krebs oder Aids zu 90 Prozent zurückbildet. Das Immunsystem streikt, statt seine Aufgabe zu übernehmen.

Unsere Konditionierungen lösen innere Bilder von Tod und Siechtum aus, die wir sofort auf uns selbst übertragen und deshalb in Lethargie, Frustration, Depression, Hilflosigkeit und Angst verfallen.

Lebenswichtig aber wäre genau die umgekehrte Reaktion, denn wir brauchen Hoffnung, Zuversicht und klare Ziele, um unser Energiereservoir aufzuladen.

Ich behaupte: Es gibt keine unheilbaren Krankheiten. Denn für jede Krankheit, die es gibt, liefert die Geschichte Personen, die diese Krankheit besiegt und überlebt haben. Zahlreiche Krebs- und Aidskranke, die geheilt sind, liefern den Beweis. Entscheidend für die Heilungschancen ist, ob wir uns kranke oder gesunde Menschen zum Vorbild machen.

Nur wenn Sie in Ihrem Gehirn die Möglichkeit zulassen, eine tödliche Diagnose überleben zu können, haben Sie eine Chance, weil Ihre Glaubenssysteme und Handlungsweisen bestimmen werden, was folgt. Sobald Sie es geistig für möglich halten, wieder gesund werden zu können, verschaffen Sie sich sofort Referenzen dafür. Lesen Sie Autobiographien (beispielsweise Normen Cousins), oder sprechen Sie mit Personen, die es geschafft haben, eine ähnliche Krankheit erfolgreich zu überstehen. Selbsthilfegruppen erfüllen genau diese Funktion.

Sicherlich sind Sie bereit, für Menschen, die Ihnen wichtig sind, alles Erdenkliche zu tun, um ihnen zu helfen. Überlegen Sie einmal, was Sie unternehmen würden, wenn Ihre Lebenspartnerin, Ihr Lebenspartner oder eines Ihrer Kinder an einer tödlichen Krankheit leiden würde. Würden Sie sich einfach damit abfinden, oder wären Sie eher geneigt, absoluten Einsatz zu bringen?

Genau den Einsatz, den Sie für jemand anderen zeigen würden, sollten Sie aber auch für sich selbst aufbringen. Stellen Sie sich die Frage: „Wenn ich mein bester Freund wäre, was würde ich mir in einer solchen Lebenssituation raten?“

Die Frage ist: Was funktioniert, und was hat anderen geholfen? Es nützt nichts, sich von einem Übergewichtigen erklären zu lassen, wie man abnimmt und schlank bleibt. Es ist unsinnig, sich von einem Menschen, der fünfmal geschieden, einsam und allein ist, sagen zu lassen, wie man eine glückliche Ehe führt oder seine Kinder richtig erzieht, während seine schon seit Jahren nicht mehr mit ihm sprechen. Wir müssen von den Menschen lernen, die es geschafft haben, ganz gleich, aus welcher Gesellschaftsschicht oder Bildungsklasse sie stammen.

Beispiel

Dr. Isak Jennings praktizierte in der Mitte des letzten Jahrhunderts 15 Jahre lang als orthodoxer Mediziner und begann danach eine 20jährige Studie mit Patienten, denen er bei jeder Form von Erkrankung lediglich rote Zuckertabletten oder gefärbtes Wasser als therapeutische Maßnahme verabreichte. Er dokumentierte jeden einzelnen Fall wissenschaftlich und stellte nach 20jähriger Studiendauer fest, daß seine Erfolge weitaus größer, teilweise doppelt so groß waren wie die der orthodox praktizierenden Ärzte.

Er dokumentierte seine Erfahrungen in seinem Buch „The No Medicine Approach To Medicine“, um seinen Kollegen hilfreiche Informationen in bezug auf die Aktivierung der Selbstheilungskräfte (Placeboeffekt) zur Verfügung zu stellen. Er wurde verklagt, und seine Arbeit wurde diskreditiert.

In vielen Fällen besteht das Hauptproblem nicht nur darin, das Glaubenssystem des Patienten zu verändern, sondern auch das des behandelnden Arztes. Ich habe oft erlebt, daß Krebsgeschwüre von der Größe einer Männerfaust sich vollständig zurückgebildet hatten und der Arzt dennoch den Patienten zu einer Operation überredete, die Klarheit darüber bringen sollte, ob das Geschwür weg war oder nicht.

Viele der sogenannten Wunderheilungen durch Pilgerfahrten sind deshalb positiv verlaufen, weil sich die Person während der Pilgerfahrt permanent mit Gesundheit, Wiedergesundung und Spontanheilung befaßte. Dadurch wurde der Wunsch nach Heilung programmiert und bewirkte, daß bei der Ankunft am „Wunderort“ die innere Konditionierung zur Realität wurde.

Ich erwähne dies, um Ihre alten Glaubenssysteme ein wenig zu erschüttern, so daß Sie vollkommen frei und unvoreingenommen über neue Wege nachdenken können. Bilden Sie sich Ihre eigene Meinung, und leben Sie nicht nach den Maßstäben, die die Umwelt Ihnen eingeprägt hat.

Um Mißverständnisse zu vermeiden, sei es hier noch einmal deutlich erwähnt: Wenn Sie krank sind, gehören Sie zur Diagnostik und Betreuung in die Hand eines fachkundigen Arztes, mit dem Sie gemeinsam an Ihrer Wiedergesundung arbeiten sollten – der Arzt als Coach und Sie als mündiger Eigentherapeut.

Der Präsident der Berliner Ärztekammer, Dr. Ellis Huber, weist in seinen Büchern „Handeln statt schlucken“ und „Liebe statt Valium“ ausdrücklich auf die Zusammenhänge zwischen physiologischem und mentalem Fehlverhalten und der Entstehung von chronischen Erkrankungen hin. Auch in der klassischen Medizin setzt sich diese Erkenntnis immer stärker durch. Ich bitte Sie, 21 Tage lang all das auszuprobieren, was ich Ihnen in diesem Aktionsbuch anbiete, so daß Sie sich selbst eine Meinung bilden und Ihr ideales Gesundheitskonzept entwickeln können. Jede Form von Extremismus ist falsch, und dennoch sind meine Aussagen zum Teil extrem, um Ihnen die gesamte Bandbreite der Möglichkeiten zu verdeutlichen, so daß Sie Ihren persönlichen gesunden Mittelweg finden können.

Viele Glaubenssysteme in bezug auf Gesundheit, die Sie übernommen haben, können negativen Einfluß auf Ihr Wohlbefinden haben, wie zum Beispiel:

- „Frühstück ist die wichtigste Mahlzeit des Tages.“
- „Wer viel arbeitet, muß viel essen.“
- „Man muß immer alles aufessen, was auf dem Teller ist.“

Überprüfen Sie bitte, welche Glaubenssysteme Sie aus der Vergangenheit übernommen haben, von denen Sie glauben, daß sie für Ihre gesundheitliche und energiereiche Entwicklung negativ sind.

Im Bereich der Ernährung ist es wichtig zu wissen, daß Nahrung entweder ausgeschieden oder verwertet wird. Wird die Nahrung nur beseitigt, belastet das Ihren Energiehaushalt enorm. Deshalb ist nur die Aufnahme von energiespendender Nahrung sinnvoll. Wenn Sie zuviel Nahrung zu sich nehmen, die der Körper nicht nutzen oder umsetzen kann, belasten Sie Ihren Energiehaushalt. Sie belasten ihn ebenfalls, wenn Sie Nahrung aufnehmen, die in ihrer Zusammensetzung nur schwer verarbeitet werden kann.

Viele Menschen graben sich im wahrsten Sinne des Wortes ihr eigenes Grab mit den Zähnen, denn die Ernährung beziehungsweise Verdauung stellt den größten Energieräuber im menschlichen Dasein dar. Und viele berauben durch falsche Ernährungsgewohnheiten nicht nur den Energiehaushalt, sondern vergiften ihren Körper sogar regelmäßig in hohem Maße. Lassen Sie Zweifel an Ihren bisherigen Glaubenssystemen zu, und kontrollieren Sie nach dem Prüfen neuer Fakten und Informationen die alten Glaubenssysteme auch in bezug auf Ernährung auf ihre Effektivität.

Auf das Thema Ernährung werden wir später noch genauer zu sprechen kommen. Sie wissen bereits: Energie ist die Basis für Gesundheit, und mangelnde Energie ist die Basis für Krankheit, ganz gleich, in welcher Form. ATP (ATP = adenosine triphosphate) ist der Stoff, der die Energie in unserem Körper produziert. Das, woran letztendlich ein Mensch stirbt, unabhängig davon, was auf dem Totenschein steht, ist der Mangel an ATP. ATP ist das essentielle Basiselement für Leben. Eine optimale ATP-Produktion ist ohne ausreichende Sauerstoffzufuhr nicht möglich. Und somit ist Sauerstoff das wichtigste Basiselement für Ihre Gesundheit.

Machen Sie sich doch einmal bewußt, daß Sie über sechs Wochen ohne Nahrungsaufnahme leben können, über sechs Tage, ohne zu trinken, aber nicht einmal sechs Minuten, ohne zu atmen. Die Qualität Ihrer Gesundheit wird bestimmt durch die Qualität Ihrer Zellen und diese wiederum durch die Qualität Ihres Sauerstoffgehaltes in der Blutbahn. Mangel an Sauerstoff bedeutet beginnende gesundheitliche Fehlentwicklungen. Ohne ausreichende Sauerstoffzufuhr sterben Zellen und somit Zellgewebe. Und wenn Zellgewebe stirbt, sterben Organe und danach der ganze Mensch.

Beispiel

Otto Warburg vom Max-Planck-Institut nahm gesunde Rattenzellen und entzog ihnen zu 80 Prozent den Sauerstoff. Die Folge war, daß sie starben, ebenso bei 70prozentigem Sauerstoffentzug. Zellen mit 60 bis 65 Prozent Sauerstoffentzug überlebten zum Teil, aber sie mutierten, was letztendlich die Produktion von Krebszellen bedeutet.

Dr. Harry Goldblatt erweiterte das Experiment, indem er Ratten Krebszellen injizierte und die Ratten in Behältnissen hielt, in denen ihnen unterschiedliche Mengen Sauerstoff entzogen wurden. Die Ratten mit voller Sauerstoffzufuhr blieben gesund. Die mit mittlerer Sauerstoffzufuhr hatten bis zu 60 Prozent Krebstumore produziert. Die Ratten, die auf dem untersten Sauerstofflevel gehalten wurden, bekamen zu 100 Prozent Krebs.

Die einzige Möglichkeit, den Körper zu entgiften und das Lymphsystem zum Arbeiten zu bringen, sind tiefe Bauchatmung und Bewegung. Wenn Sie sich nicht oder nur wenig bewegen und nicht gleichmäßig tief atmen, bewegt sich auch Ihre Lymphflüssigkeit nicht durch Ihren Körper. Somit können die aufgenommenen Giftstoffe nicht verarbeitet oder abtransportiert werden, und dies führt letztendlich zur Toxämie, also Eigenvergiftung.

In jeder Sekunde sterben vier Millionen rote Blutkörperchen und vier Millionen neue werden produziert. Abgestorbene Zellen bilden Giftstoffe, die abtransportiert werden müssen. Hierfür ist ein gut funktionierendes Lymphsystem lebensnotwendig. Die Entgiftung findet über die Haut, die Nieren, die Lungen und den Darm statt.

Bedenken Sie bitte, daß Sie durch Nahrungsaufnahme nicht zwangsläufig sofort Energie bekommen, denn die Verdauung von Nahrung verbraucht zunächst Energie, bevor Teile der Nahrung in Energie umgewandelt werden können. Eine Ausnahme ist Obst, das, auf nüchternen Magen gegessen, im Körper sofort in Zucker, also Energie, verwandelt wird.

Allzu häufig werden Entgiftungsprozesse als Krankheit bezeichnet, ebenso wie Anzeichen mangelnder Energie, wie beispielsweise Pilzinfektionen, Herpes oder Juckreiz. Auch Fieber entsteht durch eine Überlastung des Systems, etwa so, als würden Sie bei Ihrem Auto mit einem Fuß auf die Bremse drücken und mit dem anderen Vollgas geben. Der Körper heizt sich auf, weil er überlastet ist und gleichzeitig Viren und Bakterien durch Überhitzung abtöten will. Fieber ist ein Bestandteil der Kur, der körpereigenen Therapie, und nicht das Symptom einer Krankheit. Fieber ist der Versuch des Körpers, Krankheitserreger zu beseitigen.

Beispiel

Dr. Alexis Carrol war der festen Überzeugung, daß gesunde Zellen nicht sterben können, wenn sie mit genügend Energie, Sauerstoff und Nahrung versorgt und regelmäßig von Giftstoffen befreit werden. Er versorgte Hühnerzellen mit ausreichender Sauerstoffzufuhr und entgiftete sie optimal. Die Hühnerzellen, die er benutzte, waren von sehr alten, zehn bis zwölf Jahre alten Hühnern. Dadurch gelang es ihm, die Zellen 34 Jahre lang am Leben zu

> erhalten. Dann brach er das Experiment ab, mit der festen Überzeugung, daß er diese Zellen unter diesen Voraussetzungen für immer und ewig am Leben hätte erhalten können.
>
> Am Rockefeller Institut stellten zwei Nobelpreisträger fest, daß Zellen in einer künstlichen Umgebung unter idealen Voraussetzungen von Nährstoffen, Sauerstoffzufuhr und Entgiftung für immer am Leben erhalten werden können. Voraussetzung hierfür ist selbstverständlich, daß keine physische Verletzung der Zelle durch äußere Einflüsse, Unfall usw. stattfindet.

Äußerst wichtig für Regeneration, Gesundheit und den Aufbau von Energie ist gesunder, erholsamer Schlaf, denn der Körper kann nur im Schlafzustand ganz bestimmte Chemikalien produzieren, die Sie im Laufe des Tages benötigen. Alkohol stört die REM-Phasen, die Sie unbedingt zum Ausgleich Ihres biochemischen Haushaltes benötigen. Deshalb schlafen Sie unter Alkoholeinfluß auch niemals erholsam, sondern unruhig und kurz und fühlen sich den ganzen Tag über entsprechend schlecht.

Der Körper hat eigene Abwehrreaktionen, um Gift auszuscheiden.

- Wenn Sie sich übergeben müssen, dann deshalb, weil der Körper versucht, Giftstoffe aus dem Körper zu entfernen. Mit Durchfall verhält es sich ebenso.
- Fieber ist der Versuch des Körpers, Giftstoffe zu verbrennen.
- Schnupfen, Husten und Hautreaktionen sind ebenfalls Versuche des Körpers, Gifte auszuscheiden.

  Halten wir diese Reaktionen medikamentös zurück, machen wir nichts weiter, als Giftstoffe gewaltsam im Körper festzuhalten, was in vielen Fällen zu schwerwiegenden Erkrankungen führt.
- Auch Kopfschmerzen deuten häufig auf Vergiftungserscheinungen hin.

  Unser medizinischer Leiter für NAPS-Training in Europa, Dr. med. Holger Crone, rät Menschen, die an Kopfschmerzen leiden, einen Einlauf zu machen. In über 90 Prozent aller Fälle verschwinden die Kopfschmerzen nach der ersten Darmentleerung.

- Muskelkrämpfe und Schmerzen sind ebenfalls häufig die Folge von Sauerstoffmangel.

Sie werden feststellen, daß sich bei Fasten- und Entgiftungskuren die Haut von Ihren Händen oder an anderen Körperstellen ablöst. Der Körper befreit sich dadurch von toten Zellen. Ließe man also den Körper gewähren, so könnte man sagen, daß die Krankheit die Therapie ist. Das, was wir als Krankheit oder als Krankheitssymptom bezeichnen, ist nichts weiter als der Versuch des Körpers, sich zu entgiften und zu heilen.

Die falsch verstandene Bakterientheorie

Die falsche Interpretation der Forschungsarbeiten von Louis Pasteur ist verantwortlich für den Irrglauben, daß Krankheiten durch Viren oder Bakterien ausgelöst werden. Faktisch gesehen ist Leben ohne Bakterien überhaupt nicht möglich und bedingt durch die Tatsache, daß Bakterien Parasiten sind, können diese selbstverständlich nur überleben, wenn sie vom Träger gefüttert werden. Bakterien ernähren sich von Schadstoffen und befreien uns somit vom Gift.

Es ist weitgehend unbekannt, daß Pasteur selbst schrieb: „In einer Verfassung vollkommener Gesundheit wird von einem Lebewesen die Aufnahme und der Einfluß von beziehungsweise durch Bakterien ausgeschlossen.“ Umgekehrt ausgedrückt: Wenn Sie sich in gesunder Verfassung befinden, können Bakterien Ihnen nichts anhaben.

Wenn wir uns bewußtmachen, daß die Hauptrisikogruppen für eine Aidserkrankung aus Personen bestehen, die zum Teil einen geringen Energielevel besitzen, wie beispielsweise Drogenabhängige, legt dies die Vermutung nahe, daß selbst bei dieser grausamen Erkrankung Streß und Energiemangel einen entscheidenden Beitrag leisten.

Ein hervorragender Wissenschaftler nannte mir einmal ein ausgezeichnetes Beispiel: „Im Falle eines Streiks der Müllabfuhr, wenn sich der Müll zu Bergen auftürmt, dauert es nicht lange, bis diese Müllberge große Heerscharen von Ungeziefer, insbesondere Ratten anziehen.“ Würde man nun behaupten, daß die Ratten den Müll gebracht haben?

Genauso verhält es sich mit Bakterien, die sich erst dann im krankheitserregenden Ausmaß ernähren können, wenn der entsprechende Müll (Giftstoffe, Abfallstoffe im Körper) vorhanden ist und nicht umgekehrt.

Wenn Sie sich verdeutlichen, daß Epidemien immer an Orten oder bei Menschengruppen auftreten, die unter katastrophalen sanitären oder hygienischen Verhältnissen leben müssen, dann wird auch hier der Zusammenhang von Energiemangel, Toxämie und Krankheit offensichtlich.

Wenn bei einer bestimmten Krankheit nicht jedesmal die gleiche Mikrobe gefunden werden kann, kann letztendlich die Bakterie oder das Virus die Krankheit auch nicht auslösen. Umgekehrt müßte jeder Mensch, bei dem bestimmte Bakterien oder Viren im Körper nachweisbar sind, die dazugehörige Krankheit aufweisen, was wiederum auch nicht der Fall ist. Es gibt bis zum heutigen Tag kein wissenschaftliches Experiment, das belegt, daß gesunde Zellen, in einer gesunden Umgebung, durch Bakterien zerstört werden können.

Eine gesunde Blutbahn besitzt nicht den nötigen Nährboden, den das Bakterium zur Vermehrung oder Zellschädigung benötigt. Die Wissenschaft macht es sich zum Teil sehr leicht, indem behauptet wird, daß mit dem Auftreten bestimmter Bakterien im Zusammenhang mit einer Krankheit auch die Frage nach der Ursache geklärt sei. Daß das Ausbreiten der Bakterien nur durch andere Ursachen ermöglicht wurde, wird hier übersehen.

Wissenschaftlich steht fest, daß Bakterien sich nur unter ständigem Vorhandensein von ganz bestimmten Giftstoffen vermehren können. Sobald die Nahrungszufuhr gestoppt oder vermindert wird, verringern sich die Bakterien in gleicher Weise. Abfall und Giftstoffe, die von Bakterien als Nahrung benutzt werden, sind keine lebenden Zellen, sondern immer totes Gewebe.

Die Universität von Berkley, Kalifornien, wies nach jahrelangen Krebsstudien darauf hin, daß für die Entstehung von Krebs ein ganz bestimmtes giftiges Milieu im Körper vorhanden sein muß, damit Viren und Bakterien als Co-Faktoren für die Entstehung von Krankheiten ursächlich wirken können. Selbstverständlich ist auch erwiesen, daß Viren und Bakterien einen großen Anteil am Verlauf einer Krankheit haben. Wichtig ist aber, daß sie ganz bestimmte Giftstoffe, die im Körper vorhanden sein müssen, als Nahrung benötigen, ohne die sie nicht existieren können.

Wir müssen, im übertragenen Sinn, den Müll beseitigen und nicht einfach nur die Ratten umbringen. Denn der weiterhin vorhandene Müll wird sonst neue Ratten anziehen.

Die Bausteine für Vitalität und Gesundheit

Die Atmung

Um gesund zu sein und gesund zu bleiben, benötigen wir gesunde Zellen. Aus diesem Grund müssen wir dem Körper den Sauerstoff und die Nährstoffe zuführen, die er benötigt. Beginnen Sie deshalb sofort damit, dreimal täglich die vorne beschriebenen Tiefatemübungen durchzuführen: vier Sekunden durch die Nase einatmen, sechzehn Sekunden die Luft anhalten, acht Sekunden durch den Mund ausatmen. Und das dreimal täglich zehnmal.

Wenn Sie nervös, angespannt oder ängstlich sind, atmen Sie vier Sekunden lang durch die Nase ein und elf Sekunden durch den Mund aus. Praktizieren Sie dies solange, bis Sie sich wieder vollkommen wohl und sicher fühlen.

Nichts kann einen größeren Einfluß auf Ihr Lymphsystem beziehungsweise Ihr Immunsystem nehmen, als eine tiefe, kraftvolle Atmung. Durch sie wird die Fließgeschwindigkeit des Lymphsystems auf das zehn- bis fünfzehnfache erhöht.

Sie haben 75 bis 100 Trillionen Zellen in Ihrem Körper, die ständig mit ausreichend Energie und Sauerstoff sowie Nährstoffen versorgt werden müssen. Die Qualität der Zellernährung bestimmt die Qualität der Zellgesundheit und damit Ihre Gesundheit. Wann immer Sie Energie benötigen oder etwas Positives für Ihr Immunsystem tun wollen, machen Sie die oben angegebene Atemübung.

Die körperliche Fitneß

Sinnvoll können sportliche Übungen nur sein, wenn sie die Körperdurchblutung erhöhen und dadurch eine bessere Sauerstoffzufuhr für den Gesamtorganismus geschaffen wird. Anaerobes Trainieren bildet Muskeln (wie beispielsweise esometrische Übungen oder Bodybuilding), aber aerobe Übungen produzieren Gesundheit.

Hervorragende aerobe Sportarten für das Training bei Ihrer idealen Herzfrequenz ist beispielsweise Fahrrad fahren, Schwimmen, Joggen (auf weichem Untergrund und mit gepolsterten Schuhen, da sonst die Wirbelsäule und die Gelenke geschädigt werden), aber auch Reiten gehört unter anderem dazu.

Wichtig ist die Regelmäßigkeit des Trainings, mindestens viermal pro Woche und mindestens jeweils 45 Minuten lang. Der Vorteil beim aeroben Training ist, daß es Spaß und Freude bereitet und Sie sich danach wohler fühlen als zuvor. Aerobes Training produziert weder in Ihrem Körper noch in Ihrem Geist Schmerz.

Wenn Sie bereit sind, in Ihre Lebensqualität zu investieren, und mindestens an vier Tagen pro Woche aerob trainieren, am besten morgens, damit der Körper gleich nach dem Aufstehen mit Sauerstoff geflutet wird, wenn Sie dies sieben Monate durchhalten, werden Sie niemals mehr wieder freiwillig auf diesen Energiespender verzichten wollen.

Ja, aber ...

Das ist die Erwiderung, die ich am häufigsten zu hören bekomme: „Ja, aber, mein Großvater ist 96 Jahre alt geworden und der hat immer geraucht, viel Schweinefleisch gegessen, Alkohol getrunken und sich auch sonst nicht um seine Gesundheit gekümmert."

Dazu muß ich sagen, daß der Großvater in einer anderen Zeit aufgewachsen ist – und mit weniger Umweltgiften, Luftverschmutzung, Konservierungsstoffen, Streß und all den anderen krankheitserregenden Faktoren. Wahrscheinlich war dieser Mann in der Landwirtschaft tätig, also ständig in der frischen Luft, hat sich viel bewegt und wäre, wenn er sich an einige Grundregeln gehalten hätte, mindestens 140 Jahre alt geworden. Und das ist das Potential an Lebensjahren, das jeder Mensch vom medizinischen Standpunkt aus gesehen erreichen kann. Wenn Sie jünger sterben, haben Sie Ihren Tod durch falsche Atmung, mangelnde Bewegung, ungesunde Ernährung und falsche Verhaltensweisen selbst verursacht. Lassen Sie uns also gemeinsam darauf hinarbeiten, Ihren gesunden 140. Geburtstag zu planen.

Die Ernährung

Das nächste wichtige Basiselement für Gesundheit ist die Versorgung mit wichtigen Nährstoffen: Flüssigkeit und „lebendige“ Nahrung. Das bedeutet knackige Salate, frisches Obst, rohes Gemüse, denn nur frische Nahrung ist „lebendige“ Nahrung. Alles, was über 56 Grad Celsius erhitzt wird, stirbt und ist vom Nährwert her gleich Null.

Wenn man beispielsweise etwas kocht, um es zu sterilisieren, tötet man zwar Bakterien ab, aber auch gleichzeitig sämtliche Nährstoffe. Sie sollten grundsätzlich darauf achten, frisch gepreßte Obstsäfte, frisches Obst, Gemüse und Salat zu sich zu nehmen und mindestens 70 Prozent feuchtigkeitsreiche Nahrung (Gemüse und Salat) und zu nur etwa 30 Prozent trockene Nahrung (Kartoffeln, Fleisch, Fisch, Geflügel).

Der Körper benötigt Lauge, um Kohlehydrate (Kartoffeln, Reis, Nudeln) zu verdauen, und Säure, um Proteine (Fleisch, Fisch, Geflügel oder Ei) zu verarbeiten. Wenn Sie Fleisch und Kartoffeln in einer Mahlzeit kombinieren, neutralisieren sich Lauge und Säure gegenseitig und werden zu Wasser. Die Verdauung stoppt, und die Nahrung verwest in Ihrem Körper, anstatt verwertet zu werden. Um die Giftstoffe auszuscheiden, produziert der Körper ständig neue Lauge und Säure, was den Energiehaushalt erheblich belastet.

Folgendes sollten Sie wissen:

- Wenn Sie unbedingt Fleisch essen müssen, dann nur in Kombination mit Gemüse und Salat, nicht, wie Sie es gewohnt sind, mit Kartoffeln, Nudeln oder Reis.
- Wenn Sie Kartoffeln, Nudeln oder Reis essen, dann ebenfalls mit Gemüse und Salat.
- Obst darf grundsätzlich nur morgens auf nüchternen Magen gegessen werden, da Obst in Zusammenhang mit anderen Nahrungsmitteln sofort zu gären beginnt. Giftige Gase entstehen, und es kommt zu Blähungen, Unwohlsein, Schmerzen und Müdigkeit.
- Obst als Nachtisch gegessen stellt strenggenommen eine gefährliche Belastung für Ihre Verdauung dar. Beginnen Sie den Tag morgens mit Obst, so daß der Körper, der über Nacht gefastet hat, die feuchtigkeitsreiche Nahrung, den Fruchtzucker und die Vitamine positiv verwerten kann.

- Trinken Sie möglichst frisch gepreßte Obstsäfte, Gemüsesäfte oder Tafelwasser ohne Kohlensäure, denn Kohlensäure kann eine nierenzersetzende Wirkung haben, und die Mineralstoffe im Mineralwasser können ohnehin vom Organismus nicht aufgenommen werden.

- Die Ernährungswissenschaft hat längst nachgewiesen, daß Milchprodukte kein geeignetes Nahrungsmittel für den Menschen sind. Haben Sie beispielsweise ein Kind, das regelmäßig unter Verschleimung und Erkrankung der Atemwege leidet oder morgens schon unter Magendruck, Völlegefühl, Kopfschmerzen oder Durchfall leidet, dann möchte ich wetten, daß Sie Ihrem Kind morgens Milch geben.

  Milch in Zusammenhang mit einem sauren Milieu, wie es im Magen vorherrscht, gerinnt sofort und verklumpt, ähnlich wie in einem Glas Tee, in den Sie bereits Zitrone gegeben haben. Diese zähe, geronnene Masse ist vom Körper nur schwer zu verarbeiten. Zudem enthält Milch Kasein, das der Körper überhaupt nicht verwerten kann. Es verstopft die Kapillaren, die für unsere Ernährung und unser Überleben notwendig sind. Außerdem wurden in Milchprodukten Spuren von Antibiotika nachgewiesen, die den Kühen verabreicht worden waren. Welche Auswirkungen regelmäßige Gaben von Antibiotika auf den menschlichen Organismus haben, wissen Sie sicher selbst.

- Feuchtigkeitsreiche Nahrung ist vor allem deshalb extrem wichtig für unseren Organismus, weil unser gesamter Körper fast ausschließlich aus Wasser besteht, das sich regelmäßig vergiftet und erneuert werden muß. Dies ist nur durch ausreichende feuchtigkeitsreiche Ernährung möglich. Das erste Ergebnis bei einer Ernährungsumstellung nach ungefähr 14 Tagen ist unter anderem eine schöner und jünger aussehende Haut sowie eine Vervielfachung des Energiehaushaltes.

- Bedenken Sie bitte, daß einseitige Diäten Gefahr für die Gesundheit darstellen. Wenn Sie bereits verschiedene „Kuren“ ausprobiert haben, werden Sie festgestellt haben, daß Sie nach der Diät in kürzester Zeit wieder mehr wogen als vorher. Das liegt daran, daß der Körper sich auf eventuell wiederkehrendes Hungern beziehungsweise Fasten vorbereitet, indem er neue Nahrung sofort speichert, um bestmöglich auf die nächste Hungerperiode vorbereitet zu sein. Außerdem verlieren Sie bei Schnelldiäten im wesentlichen Wasser und Muskelsubstanz und schädigen Ihr Herz. Sie können nur schlank werden und bleiben, wenn Sie sich ausreichend bewegen, vernünftig ernähren und richtig atmen und dies zu einer grundlegenden Lebensgewohnheit machen. Jede Wunderdiät, die jedem etwas anderes vorgaukelt, ist garantiert nicht langfristig wirksam.

- Kalorienzählen ist ebenfalls ein ineffektives Instrument, um schlank zu werden und zu bleiben. Essen Sie für den kleinen Hunger am besten naturbelassene Nüsse, Sesamriegel oder ähnliches, bis 12 Uhr mittags einfach nur Obst, das Sie in jeder beliebigen Menge zu sich nehmen können, ohne zuzunehmen. Obst verläßt innerhalb von 20 Minuten den Magen, Bananen als Ausnahme erst nach 35 Minuten. Danach können Sie gefahrlos auch alles andere essen, ohne einen Gärprozeß heraufzubeschwören. Wenn Sie einmal überprüfen wollen, wie schnell und drastisch sich Gärprozesse, die durch Obst ausgelöst werden, in Ihrem Organismus auswirken, essen Sie einfach nach einem normalen Mittagessen einen oder zwei frische Äpfel. Sie werden den ganzen Tag ihre helle Freude an Ihren Blähungen und Ausdünstungen haben.
- Sie sollten Ihren Tee oder Kaffee möglichst mit Quelltafelwasser kochen und auf Leitungswasser grundsätzlich verzichten, da dieses Chlorid enthält, was eindeutig krebserregend ist. Chlorid ist im wesentlichen ein Abfallprodukt aus der Aluminiumherstellung, das extrem giftig ist und früher als Rattengift benutzt wurde. In meinem Haus in Kalifornien erhielt ich einmal eine Nachricht der Wasserwerke, die besagte: „Bitte benutzen Sie das Leitungswasser in den nächsten drei Tagen nicht für Ihr Aquarium, da es die Fische tötet.“

Die Bedeutung von Vitaminen und Mineralstoffen

Bei der Bekämpfung von Krankheiten, auch von Krebserkrankungen, können Vitamine einen wesentlichen Beitrag leisten. Einige Vitamine eignen sich sogar zur Krebsprävention. Erwiesen ist leider auch, daß 20 Prozent aller Menschen sich durch ihre Ernährung nicht ausreichend mit Mineralstoffen und Vitaminen versorgen.

Beispiele

- Menschen mit einem hohen Vitamin-Level leben länger als andere. Rauchen verursacht Vitamin-C-Mangel.
- Um Nahrung in Energie zu verwandeln, werden ausreichende Mengen Magnesium benötigt. Fehlt das Magnesium, nützt die beste Ernährung nichts.
- Calcium kann nicht ohne weiteres in Pulver- oder Tablettenform aufgenommen werden. Der Körper benötigt Sonnenlicht, oder Vitamin D 3, um das Calcium überhaupt für den Körper verwertbar zu machen. Dadurch ist die künstliche Zufuhr von Calcium nicht so effektiv, wie das Essen von calciumreicher Nahrung. Calcium kann nicht durch Milchprodukte zugeführt werden, wie oft irrtümlich angenommen. Der Körper benötigt zweimal soviel Calcium, um Milch zu verarbeiten, wie in der Milch überhaupt vorhanden ist.
- Vitamine müssen frisch sein, also sofort verwertet und nicht durch Haltbarkeitsstoffe unbrauchbar gemacht werden. Sie müssen so zubereitet sein, daß der Körper sie leicht aufnehmen und umsetzen kann.
- Vitamin C ist in der Lage, freie Radikale, also Krebszellen, zu vernichten. Zur Prävention sollten wir täglich zwölf Gramm Vitamin C zu uns nehmen.
- Die weltweit von den Gesundheitsministerien angegebenen Vitamin- und Mineralstoffmengen sind häufig nur die notwendigen Mindestmengen, die der Körper zum Überleben benötigt.
- Wir wissen, daß Chromium muskelbildend ist und dabei hilft, den Fettgehalt im Körper leichter abzubauen. Durch die Zufuhr von Chromium geschieht der Fettabbau dreimal schneller und der Muskelaufbau viermal intensiver.
- Der Körper ist in der heutigen Zeit vielen extremen Belastungen ausgesetzt, für die er nicht geschaffen ist. Die vielen Giftstoffe, die wir durch Luft, Konservierungsmittel usw. in uns aufnehmen, sind für den Körper nur sehr schwer abbaubar. Aus diesem Grund müssen wir unseren Körper unterstützen. Vitamin A, E, C und Selen sowie Betacarotin sind wesentliche gesundheitsfördernde Basiselemente.

3 Gesundheit und Erfolg

Wege zu konstanten Höchstleistungen und optimaler Gesundheit

Liebe Leserin, lieber Leser, Gesundheit ist der Normalzustand, auch wenn wir nur allzuoft bereit sind zu glauben, daß es etwas Besonderes ist, ein Geschenk der Natur. Gesundheit ist das logische Resultat aus zielgerichteten, sinnvollen, bewußten Aktionen. Gesundheit ist Ausgewogenheit, Gleichgewicht, und wir müssen lernen, unseren eigenen Weg dorthin selbst zu finden und zu gehen.

Von unseren Eltern, durch die Umwelt, aus den Medien und durch Vergangenheitsprägungen haben wir viel Unsinnges gelernt und übernommen. Dadurch sind viele gesundheitliche Fehlentwicklungen auch im mentalen und emotionalen neben dem physischen Bereich das Resultat programmierten Fehlverhaltens. Wenn ein Elternteil raucht, liegt der Wahrscheinlichkeitsgrad, daß das Kind ebenfalls raucht, bei 50 Prozent. Rauchen beide Elternteile, liegt der Wahrscheinlichkeitsgrad sogar bei 75 Prozent. Ebenso verhält es sich mit Übergewicht, Drogen oder Alkoholkonsum.

Sie wissen selbst, wie viele Verhaltensmuster unserer Umgebung wir als selbstverständlich ansehen, einfach kritiklos übernommen haben oder gar unbewußt praktizieren. Der größte Einzelfaktor, der einen gravierenden Einfluß auf unsere gesundheitliche Entwicklung hat, ist unsere mentale Einstellung dem Leben und der Zukunft gegenüber. Die Menschen, die das Leben als Herausforderung und Chance ansehen, also nicht ständig von Sorgen, Ängsten, Zweifeln und Befürchtungen geplagt werden, überleben nicht nur, sondern sie erleben und genießen ihr Leben. Sie produzieren in Lebenssituationen, in denen andere zerbrechen, ungewöhnliche Erfolge.

Gesunde Menschen blicken auf das Ziel und nicht auf die Hindernisse. Sie jagen ihr Ziel wie ein Jäger sein Wild. Voller Begeisterung, neugierig, mit Durchhaltevermögen und voller Einsatzbereitschaft. Diese Menschen haben Gründe für ihr Handeln und Gründe dafür, durchzuhalten.

Kranke Menschen fühlen sich häufig den Lebenssituationen, Rahmenbedingungen sowie Vergangenheitsprägungen und Belastungen im Berufs- und Privatleben ausgeliefert. Sie fühlen sich ständig manipuliert und negativ beeinflußt. Die Menschen sehen sich nicht einmal in der Lage, ihren alltäglichen Lebensstreß beeinflussen oder gar managen zu können. Sie leiden dadurch ständig an einem biochemischen Ungleichgewicht. Dieses wird ausgelöst durch Streßhormone und kann zu Symptomen vom Magengeschwür bis hin zum Herzinfarkt, Gehirnschlag oder gar Krebs führen.

Die Bedeutung der klaren Zielsetzung

Erfolg, als Grundlage Ihrer Gesundheit, verlangt nach klaren Zielen. Ziele sind Ansporn und Motivation, doch um Ihre Ziele zu erreichen, brauchen Sie Gründe, die Ihnen beim Handeln und Durchhalten als Treibstoff dienen. Gründe sind stärker als Hindernisse. Wenn Sie keine Gründe haben, warum Sie dieses Ziel unbedingt erreichen *müssen,* werden Sie es vielleicht niemals realisieren. Zunächst müssen Sie definieren, warum Sie dieses Ziel eigentlich realisieren wollen. Sie müssen Ihre persönlichen, individuellen Wertehierarchien, also Ihre persönlichen Wertvorstellungen kennen. Wertehierarchien stellen die Reihenfolge der Wichtigkeit Ihrer persönlichen Prioritäten dar und lassen Sie erkennen, warum Sie etwas erreichen wollen.

Um optimale Resultate zu produzieren, müssen Sie selbstverständlich präzise festlegen, was genau Sie erreichen wollen, wie für Sie lebenslange optimale Gesundheit aussieht und was alles dazugehört.

Aufgabe

1. Bitte notieren Sie ganz genau, welches Bild Sie von sich selbst haben, wenn Sie gesund, vital und fit sind. Was gehört alles dazu?

Nachdem Sie eine klare Zielsetzung erstellt und diese spezifiziert haben, fahren Sie mit Teil zwei der Aufgabe fort:

2. Schreiben Sie bitte auf, auf welche Art und Weise und durch welche Veränderungen im Denken, im Handeln, in der Eigenkommunikation der inneren Bilder Sie diesen Idealzustand erreichen wollen.

3. Schreiben Sie mindestens drei Handlungen auf, die Sie noch heute dafür tun oder beginnen können, um der Realisierung dieses Ziels näher zu kommen.
4. Notieren Sie genau, welche Nachteile Ihnen bleibende Einschränkungen im gesundheitlichen Bereich in der schlimmstmöglichen Form bringen können. Schreiben Sie danach auf, welche Vorteile Gesundheit und Vitalität in der bestmöglichen Fassung für Sie und Ihre Familie, für Ihre Karriere und Ihre Lebensqualität mit sich bringen kann.
5. Schreiben Sie Gründe auf, warum Sie garantiert zielgerichtet in Richtung Gesundheit handeln und durchhalten werden. Schaffen Sie Gründe dafür, einmal mehr aufzustehen, als das Leben Sie niederwirft, und schaffen Sie sich genügend Motivation, um mehr als 100 Prozent zu geben. Denn Ihr Leben ist es wert, daß Sie 110 Prozent geben. Diese zehn Prozent extra machen aus einem mittelmäßigen Menschen einen besonders erfolgreichen Menschen.
6. Der letzte Schritt ist natürlich, daß Sie sofort mit dem Handeln beginnen.

Für jede Zielsetzung in Ihrem Leben, ganz gleich, ob es das Verändern von Verhaltensweisen im Umgang mit Mitarbeitern ist oder ob es Veränderungen im privaten Bereich sind, führen Sie immer den gleichen Aktionsplan so durch, wie er zuvor genannt wurde.

Der sichere Weg zum Erfolg ist:

1. Klare Zielsetzung
2. Genau definieren, wie, wann und warum Sie das Ziel erreichen wollen
3. Freude- und Schmerzprinzip nutzen
4. Einen Durchführungsplan kreieren
5. Gründe für Handeln und Durchhalten entwickeln
6. Handeln
7. Aus den Resultaten lernen
8. Flexibel weiter handeln

Glauben Sie mir, verehrte Leserin, verehrter Leser, wenn Sie erst einmal damit beginnen, an sich selbst zu glauben, und daran arbeiten, die unmöglichen Dinge in Ihrem Leben möglich zu machen, beginnt für Sie ein vollkommen neues Leben. Ganz gleich, ob andere sagen: „Sie schaffen das" oder „Sie schaffen das nicht". Ein Leben mit viel weniger Ängsten, viel mehr Freiheit, Kreativität, Energie und Gesundheit. So werden Sie das Gefühl von Hilflosigkeit oder Unsicherheit sehr schnell aus Ihrem Leben verbannen.

Die Harvard University hat in einer Studie festgestellt, daß wir alle bis zum 18. Lebensjahr 148 000mal gehört haben: „Nein, das geht nicht", „Du schaffst das nicht", „Das kann man nicht". Bis zum 18. Lebensjahr sind wir darauf konditioniert worden (Glaubenssysteme), daß wir einiges gar nicht schaffen können, daß wir nichts Besonderes sind, daß man dies oder das gar nicht erreichen kann. Man hat uns gefragt: „Warum denn gerade du?" oder uns gesagt: „Wenn das funktionieren würde, hätten das schon ganz andere getan, laß das lieber sein, das wird sowieso nicht klappen. Wer hoch fliegt, wird tief fallen." usw.

Seit dem 18. Lebensjahr haben wir mindestens 22mal pro Tag ähnliche negative Aussagen gehört und diese auch dramatisch untermauert, mit entsprechender negativer Eigenkonditionierung beziehungsweise Eigensuggestion, durch Selbstgespräche und katastrophale mentale Bilder (Repräsentationen).

Sie können natürlich nun durch das hier Gesagte genügend Ausreden dafür finden, in der Vergangenheit versagt zu haben, und was noch schlimmer ist, in Zukunft versagen zu dürfen. Doch bringt Sie dieses auf keinen Fall weiter. Das Suchen von Schuldigen und Entschuldigungen führt nur zu Selbstmitleid, Energieverlust, Krankheit und neuem Versagen und verändert nichts.

Ist das Resultat anders, als wir es uns wünschen, müssen wir lediglich feststellen:

Die Lösungsformel

1. Wie ist der aktuelle Stand?
2. Wie wollen wir es haben?
3. Was können wir tun, um das gewünschte Resultat zu produzieren?

Sehen Sie nach vorn, und lassen Sie die Vergangenheit ein für allemal hinter sich, Sie brauchen diese nicht aufzuarbeiten und nicht zu verarbeiten. Verschwenden Sie nicht positive Energie und Kraft der Gegenwart für Fehlresultate aus der Vergangenheit. Wir können uns noch so endlos oft und lange darüber unterhalten, was gewesen wäre, wenn Sie vor zehn Jahren anders gehandelt oder ein bestimmtes Erlebnis nicht gehabt hätten, und dennoch werden wir es nicht ändern können. Lassen Sie es einfach los, und es ist weg. Alles andere ist letztendlich nichts weiter als Selbstmitleid. So hart, wie dies klingen mag, so wahr ist es auch. Sie leben jetzt, hier und heute. Hier und heute müssen Sie glücklich, zufrieden und gesund sein. Die Gegenwart zählt, und für die Vergangenheit gibt Ihnen niemand etwas.

Die Menschen, die ewig in der Vergangenheit leben, sind sehr häufig die, die im Alter von 45 oder 50 Jahren rührselig erzählen und sich daran erinnern, daß sie im Alter von 16 Jahren einmal der schnellste 100-Meter-Läufer der Schulklasse waren. Sie leben in der Vergangenheit, fokussieren sich auf eine einmal gemachte gute Leistung, anstatt sich in der Gegenwart und in der Zukunft darauf zu konzentrieren, ständig hervorragende Leistungen zu produzieren, um auf sich stolz sein zu können.

Erfolgsziele festlegen

Entspannen Sie sich einmal ganz bewußt, und machen Sie sich eine mentale Vision Ihrer Person mit optimaler Gesundheit, das müßte Ihnen jetzt bereits leichtfallen. Verwandeln Sie diese Grundvorstellung in einzelne Ziele. Fragen Sie sich nun, welche einzelnen Ziele dafür notwendig sind, um diese optimale Gesundheit zu realisieren. Fragen Sie sich auch, wie Sie diese erreichen wollen. So könnten Sie beispielsweise sagen: Ich möchte innerhalb von sechs Wochen fünf Kilogramm abnehmen, und dafür werde ich einmal die Woche ein Fitneßtraining machen, mich besser ernähren, regelmäßiger schlafen, mich ärztlich betreuen und beraten lassen usw.

Wenn Sie Verhaltensmuster im Bereich des Berufes verändern wollen, fragen Sie sich: Welchen Level von Produktivität und Leistung möchte ich haben? Welchen Einfluß und welchen Erfolg möchte ich in meinem Berufsleben?

Nun teilen Sie auch dies in spezielle Ziele ein, wie zum Beispiel: Ich will mehr gemeinsame Problemlösungen mit meinen Mitarbeitern entwickeln. Ich will mich durch Veränderungen weniger belastet fühlen. Ich will für eine Beförderung oder finanzielle Verbesserung arbeiten. Ich will mit Streß besser umgehen und die physischen Streßsymptome beseitigen. Ich will im nächsten Monat zehn neue Kontakte herstellen. Ich will mehr Spaß an der Arbeit.

Schreiben Sie auf, wie Sie diese Ziele verwirklichen wollen.

Das gleiche wiederholen Sie in den Bereichen persönliche Ziele, im Teamspiel, in Familie und Beruf. Sehen Sie wieder die optimale Endfassung, und entwickeln Sie einzelne Zielsetzungen. Entwickeln Sie Strategien, die zur Realisierung dieser idealen Endfassung führen werden.

Beispiele

„Ich nehme mir zweimal die Woche Zeit, die ich nur meiner Familie widme, ich werde regelmäßig mit meinen Mitarbeitern persönliche Gespräche führen. Dadurch habe ich mehr Spaß, gemeinsam mit meinen Mitmenschen."

„Ich werde regelmäßige Regenerationsphasen einlegen, zum Beispiel dreimal täglich eine Power-Atmungs-Übung machen (vier Sekunden durch die Nase einatmen, 16 Sekunden die Luft anhalten, acht Sekunden durch den Mund ausatmen und zehnmal wiederholen). Ich werde regelmäßig einen geistigen Urlaub von drei bis fünf Minuten Dauer im Laufe des Tages machen, um mich von den Anspannungen und Herausforderungen des Lebens zu regenerieren, für richtigen Schlaf sorgen usw."

Legen Sie auch Ihre Spaß-, Abenteuer- und Erfolgsziele fest, kreieren Sie wieder die optimale Endfassung für diese Zielsetzung: Wer wollen Sie sein, wie wollen Sie sein, was wollen Sie getan haben? Teilen Sie es auf in einzelne Aktionsschritte, zum Beispiel:

„Ich will zweimal pro Woche Tennis spielen."

„Ich möchte gemeinsam mit meinem Team Urlaub machen."

„Ich gehe dreimal die Woche in ein Fitneßcenter."

„Ich mache viermal pro Jahr Urlaub (lieber öfter kurz, als einmal lang)."

Kreieren Sie unbedingt Belohnungen dafür, wenn Sie eines der von Ihnen gesteckten Ziele erreicht haben. Schreiben Sie auf: „Wenn ich dieses Ziel bis zu diesem Datum erreicht habe, werde ich mir dies und das gönnen oder das für mich tun."

Aufgabe

Erstellen Sie eine Liste von mindestens zehn Dingen, durch die Sie sich beim Erreichen großer Ziele belohnen können. Machen Sie dieses für mittlere und kleine Ziele genauso.

- Wenn Sie sich ein Ziel setzen und gar nicht genau wissen, was Sie dadurch letztendlich erreichen wollen, streichen Sie es von Ihrer Liste, und arbeiten Sie sofort an der Realisierung eines effektiveren Ziels.
- Sind Sie nicht in der Lage, sofort an der Realisierung eines Ziels zu arbeiten oder damit zu beginnen, streichen Sie es ebenfalls.
- Wenn Sie ein Ziel setzen, setzen Sie immer klare Etappenziele mit einem entsprechenden Handlungsplan.

Beispiel: „Ich werde meine Zähne in Ordnung bringen lassen, und deshalb werde ich morgen um neun Uhr den Zahnarzt anrufen und mir den schnellstmöglichen Termin geben lassen." Verzichten Sie auf Aussagen wie: „Ich werde in der nächsten Woche mal anrufen und mir beim Zahnarzt einen Termin geben lassen." Überprüfen Sie, ob es wirklich Ihre eigenen Ziele sind und ob sie Ihren Wertvorstellungen entsprechen. Wenn Sie in Ihrem Leben eine Entscheidung treffen müssen, dann fragen Sie sich lediglich: „Bringt mich diese Entscheidung meinen Lebenszielen oder meinem Ziel in diesem Bereich näher, oder entfernt es mich davon?" So reduzieren Sie den Streß in bezug darauf, Entscheidungen treffen zu müssen, weil Sie immer wissen, welches die richtige Entscheidung ist.

- Überprüfen Sie regelmäßig, ob Ihre Handlungen Sie Ihren Zielen näher bringen oder Sie davon entfernen oder ob Sie auf der Stelle treten. Bauen Sie ein besseres Selbstwertgefühl auf, indem Sie sich auch kleinere Erfolgserlebnisse bewußt machen.

- Fühlen Sie sich nicht schlecht, wenn Sie Ihr Ziel noch nicht erreicht haben oder nicht in der gewünschten Zeitplanung liegen, sondern legen Sie lediglich mehr Wert darauf zu handeln und die neue Ziel- und Zeitplanung zu erfüllen.

Die Zielsetzungsformel

Legen Sie für jeden Lebensbereich exakt und klar definiert Ihre Ziele fest:

1. Physische Ziele
2. Familiäre Ziele
3. Soziale Ziele
4. Ihre geistigen, spirituellen Ziele
5. Ihre mentalen Ziele
6. Ihre finanziellen Ziele
7. Ihre Sach- und Besitzziele
8. Ihre Karriereziele
9. Ihre Abenteuer-, Spaß- und Spielziele
10. Ihre Regenerationsziele
11. Ihre Unsterblichkeitsziele, durch die Sie Spuren im Leben hinterlassen wollen

Danach führen Sie ein Check-up durch, indem Sie sich fragen:

1. Ist es wirklich mein Ziel?
2. Ist es für mich moralisch akzeptabel, bin ich bereit, mit den Konsequenzen zu leben?
3. Kann ich mich emotional so motivieren, daß ich das Ziel unter allen Umständen erreichen möchte?
4. Paßt dieses Ziel zum Großteil meiner anderen Ziele?
5. Kann ich mich selbst im Erreichen meines Ziels geistig sehen und erleben?

Falls Sie auf eine dieser Fragen mit „Nein" antworten, streichen Sie dieses Ziel aus Ihrer Zielliste, und fragen Sie sich dann:

1. Macht mich das Erreichen dieses Ziels glücklicher?
2. Macht mich das Erreichen dieses Ziels gesünder?
3. Bringt mir das Erreichen dieses Ziels mehr Lebensqualität oder Freude?
4. Bringt mir das Erreichen dieses Ziels mehr geistigen Frieden?
5. Fühle ich mich durch das Erreichen dieses Ziels sicherer oder besser?
6. Wird das Erreichen dieses Ziels meine partnerschaftlichen Beziehungen und mein Teamspiel verbessern?
7. Macht mich das Erreichen dieses Zieles selbstbewußter?

Wenn Sie nicht mindestens einmal „Ja" sagen können, streichen Sie dieses Ziel ebenfalls aus Ihrer Liste. Danach fragen Sie sich:

1. Welche Menschen und Gruppen benötige ich zum Erreichen dieses Ziels?
2. Schreiben Sie neben jedes Ziel ein Erfüllungsdatum, wann Sie das Ziel erreicht haben wollen.
3. Welche Fähigkeiten müssen Sie verbessern, erwerben oder effektiver nutzen, um das Ziel zu erreichen?
4. Kreieren Sie einen Aktionsplan: Wie kann ich das Ziel erreichen?
5. Schreiben Sie alle Vorteile, die Sie durch das Erreichen dieses Ziels haben, auf.
6. Schreiben Sie auf, welche Nachteile Sie im schlimmsten Fall haben werden, wenn Sie Ihren Traum nicht realisieren.
7. Warum will ich diese Ziele erreichen, was verspreche ich mir davon (Gründe sind stärker als Hindernisse)?
8. Schreiben Sie neben jedes einzelne Ziel das Gefühl, das Sie dadurch erreichen möchten, wie Anerkennung, Macht, Zufriedenheit, Wohlbefinden, Sicherheit, Harmonie, Vitalität usw.

Das Prinzip der Eigenmotivation

Wenn Sie sich ein Ziel gesetzt haben, sollten Sie das Freude- und Schmerzprinzip nutzen, um sich zur Erfüllung dieses Ziels zu zwingen, indem Sie bewußt aufschreiben, welche Vorteile Sie durch das Erreichen dieses Ziels in der bestmöglichen Verfassung in Ihrem Leben erhalten können; notieren Sie dann, welche Nachteile Sie erleiden müssen (und andere), worauf Sie verzichten müssen, was Sie niemals erleben können, wenn Sie dieses Ziel nicht realisieren, weil Sie nicht begonnen haben zu handeln oder durchzuhalten.

Gesundheit ist nur dann möglich, wenn Sie ausreichend Selbstwertgefühl, Selbstvertrauen, Energie, Vitalität und Kraft, Begeisterung und Leidenschaft für sich selbst, Ihr Leben, Ihre Zukunft und Ihr Handeln aufbringen können. Erfolg bedeutet nicht unbedingt immer das Erreichen eines Ziels. Auch der Weg dorthin und der tägliche Fortschritt kann bereits als Erfolg bezeichnet werden.

Machen Sie sich vor allen Dingen immer wieder den besonderen Wert der Gesundheit bewußt, und lassen Sie es nicht soweit kommen, daß Sie den Wert Ihrer Gesundheit erst dann schätzen lernen, wenn Sie sie verloren haben. Opfern Sie Ihre Familie nicht Ihrem Job, denn das eine geht nie ohne das andere, und Erfolg ist immer abhängig von Teamspiel, im privaten und im beruflichen Bereich.

Die Charaktereigenschaften gesunder Erfolgsmenschen

Gesunde erfolgreiche Menschen sind gekennzeichnet durch einige charakteristische Merkmale, die hier zusammengefaßt sind.

1. Diese Menschen sehen Probleme als Herausforderung an, als Chancen, daran zu wachsen und noch mehr Erfolg zu produzieren.
2. Gesunde Führungskräfte haben eine innere Verpflichtung zu ihrer Arbeit und zum Durchhalten für sich selbst entwickelt. Für diese Menschen gehören Aufgeben, Zögern oder Bequemlichkeit gar nicht in den Bereich des für sie Denkbaren und Möglichen.
3. Sie übernehmen bewußt die Kontrolle über ihre Zielsetzung, bedingt durch ihre Wertehierarchien, über ihre Handlungen, ihre Strategien, und zeigen sich verantwortlich für die entsprechenden Resultate. Sie bestimmen dadurch ihren Tag und ihr gesamtes Leben selbst, was

ihnen gleichzeitig hilft, das Gefühl von Freude für die Produktion positiver Streßreize zu benutzen.

4. Sie sind in der Lage, ein ideales Streßmanagement zu praktizieren, indem sie lernen, negativen Streß in positive und produktive Energie zu verwandeln.
5. Sie haben klare Wertehierarchien und wissen genau, warum sie handeln und wofür.
6. Gesunde Führungskräfte verfügen über ein gesundes Maß an Humor. Sie sind auch in der Lage, über sich selbst oder über die Ironie des Lebens zu lachen.
7. Sie wissen genau, wie wichtig positive Partnerschaftsbeziehungen und Teamspiel für Gesundheit und Erfolg sind. Sie praktizieren diese Erkenntnis in einem extrem hohen Maß.
8. Erfolgreiche Führungskräfte wissen genau um den Wert ihrer Gesundheit, ihres Energiehaushaltes, ihres Erscheinungsbildes und eines langen gesunden, vitalen, produktiven und erfolgreichen Lebens. Sie sind deshalb sehr darauf bedacht, sich sinnvoll zu ernähren.
9. Außerdem sind all diese besonders erfolgreichen Menschen, sportlich aktiv, sorgen für ausreichend Bewegung, Sauerstoffzufuhr, Durchblutung, Entschlackung usw.
10. Und selbstverständlich nutzt jeder dieser Profis ausreichenden und regelmäßigen Schlaf dazu, sich optimal zu regenerieren und zu erholen.
11. Diese Top-Manager, die alles Notwendige für eine positive gesundheitliche Entwicklung tun, befinden sich auch in regelmäßiger ärztlicher Kontrolle und Beratung.
12. Eine hohe Bereitschaft, kalkulierte Risiken einzugehen, zeichnet diese besonders erfolgreichen und gesunden Menschen aus. Sie haben die Fähigkeit, an sich selbst zu glauben, sich selbst zu vertrauen. Denn in einer ungewissen Zukunft ohne Angst leben zu können, ist ein weiteres wichtiges Basiselement für eine gesunde und vitale Zukunft. Entwickeln Sie auch die Einstellung: „Ich schaffe alles, weil ich es will!“
13. Selbstverständlich haben sie ausreichende und sinnvolle Regenerationsphasen in ihrem Tages-, Wochen-, Monats- und Jahresablauf

eingeplant. Sie halten diese Planungen auch konsequent ein, denn ein ausgeruhter Körper voller Kraft und Energie leistet in einer Viertelstunde mehr Sinnvolles, Produktives und Erfolgreiches, als ein ausgemergelter Geist und Körper es in einem Monat tun könnte.

14. Diese oberen sieben Prozent in ihrem Berufszweig zeichnen sich besonders durch Kreativität aus. Sie haben viele Optionen, verschiedene Möglichkeiten, für Lösungen, Vorgehensweisen und flexibles Handeln und leben deshalb in einem positiven Gefühl von Freiheit.

Der Glaube an sich selbst

Die Bedeutung eines positiven Selbstwertgefühls haben wir bereits weiter oben betrachtet. Wir entwickeln ein gesundes Selbstvertrauen durch die Bilder, die wir in unserem Geist von uns selbst, unseren Fähigkeiten, unserem Körper, unseren Möglichkeiten schaffen. Durch die ständige Kommunikation mit uns selbst, in der wir uns sagen: „Ich kann das nicht“ oder „Ich schaffe das selbstverständlich“ sowie durch unsere mentalen Bilder, prägen wir unser Selbstimage.

Wenn Sie nicht an sich selbst glauben, liebe Leserin, lieber Leser, wird es auch sonst niemand tun können. Nur wenn Sie voll und ganz hinter sich selbst, Ihren Entscheidungen und Handlungen stehen, werden Sie sich so verhalten, daß auch Mitarbeiter, Familienangehörige, Freunde oder Kunden an Sie glauben und Ihnen vertrauen können. Ihr Selbstwertgefühl bestimmt, welche Aufgaben Sie überhaupt zu realisieren beginnen oder mit wieviel Einsatzbereitschaft und Selbstverständlichkeit Sie an der Lösung eines Problems arbeiten. Konzentrieren Sie sich also grundsätzlich darauf, was Sie alles können und wie Sie dies noch besser und effektiver machen könnten.

Wenn Sie an die Vergangenheit denken, erinnern Sie sich an Ihre Erfolge und daran, was Sie in Ihrem Leben schon geleistet und erreicht haben. Sehen Sie sich in Ihrem Geist immer als ein Macher, als ein Mensch, der Ziele setzt, Entscheidungen trifft und mit dem entsprechenden Durchhaltevermögen, der notwendigen Flexibilität und Einsatzbereitschaft jedes Ziel erreicht, das er sich setzt. Wann immer Sie an sich selbst denken, müssen Sie sich als Problemlöser, als Handelnder, als Sieger sehen. Diese mentalen Programmierungen sind zu 80 Prozent verantwortlich für die positive Entwicklung Ihres Selbstimages. Dieses wiederum beinhaltet Ihr Selbstwertgefühl, Selbstvertrauen und Ihre Einsatz- und Handlungsbereitschaft. Ihr Selbstimage bestimmt letztendlich jedes Resultat, das Sie in Ihrem Leben selbst produzieren.

Es ist Ihr Selbstimage, das bestimmt, ob Sie eine gute Führungskraft, ein guter Berater, ein guter Verkäufer, ein guter Chef oder ein effektiver Selbständiger sind. Das Gehirn ist lediglich in der Lage, Programme zu benutzen, die Sie selbst vorher bewußt oder unbewußt eingegeben haben.

Familie und Freunde – die Basis für Gesundheit und Erfolg

Soziale Hilfe und Unterstützung ist die Basis für ein gesundes Selbstimage, ausgewogenes Selbstwertgefühl, für Energie, Kraft, Gesundheit und Erfolg. Einsamkeit und Isolation führen meist zu einem Gefühl der Hilflosigkeit und oft zu Krankheit. Deshalb ist es so wichtig, daß Sie auf dem Weg nach oben Ihre Familie und Ihre Freunde nicht vergessen. Denn einsam und gleichzeitig erfolgreich zu sein ist ein Widerspruch in sich selbst.

Im Laufe meiner therapeutischen Tätigkeit habe ich zahlreiche Patienten kennengelernt, Menschen, die scheinbar alles hatten und von denen ich beim ersten Zusammentreffen geglaubt habe, daß sie vollkommen glücklich und zufrieden sind. Doch sehr schnell stellte sich heraus, daß diese Menschen um so einsamer wurden, je höher sie die Karriereleiter hinaufkletterten. Sie hatten es zwar zu materiellem Reichtum und großem beruflichen Erfolg gebracht, aber auf dem Weg nach oben verloren sie ihre Freunde, die Familie und ihre Kinder. Diese Menschen waren deshalb krank, unzufrieden und unglücklich, weil ihnen im Leben der Sinn und der Ausgleich fehlte, nämlich das private Team.

Selbstverständlich ist das berufliche Team genauso wichtig wie das private. Das Zusammenspiel mit Kollegen, Partnern und Mitarbeitern auf einer freundschaftlichen, kameradschaftlichen und gesunden Ebene, in einer Gemeinschaft, in der alle zusammen an der Realisierung des gemeinsamen Gesamtziels zum Wohle der Firma und jedes einzelnen

Mitarbeiters arbeiten, muß einfach die Basis für eine effektive Führung innerhalb eines Unternehmens sein.

Einsamkeit führt zu Verbitterung. Verbitterung entsteht aus der Erkenntnis, daß man nicht seinem eigenen Potential entsprechend gelebt hat oder lebt. Dies führt häufig zu Selbstmitleid, weniger Durchsetzungsvermögen, einem schlecht funktionierenden Immunsystem und vielen weiteren negativen Faktoren.

Bei meinen Studien über persönliche Höchstleistungen stellte ich fest, daß die besonders erfolgreichen Menschen, mit denen ich gesprochen habe, immer genausoviel Wert auf ein effektives, harmonisches Zusammenspiel von Familie, Freunden (dem privaten Team) und dem beruflichen Team achteten.

Diese Menschen strotzten vor Energie und Vitalität, hatten ein erheblich besseres Immunsystem – letztendlich durch ihre soziale Unterstützung. Ein gutes Team ist die beste Therapie für Depression und Frustration und erhöht unsere Einsatzbereitschaft, es wirkt positiv auf unseren Energiehaushalt und unsere Gesundheit.

Durch Untersuchungen der Yale University wissen wir, daß jeder Mensch einen Einfluß auf mindestens 250 Personen (indirekt) hat, und jeder Mensch, den Sie kennenlernen, hat indirekt wiederum Einfluß auf weitere 250 Personen. Selbst wenn wir nur von 200 Personen ausgehen, dann ist dies ein indirekter Einflußbereich von 40 000 Menschen (200 x 200). Handeln Sie also immer so, als würden Ihre Handlungen auf 40 000 Menschen einen direkten Einfluß haben, und behandeln Sie jeden Menschen so, als wäre er der wichtigste Mensch in Ihrem Leben.

Das soziale Netz unserer privaten und beruflichen Partnerschaftsbeziehungen ist es, das uns auffängt, wenn uns das Leben finanziell, emotional oder physisch nach unten wirft. Brainstorming, das Zusammenführen von Talenten, Fähigkeiten und Ideen zum Lösen einer Aufgabe oder zum Erreichen eines Ziels, ist eine sehr effektive Maßnahme zur Streßreduktion und hilft dabei, Sorgen, Zweifel und Angst vor der Zukunft zu beseitigen. Sich helfen zu lassen und gemeinsam etwas zu tun spart Kraft, Aufwand und Energie.

Verschiedene Universitäten haben unterschiedliche Studien mit dem gleichen Ergebnis durchgeführt. Nur acht Prozent all unserer Sorgen und Befürchtungen sind überhaupt bewußt beeinflußbar. 92 Prozent unserer Sorgen, Befürchtungen und Ängste können wir ohnehin nicht beeinflussen, und die Energie und Kraftverschwendung dafür ist unverhältnismäßig hoch und unsinnig. Konzentrieren Sie Ihre Gedanken auf die acht Prozent, die Sie real beeinflussen können, und nicht auf die 92 Prozent. Sie können die allgemeine Wirtschaftsstruktur, das Wetter oder weltpolitische Entscheidungen ohnehin nicht beeinflussen.

Ihre Lebenspartnerin beziehungsweise Ihr Lebenspartner macht langfristig betrachtet 80 Prozent Ihres Erfolgs und Ihrer gesundheitlichen Entwicklung aus. Wenn Sie im Berufsleben erfolgreich sind, jedoch in Ihrem Privatleben unter katastrophalen Voraussetzungen leiden oder mit diesen leben müssen, wird Ihr Energiehaushalt, Ihre Einsatzbereitschaft, Ihr Lebenswille und Ihr Erfolgsstreben so negativ beeinflußt, daß Sie auch im Bereich Beruf und Karriere immer schlechtere Resultate produzieren. Sie werden sich immer häufiger und schneller überlastet und überfordert fühlen, mit all den dazugehörigen negativen Konsequenzen. Lustlosigkeit, mangelnde Einsatzbereitschaft, Energielosigkeit, Frustration und ständige gesundheitliche Konflikte sind oft die Folge.

Studien der Yale und der Harvard University haben ergeben, daß die erfolgreichsten und gesündesten Selbständigen, Verkäufer oder Manager immer ein intaktes Privatleben haben. Daß sie sich ausreichend Zeit für Familie und Freunde nehmen und genauso intensiv ihren familiären Erfolg planen und praktizieren wie ihren beruflichen, ist für diese Menschen selbstverständlich.

Aus diesem Grund sollten Sie unbedingt danach streben, Ihre private Situation so schnell wie möglich zu optimieren. Fokussieren Sie sich auf einen Lebenspartner, mit dem Sie gemeinsam Ihre Zukunft aufbauen, gestalten und dann auch erleben und genießen können.

Erfolg ist immer das Resultat von Teamspiel. Das Gefühl von Einsamkeit und Hilflosigkeit läßt sich am besten mit einem Menschen, den man liebt und der von uns selbst geliebt wird, beseitigen. Destruktive Gefühle wie Frustration, Lustlosigkeit und Lebensunwille lassen sich gemeinsam ebenfalls viel leichter und effektiver beseitigen als im Alleingang. Langfristiger Lebenserfolg und lebenslange Gesundheit sind zum wesentlichen Teil abhängig von einem ausgeglichenen, zufriedenen Privatleben. Ihr Privatleben sollte die oberste Priorität in Ihren Zielsetzungen haben.

Programmieren Sie sich selbst auf Gesundheit

Es ist wichtig, daß Sie beginnen, ganz gleich, in welcher physiologischen, geistigen oder emotionalen Verfassung Sie sich befinden. Sie müssen sich voll und ganz in Ihrem Geist so sehen, wie Sie sein wollen, nicht wie Sie sind oder befürchten zu sein oder zu werden. Wenn ein Mensch gar nicht daran glaubt, wieder hundertprozentig gesund und fit zu werden, wird er auch nicht mit vollem Einsatz dafür eintreten, an lebenslanger Gesundheit, Kraft und Vitalität zu arbeiten. Glaubt er jedoch wieder an sich selbst und seine gesunde, vitale Zukunft, so ist er sofort bereit, mit einer vollkommen anderen Einsatzbereitschaft und mit einem vollkommen anderen Durchhaltevermögen an der sicheren Realisierung seines Ziels zu arbeiten. In der modernen Erfolgspsychologie sagen wir: Ob jemand glaubt, er kann etwas, oder ob jemand glaubt, er kann etwas nicht, er hat immer recht. Dies liegt einzig und allein an der Tatsache, daß Glaubenssysteme hirnorganische Reaktionen auslösen, die wiederum als Schalter dafür dienen, ganz bestimmte Gehirnregionen an- oder auszuschalten. Glauben Sie also, daß Sie etwas Bestimmtes tun können, schaltet Ihr Gehirn durch die entsprechende Stimulation alle Bereiche in Ihrem Organismus an, die dafür zuständig sind, diese Aufgabe optimal zu erfüllen. Glauben Sie daran, etwas nicht zu können, schaltet Ihr Gehirn die für die Realisierung zuständigen Regionen ab. Es wird dadurch auch hier zu einer sich selbst erfüllenden Prophezeiung kommen.

Nur allzuhäufig hören wir: „Ich habe es ja gleich gewußt, daß es nicht klappt." Es hat deshalb nicht funktioniert, weil Sie von vornherein nicht daran geglaubt haben, daß Sie es schaffen können. Deshalb haben Sie auch die entsprechenden Resultate produziert.

Um Ihre Glaubenssysteme zu verändern, müssen Sie sich Referenzen, Bestätigungen dafür suchen, daß Sie es tun können, daß Sie schaffen werden, was Sie wollen, daß Sie Ihr Ziel erreichen, ganz gleich, in welchem Lebensbereich. Ein Glaubenssystem ist nichts weiter als „das absolut sichere Gefühl" dafür, wie etwas für Sie „wirklich ist". Glaube hat nichts mit Wahrheit oder Unwahrheit zu tun, sondern lediglich damit, daß Sie selbst ausreichende Bestätigungen für oder gegen etwas erhalten haben.

Wenn beispielsweise ein neuer Mitarbeiter auf der untersten Ebene etwas richtig oder gut macht, loben Sie ihn sofort, sagen ihm, wie großartig er das gemacht hat. Wiederholen Sie dies regelmäßig. Wird diese Aussage auch durch andere Mitarbeiter oder Kollegen und Führungskräfte bestätigt, bekommt dieser Mitarbeiter das Gefühl, er sei zu hervorragenden Leistungen fähig. Weil er sich selbst so sieht, wird er entsprechend handeln und die entsprechenden Resultate produzieren. Diese werden dann konstant besser werden.

Wenn Sie selbst Bestätigungen dafür benötigen, daß Sie ein optimales Maß in einem schwierigen Lebensbereich erreichen können, dann beginnen Sie damit, sich ausschließlich um Biographien, Geschichten, Daten und Fakten zu bemühen, die Ihnen bestätigen, daß irgend jemand vor Ihnen schon einmal ähnliches erreicht hat, daß Menschen auch das scheinbar Unmögliche immer wieder möglich gemacht haben. Füttern Sie Ihren Geist mit soviel positiven Informationen, daß es für Ihr Gehirn selbstverständlich ist, ganz gleich, in welcher Krise Sie sich zur Zeit befinden.

Sobald Sie sich selbst durch Bestätigungen von außen oder von innen (indem Sie sich erinnern, ähnliches schon einmal gemeistert zu haben) darauf konditioniert haben zu glauben, daß es möglich ist, werden Sie als nächsten Schritt glauben lernen, daß Sie es schaffen werden. Und dann ist es so gut wie erreicht.

Ein gutes Beispiel für das Konditionieren von Verhaltenssystemen, ist das Trainieren von Flöhen: Flöhe werden in ein Glas gegeben, auf das man einen Deckel legt. Die Flöhe beginnen sofort, scheinbar endlos oft gegen den Deckel zu springen. Nach einem gewissen Zeitraum beginnen die Flöhe, nur noch bis kurz unter den Deckel zu springen und berühren diesen nicht mehr, weil sie gelernt haben, daß sie nur so hoch springen können. Oder, anders gesagt: Sie sind jetzt darauf konditioniert worden, wie hoch sie springen können. Nach diesem Konditionierungsvorgang entfernt man den Deckel, und kein Floh wird aus dem Glas herausspringen, weil alle zuvor darauf konditioniert wurden, daß sie nur bis zu einer bestimmten Höhe springen können.

Sehr häufig werden wir von unserer Umwelt oder unseren Mitmenschen auf die gleiche Art und Weise negativ konditioniert. Wir glauben den Aussagen anderer oder nehmen unser eigenes Fehlverhalten in verschiedenen Lebenssituationen als Beweis dafür, daß wir nur eine ganz bestimmte Höhe durch unsere Anstrengungen im Leben erreichen können. Nur weil Sie etwas in der Vergangenheit nicht tun konnten oder andere Menschen es bisher nicht vollbringen konnten, heißt das noch lange nicht, daß Sie es beim nächsten Versuch nicht doch schaffen können.

Beeindruckend ist für mich die Geschichte eines elfjährigen Mädchens, das als einzige einen Schiffsuntergang 13 Meilen vor der Küste Miamis überlebte, indem sie zum Ufer zurückschwamm. Als die Zeitungsreporter das Mädchen fragten, wie es möglich war, in diesem Gewässer, das nicht einmal ein trainierter Schwimmer erfolgreich aus dieser Distanz durchschwimmen kann, zum Ufer zurückzugelangen, war die Antwort des Mädchens: „Bei jedem Schwimmzug habe ich mir gesagt, *einmal kann ich noch, einmal schaffe ich das noch!*"

Das ist es, worum ich Sie auch bitten möchte. Sehen Sie immer nach vorn auf Ihr Ziel, und sagen Sie sich nach jedem Versuch, der nicht so gelaufen ist, wie Sie es sich wünschen: „Einmal schaffe ich noch, einmal kann ich es noch versuchen." Gehen Sie immer einen Schritt nach dem anderen, einen Versuch nach dem anderen weiter auf Ihr Ziel zu.

Ebenso verhält es sich mit einem kraftvollen Tier wie dem Elefanten, den Sie sicherlich schon an einem dünnen Band und einem Holzpflock, der in der Erde steckt, angebunden im Zirkus gesehen haben. Der Elefant reißt sich deshalb nicht los, weil man ihn, wenn er das erste Mal als Baby angebunden wird, an eine unglaublich starke Kette und einen Betonklotz kettet. Schreiend vor Schmerzen zerrt er oft tagelang mit einem blutenden Bein an der Kette, bis er gelernt hat (Glaubenssystem = „Ich kann nicht"), daß er sich nicht befreien kann, wenn ein Mensch ihn am Bein anbindet. Danach ist er problemlos an jedem Ort mit einem dünnen Band an einem Holzpflock anzubinden. Er ist auf Hilflosigkeit konditioniert worden.

Die Geschichte von Roger Bannister und der Vier-Minuten-Meile kennen Sie sicher alle, doch der Vollständigkeit halber möchte ich sie hier noch aufführen: Roger Bannister erreichte als erster das, was von Athleten und Sportärzten für unmöglich gehalten wurde, nämlich die Meile in einer Zeit von weniger als vier Minuten zu laufen. Nachdem Bannister das scheinbar Unmögliche getan hatte und es im Bewußtsein der anderen Athleten auf einmal für möglich gehalten wurde, waren es ganz plötzlich im gleichen Monat mehrere Menschen, die die Meile ebenfalls unter vier Minuten gelaufen sind. Bis zum heutigen Tage sind es über 20 000 Menschen inklusive Schulkindern, die in der Lage sind, die Meile in weniger als vier Minuten zu laufen.

Dies war jedoch erst möglich, nachdem das Glaubenssystem dieser Menschen durch Bannister entsprechend verändert wurde, von „es ist unmöglich“ zu „es ist möglich“. „Weil es bereits jemand getan hat, ist es auch für mich möglich“ (neues Glaubenssystem).

Wir alle werden durch unsere Umwelt in unserem Glaubenssystem darauf konditioniert, daß es keine Heilung von Krebs gibt, obwohl dieser Glaube vollkommen absurd ist. Es gibt genügend geheilte Krebskranke (häufig ohne Operation und Chemotherapie), die gesund werden. Mittlerweile gibt es nachweislich sogar geheilte Aidskranke. Leider weiß bisher niemand, wodurch diese Personen von HIV-positiv zu HIV-negativ gekommen sind. Also ist Aids ebenfalls nicht unheilbar. Wir wissen nur noch nicht, wie dieser Heilungsprozeß bewußt eingeleitet werden kann.

Sie müssen sich bewußt machen, daß die Lebenssituation und die Krisen, in denen Sie sich vielleicht befinden, zu bewältigen sind. Denn andere haben sie vor Ihnen bewältigt. Wenn Sie in finanziellen Krisen, Ängsten und Nöten stecken, machen Sie sich einmal bewußt, daß der seinerzeit reichste Mann der Welt, John D. Rockefeller, zu Beginn seiner Karriere als Buchhalter auf seinem Schreibtisch geschlafen hat, in der Firma, für die er tätig war, daß er kein Geld hatte, um sich eine Wohnung oder ein eigenes Bett zu leisten.

Sehen Sie auf die großen Erfolgsgeschichten unserer Mitmenschen. Einer der erfolgreichsten Hollywoodschauspieler der Gegenwart, Sylvester Stallone, bekam über 1 000 Absagen für sein Drehbuch „Rocky I“, aber in dem festen Glauben (Glaubenssystem: „Ich schaffe das“) weitermachte, bis er einen Produzenten für die Realisierung seiner Idee fand. Er begründete damit eine unglaubliche Erfolgsgeschichte unter den Hollywoodakteuren.

Es geht immer, und Sie können es schaffen, weil Sie für Erfolg geboren sind! Das ist meine Botschaft an Sie: „Sie sind für Erfolg, für Gesundheit, Vitalität, Glück, Harmonie, Zufriedenheit, unbegrenzten finanziellen Reichtum und perfekte Partnerschaftsbeziehungen geboren!“ Alles andere ist nicht der normale und von der Natur vorgesehene Zustand.

Wenn Sie vielleicht im Augenblick in einer gesundheitlichen Krise stecken, weil man Ihnen gesagt hat, Sie leiden unter einer chronischen Erkrankung, einem Magen- oder Darmgeschwür, Asthma, Rheuma, Gicht oder was auch immer, und Sie können mir nun in diesem

Augenblick noch nicht glauben, daß Sie es schaffen können, wieder vollständig gesund zu werden, oder falls bereits durch Operationen und Therapiefolgen irreparable Schäden eingetreten sind, daß Sie zumindest wieder einen lebenswerten, mit Lebensqualität angefüllten Zustand erreichen können, dann richten Sie künftig Ihre Aufmerksamkeit mehr auf Geschichten und Menschen, die es schon vor Ihnen geschafft haben, im gesundheitlichen Bereich das Unmögliche möglich zu machen. Und handeln Sie, oder entwickeln Sie den Ehrgeiz, der erste zu sein, der das erreicht, was Sie sich wünschen. Werden Sie dadurch Vorbild für zahllose Mitmenschen.

Ich selbst bin in der glücklichen Lage, in den letzten 17 Jahren meiner beruflichen Tätigkeit zahlreiche Fälle von geheilten Krebs-, Rheuma-, Muskelschwund-, Gicht- und Asthmakranken nachweisen zu können. Im Bereich Phobien, Ängste, neurotische Fehlverhalten, nervöse Störungen und anderer negativer mentaler, emotionaler oder physiologischer Verhaltensmuster, haben wir deshalb eine Erfolgsrate, die weit über 90 Prozent liegt, weil wir als NAPS-Trainer das Glaubenssystem entwickelt haben: „Es ist möglich!" und „Wir werden es schaffen!" – Und genau das gleiche Glaubenssystem entwickelt der Patient, der dadurch mit neuer Hoffnung und neuer Einsatzbereitschaft den Kampf für seine Gesundheit wieder aufnimmt.

Ich möchte aber, auch wenn Sie noch nicht voll und ganz daran glauben können, daß auch Sie es schaffen können, Sie wenigstens dazu bringen zu sagen: „Es ist möglich, es könnte sein, es ist möglich, daß ich es schaffe." Öffnen Sie das Tor zu neuen Glaubenssystemen, das Tor zu einer erfolgreichen, gesunden Zukunft.

Nachdem Sie erst einmal die Möglichkeit in Betracht ziehen, daß Sie Ihre Krise überwinden könnten, ganz gleich, in welchem Lebensbereich, beginnen Sie damit, durch Ernährung, Atmung, Bewegung, wenn es sich um Gesundheit handelt, einen entsprechend positiven Einfluß zu nehmen. Ihre zukünftige gesundheitliche Entwicklung schaffen Sie sich durch die vielen kleinen Erfolgserlebnisse. Diese sind Referenzen dafür, daß Sie es schaffen könnten. Mit den Erfolgserlebnissen steigt das Bewußtsein, daß Sie es schaffen werden. Dann haben Sie endgültig das entsprechende Computerprogramm eingegeben: „Ich werde es schaffen!" Vorangehen muß selbstverständlich eine klare Definition dessen, was Sie als Endzustand erreicht haben wollen.

Die Energiefresser

Das Wichtigste für Ihren Erfolg und Ihre Gesundheit sind die Menschen, mit denen Sie regelmäßig zu tun haben. Wobei ich hier anmerken möchte, daß Gesundheit und Gesunderhaltung der größte Erfolg ist, den Sie selbst produzieren können.

Haben Sie ständig mit Menschen zu tun, mit Miesmachern, die in allen Dingen des Lebens immer nur das Negative sehen, alles schlechtmachen, eine permanente negative Lebenseinstellung verbreiten, an allem etwas zu kritisieren haben? Dann ist Ihr Gedankengut schon bald erfüllt mit ähnlichen negativen Gedanken, mit Glaubenssystemen, die Sie übernehmen. Zum Beispiel: „Das geht sowieso nicht", „Alles ist schlecht", „Die Menschen sind alle böse", „Geld verdienen ist schwer", „Man kann schwere Krankheiten nicht besiegen" usw. Für Ihre Gesundheit ist ein negativer Mensch, ein unzufriedener, neidischer oder sogar bösartiger Mensch das Schlimmste, was Ihnen geschehen kann.

Ein Beispiel aus der täglichen Praxis: Teilweise schaffen wir es, innerhalb von sieben Tagen bei schwerstkranken Personen ganz unglaublich positive Veränderungen vorzunehmen. Diese Menschen werden häufig nach sieben Tagen wieder nach Hause entlassen, weil sie durch unsere Techniken gelernt haben, sich selbst zu helfen und zu regenerieren.

Zu Hause angekommen, sagen sie: „Es geht mir gut, ich habe keine Schmerzen mehr." Sie sehen blühend und strahlend aus. Doch zu Hause sitzen die Energiefresser, die es in der Regel nicht einmal böse meinen, und sagen: „Meinst du, daß das anhält, glaubst du nicht, du bildest dir das nur ein?", „Bist du sicher, daß du schmerzfrei bist?", „Tut es nicht doch noch ein wenig weh?" So zermürben sie das gerade entstehende Glaubenssystem des genesenden Menschen. Manche Ärzte entmutigen aus Unwissenheit den Patienten, wenn dieser voller Stolz und Begeisterung über die Verbesserung seines gesundheitlichen Zustandes berichtet, durch vollkommen unsinnige Zweifel und Randbemerkungen. Der so verunsicherte Patient beginnt, durch diese Zweifel und destruktiven Fragen wieder negative Glaubenssysteme zu kreieren und dadurch negative Bilder in seinem Geist zu schaffen. – Wie sich das auswirkt, wissen Sie ja bereits.

Ich frage Sie allen Ernstes: Wenn es einem schwerkranken Patienten sichtbar besser geht, worin besteht dann der Sinn, ihn in seiner positiven

Entwicklung und seiner neu entstehenden Hoffnung in Richtung Gesundheit aufzuhalten?

Entfernen Sie die Energiefresser aus Ihrem Leben

Jeder Mensch hat es in seinem Leben auf seine Art und Weise schwer, doch letztendlich ist nicht wichtig, was geschieht, sondern wie wir auf das, was geschieht, reagieren. Die einen jammern und weinen, während die anderen sofort damit beginnen, nach Lösungen zu suchen und zu handeln. Weil Jammern und Weinen doch viel leichter ist und Selbstmitleid und Leid sich hervorragend auf dem Rücken anderer abladen läßt, machen die Versager immer so weiter. Es gibt so viele Versager in unserer Welt, weil Jammern und Weinen leichter ist, als nach Lösungen zu suchen.

Wenn jemand mit einem Problem zu Ihnen kommt, eine Lösung will und Ihren Rat auch befolgt oder an der Lösung seines Problems arbeitet, ist er es immer wert, daß Sie ihn anhören und ihm helfen oder mit Rat und Tat zur Seite stehen. Wenn jemand aber nur jammern will, weil Sie für ihn sein Leben ordnen und seine Probleme lösen sollten, ohne daß er selbst etwas dazu tut, dann entfernen Sie diesen Menschen aus Ihrem Leben.

Sie haben nicht die Zeit, die Kraft und die Energie, Ihr Leben für Versager zu verschwenden. Auch wenn Sie die 140 Jahre alt werden, die Sie alt werden könnten, benötigen Sie jede einzelne Sekunde Ihres Lebens dafür, sich selbst weiter zu entwickeln. Um Ihre Erfolge zu realisieren, an Ihren Träumen und Zielen zu arbeiten, Ihre Gesundheit zu erhalten, für Spaß, Hobbys, Ihr Team und für all die anderen Dinge, die für Sie besonders wichtig sind.

Ganz einfach gesagt: Das Leben ist zu kurz, um schlechtes Essen zu essen, billige Kleidung zu tragen, in einem schlechten Büro zu sitzen oder es für negative Menschen zu verschwenden.

Zum Thema Jammern und Selbstmitleid: 85 Prozent aller Menschen, denen Sie etwas vorjammern, interessiert es überhaupt nicht, was Sie sagen, und 14 Prozent sind froh darüber, daß es Ihnen und nicht ihnen passiert ist.

Konzentrieren Sie sich nicht darauf, was das Leben Ihnen angetan hat, wie unfair die Menschen zu Ihnen waren, welch schlechte Voraussetzungen und welch negativen Start Sie hatten. All dies interessiert keinen Menschen, und Sie selbst sollte es auch nicht interessieren. Wichtig ist, was Sie erreichen wollen, und nicht, was Sie nicht erreichen wollen.

Entfernen Sie alle negativen Menschen, alle Energiefresser aus Ihrem Leben. Da sehr häufig in unserer Verwandtschaft und unserem familiären Umfeld Energiefresser zu finden sind, die es nicht einmal böse meinen und dennoch unseren Enthusiasmus, unsere Begeisterung, Leidenschaft und Einsatzbereitschaft ständig durch ihre dummen und unsinnigen Bemerkungen negativ beeinflussen, sollten Sie diesen Menschen sagen:

„Ich liebe dich, und du bist mir besonders wichtig. Doch wenn du weiterhin diese Dinge tust und damit meinen Mut, meine Einsatz- und Leistungsbereitschaft, meinen Glauben an mich selbst und meine Möglichkeiten, an meine erfolgreiche Zukunft und meine Gesundheit zerstörst, muß ich mich leider endgültig von dir trennen. Entweder laß uns nicht über diese Bereiche sprechen, oder rede positiv darüber. Suche mit mir nach Lösungen und Wegen, oder sei einfach ruhig, oder wir müssen in Zukunft leider getrennte Wege gehen."

Aufgabe

Listen Sie nun bitte alle Menschen auf, die einen negativen Einfluß auf Ihr Denken, Handeln und Fühlen haben. Menschen, bei denen Sie sich, wenn Sie mit ihnen gesprochen haben oder zusammen waren, hinterher schlecht fühlen. Menschen, die immer gegen Sie, gegen Ihre Fähigkeiten, gegen Erfolg, gegen Ihre Zukunft, gegen Ihr Handeln und Ihre Lebensvisionen reden. Machen Sie diesen Menschen bewußt, daß Sie derartigen negativen Einfluß nicht mehr dulden und zulassen werden, oder entfernen Sie diese Menschen endgültig aus Ihrem Leben.

Befreien Sie sich von Miesmachern, Energiefressern, Menschen, die sich nicht mit Ihnen freuen können, sondern Ihnen jede Freude verleiden. Menschen, denen Sie voller Stolz Ihr neues Auto oder ein neues Kleid präsentieren und die sofort sagen: „Gab es das nicht auch in einer anderen Farbe oder zwei Nummern größer?"

Wenn Sie sich in Ihrem Leben mit Menschen umgeben, die mit ihrem Pessimismus und ihrer negativen Lebenseinstellung nicht nur ihr eigenes Leben zu einer Katastrophe machen, sondern auch die Lebensqualität ihrer Mitmenschen ständig mindern, entfernen Sie diese aus Ihrem

Leben. Durch diese Menschen werden viele Erfindungen nicht realisiert, viele Ziele nicht erreicht und viele Träume nicht wahrgemacht. Wir alle werden von unseren Umwelteinflüssen geprägt, und der falsche Umgang sorgt nur allzuhäufig dafür, daß man nicht seinen eigenen Möglichkeiten entsprechend lebt.

Durchhalten ist der Schlüssel zum Erfolg

Entwickeln Sie die Macht des Glaubens an sich selbst, und sagen Sie sich immer: „Ich schaffe das, ich kann das, ich werde es tun." Aber glauben Sie nicht, daß das Leben dadurch Rücksicht auf Sie nehmen wird! Nein, es wird weiterhin ein regelmäßiges Auf und Ab geben, Rück- und Nackenschläge. Doch wenn Sie die Bereitschaft entwickeln, das Glaubenssystem, das innere Programm, „daß Sie garantiert sofort wieder aufstehen werden, wenn Sie hinfallen, daß Sie immer einmal mehr aufstehen, als das Leben Sie niederwirft", dann werden Schicksalsschläge Ihr Leben kaum noch wesentlich beeinflussen können. Dies geschieht, weil Sie nicht mehr starr vor Angst sind, sondern lediglich daraus lernen, um mit neuer Erfahrung weiter in Richtung optimaler Zukunft zu arbeiten. Ein regelmäßiges Auf und Ab im Leben ist normal, nur die Ebenen, auf denen dies stattfindet, verändern sich. – Lassen Sie sich nicht starr vor Angst machen, wie das Kaninchen, das vor einer Schlange bewegungslos stehenbleibt. – Wehren Sie sich!

Glauben Sie nicht, daß das Leben fair oder unfair gegen oder für Sie ist, das ist es bestimmt nicht! Wenn im Bundesstaat Florida wieder einmal ein Hurrikan über das Land fegt, der 100 Häuser niederreißt, trifft er faule und fleißige Menschen gleichermaßen. Der fleißige Mensch beginnt sofort mit dem Neuaufbau, während der Faule das Unglück als Ausrede dafür benutzt, aufzugeben, zu jammern, zu weinen und nicht mehr zu handeln.

Wann immer das Leben Sie hart erwischt, sagen Sie: „Jetzt erst recht!" Stehen Sie einmal mehr auf, und machen Sie weiter. – Das ist letztendlich das einzig wahre Geheimnis des Erfolgs.

Das Selbstimageprogramm

Zur Regeneration, um gewünschte Erfolge zu programmieren, sollten Sie regelmäßig einmal täglich eine bewußte Eigenprogrammierung vornehmen. Ideal wäre sogar zwei- oder dreimal pro Tag.

Aufgabe

Zuerst sehen Sie sich einmal in der Welt, in der Sie sein wollen, mit allem, was Sie erreicht haben und möchten. Schreiben Sie dies alles auf einen Zettel oder eine Karte. Schreiben Sie bitte in der Gegenwart, beispielsweise: „Ich *bin* ein gesunder, vitaler Mensch, voller Durchsetzungsvermögen und Erfolg, ich *besitze* dieses und jenes Auto, so ein Büro, so eine glückliche Familie usw." Das Gehirn ist nicht in der Lage, die Vergangenheitsform zu verstehen. Es kann deshalb auch nur im Präsens konditioniert werden. Auch wenn Sie sich momentan nicht fit, vital und gesund fühlen, müssen Sie sich entsprechend konditionieren und die Gegenwartsform benutzen: „Ich *bin* vital und gesund." Kreieren Sie die entsprechenden geistigen Bilder dazu. Sie sehen und erleben sich beispielsweise vor einem geistigen Spiegel stehend, Ihren idealen Körper betrachtend, bemerken Ihre Ausstrahlung, die durch Ihre erfolgreiche Persönlichkeit entsteht, sehen Ihre leuchtenden Augen usw.

NAPS-Eigenkonditionierungen müssen grundsätzlich im assoziierten Zustand stattfinden. Das bedeutet, Sie dürfen sich nicht von außen als Betrachter sehen, als ob Sie einen Film sehen. Bei diesen mentalen Programmierungen müssen Sie alles so erleben, wie es ist, wenn es real geschieht. Sie müssen es mit eigenen Augen sehen, mit eigenen Ohren hören, tatsächlich fühlen, riechen und schmecken. Konditionierungen finden nicht statt, wenn Sie sich dissoziiert, also von außen als Betrachter sehen. Es ist die regelmäßige und ständige Wiederholung dieser Bilder und Vorgänge, die Ihr Selbstwertgefühl, Ihr Handeln und dadurch auch Ihre Resultate sinnvoll beeinflußt.

Aufgabe

Legen Sie bitte fest, was Erfolg für Sie bedeutet. Wie sieht ein erfolgreiches Leben für Sie in fünf, zehn, in 30 Jahren aus, und wie sieht ein erfolgreiches Leben in jedem einzelnen Lebensbereich für Sie am Ende Ihres Lebens aus? Konditionieren Sie diese geistigen Bilder im Ist-Zustand. Nehmen Sie geistig all das für sich in Besitz, was Sie in Zukunft in Ihrem Leben haben möchten. Nur so werden Ihre gewollten Programmierungen bleibend konditioniert.

Die Verpflichtung zum Erfolg

Wer Erfolg anstrebt, muß sich zum Erfolg verpflichten. Eine persönliche Verpflichtung bedeutet, daß Sie jede andere Möglichkeit des Handelns oder die Akzeptanz anderer Resultate, als die von Ihnen gewollten, ausschließen, daß Sie sich einfach klar und deutlich dazu entscheiden, das von Ihnen festgelegte Ziel zu erreichen und sich von nichts und niemand davon abhalten lassen, daß Sie die Möglichkeit des Versagens oder Aufgebens in Ihrem Geist überhaupt nicht zulassen. Erfolg bedeutet die Verpflichtung, bereit zu sein, den Preis zu bezahlen, den das Leben für diesen Erfolg verlangt und entsprechend zu handeln. Die Frage, ob oder ob nicht, existiert dann nicht mehr.

Menschen ohne persönliche Verpflichtungen, ohne eigene Entscheidungen, ohne eine Mission für ihr Leben, sind in der Regel immer kraftlos und krank, haben kein Durchsetzungs- und kein Durchhaltevermögen. Wie oft haben Sie sich im Leben schon etwas bieten oder gefallen lassen, haben es einfach so hingenommen, bis es unerträglich wurde? Bis Sie sich dann entschlossen haben: Jetzt ist Schluß! Sie haben dann entsprechend gehandelt und waren auch nicht mehr bereit, sich derartige Einschränkungen, Erniedrigungen oder Beleidigungen noch weiterhin gefallen zu lassen. Dadurch haben Sie die entsprechenden Resultate produziert. Das geschah, weil Sie sich verpflichtet und entschlossen haben zum Handeln, Durchhalten und Produzieren des gewünschten Resultats.

Wenn wir nach eigenen Werten und Regeln leben, haben wir Spaß an der Arbeit, an jeder Handlung, an jeder Herausforderung des Lebens. Weil es unser Leben ist – und das im wahrsten Sinne des Wortes. Es entwickelt sich kein negativer Streß, ganz gleich, wie schwer die Herausforderungen des Lebens auch sein mögen, da wir ja an der Verwirklichung unserer eigenen Vision arbeiten und uns ständig positiv weiterentwickeln.

Die Wege zur richtigen Einstellung

Um optimale Gesundheit und Energie im mentalen, emotionalen und physischen Bereich zu erzielen, müssen Sie eine Reihe von Bedingungen erfüllen.

a. Sie müssen die Verantwortung über Ihr Leben und damit die Kontrolle über Ihre zukünftige Entwicklung übernehmen. Versager übernehmen niemals die Verantwortung für sich selbst oder für negative Resultate in Ihrem Leben. Immer haben andere Schuld, andere Menschen, Lebensumstände oder Rahmenbedingungen. Ihr eigenes Versagen ist immer nur die logische Konsequenz aus dem, was das Leben ihnen antut. Diese Menschen sprechen immer in „ich müßte", „ich sollte" und niemals in „ich habe mich dazu entschlossen" … oder „ich werde tun".

b. Setzen Sie wertvolle Ziele, denn wenn Sie das Selbstbewußtsein und Eigenverständnis entwickeln, daß Sie an der Realisierung wertvoller Ziele arbeiten, entwickelt sich ein vollkommen neues Selbstwertgefühl und Selbstvertrauen. Ihr Selbstimage verändert sich positiv und all die Handlungsweisen und Resultate ebenfalls.

Durch Ziele geben Sie Ihrem Leben eine Richtung, programmieren Ihre Zukunft vor. Durch das Setzen eigener Ziele übernehmen Sie die Kontrolle und Verantwortung für Ihr Leben. Und Sie bestimmen Ihre Zukunft selbst. Verlierer entschuldigen sich für Nichthandeln und Versagen. Sieger übernehmen die Verantwortung, lernen aus Fehlern und handeln weiter, bis sie das gewünschte Ziel erreicht haben. Versager handeln lieber nicht, um keine Fehler zu machen, was letztendlich der größte Fehler ist. *Es gibt nur zwei Möglichkeiten zu versagen:* entweder *gar nicht zu handeln* oder *aufgeben zu handeln.*

– Verlierer leben lieber nach Regeln, Wertvorstellungen, Anweisungen und Zielen anderer Menschen, um dann auch im Versagensfall diesen die Schuld zuschieben zu können.

– Sieger machen lieber ihre eigenen Fehler, lernen daraus, und produzieren künftig konstantere und bessere Resultate.
– Verlierer suchen ständig nach Entschuldigungen dafür, nicht handeln zu müssen oder versagen zu dürfen.
– Gewinner suchen nach Lösungen und Wegen.

Setzen Sie Ihren Wertehierarchien entsprechende Ziele, und fragen Sie sich immer: „Warum will ich dieses Ziel erreichen?“ und „Was wird es mir letztendlich bringen?“ Erst danach entwickeln Sie einen Aktionsplan. Vor allen Dingen fragen Sie sich, bevor Sie sich ein großes Ziel setzen, ob Sie bereit sind, den Preis zu bezahlen, der für das Erreichen notwendig ist. Denn manchmal müssen Sie für das Erreichen eines Ziels große Opfer bringen. Bei einem Studium beispielsweise den Zeitaufwand von Jahren, Verlust von Freizeit oder Lebensqualität für einen bestimmten Zeitraum. Fragen Sie sich also immer, bevor Sie an der Realisierung eines großen Ziels arbeiten: „Bin ich bereit, den Preis dafür zu bezahlen und die Konsequenzen zu tragen?“ Manche Ziele sind den Preis nicht wert, wie zum Beispiel Verlust der Familie für die Karriere.

Entwickeln Sie Entschlossenheit für das Erreichen Ihrer Ziele, machen Sie aus Ihrem Leben ein „Ich will und ich werde“, nicht ein „Ich könnte eventuell“. Nehmen wir einmal ein greifbares Beispiel. Stellen Sie sich vor, Ihr Kind hat Gift geschluckt, das Telefon geht nicht und Ihr Auto springt nicht an. Würden Sie dann sagen, ich sollte eigentlich mein Kind ins Krankenhaus bringen und abwarten, daß von selbst etwas geschieht? Oder würden Sie mit Ihrem Kind auf dem Arm auf die Straße rennen, einfach ein Auto stoppen und den anderen Fahrer bitten oder sogar dazu zwingen, ins Krankenhaus zu fahren? Sie erkennen hier den Unterschied zwischen Entschlossenheit und der Einstellung „eigentlich sollte ich … “.

Konzentrieren Sie Ihre Energie auf wichtige und wertvolle Ziele und auf Lösungen. Verschwenden Sie nicht unnötig Zeit und Kraft. Nutzen Sie das Pareto-Prinzip, das Sie ja sicher alle kennen. Es besagt, daß 20 Prozent Ihres Aufwandes 80 Prozent Ihrer Resultate erbringen. Konzentrieren Sie sich auf die 20 Prozent Ihrer Ziele, die 80 Prozent der Erfolge mit sich bringen.

Teilen Sie große Ziele immer in einzelne, überschaubare Arbeitsschritte, Aktionsschritte auf, und konzentrieren Sie sich immer nur auf den aktuellen Handlungsschritt, um Energie zu binden und in der effektivsten Form handeln zu können.

c. Bleiben Sie optimistisch, denn nur wenn Sie selbst an Ihre Optionen und Möglichkeiten glauben, werden Sie entsprechend handeln und erfolgreich sein. Außerdem können Sie optimistisch sein, weil Sie wissen, daß Sie für Erfolg geboren sind, und daß Sie es, egal was Sie sich vornehmen, schaffen werden!

d. Genießen Sie, was Sie tun. Erfolgreiche Menschen finden immer heraus, was Sie am liebsten tun und versuchen dann, dies zu ihrem Beruf zu machen, dadurch Geld zu verdienen oder es in ihren beruflichen Alltag zu integrieren.

Wer langfristig etwas macht, weil er es tun muß und nicht tun will, wird krank. Wer etwas macht, weil er sich dazu entschlossen hat, obwohl es ihm schwerfällt, aber die freie Entscheidung getroffen hat, wird dadurch nicht wesentlich gesundheitlich gefährdet.

Spaß an der Arbeit bedeutet Gesundheit und Freude am Leben. Zwang im Berufsleben macht die Aussage, „mein Job bringt mich um", im wahrsten Sinne des Wortes zu häufig wahr.

Sehen Sie Ihre Arbeit als Aufstiegsmöglichkeit, als Weiterentwicklungsmöglichkeit. Betrachten Sie Probleme als die Möglichkeit, am Lösen von Herausforderungen arbeiten zu können, und richten Sie sich entsprechend positiv aus.

e. Seien Sie ein Teamspieler, denn was nützt Ihnen aller Erfolg der Erde, wenn Sie letztendlich einsam und allein sind.

Einsam und allein zu sein bedeutet erfolglos und ein Versager zu sein. Deshalb sollten Sie auf dem Weg nach oben Ihr Team nicht vergessen. Es stellt das Fundament dar, auf dem Ihre Zukunft, Ihre Karriere und Ihr Erfolg aufgebaut wird.

Es gibt keinen Ausgleich ohne ein Team. Einzelgänger werden mißmutig, mißtrauisch, und sind vom Burnout-Syndrom wesentlich häufiger betroffen als Teamspieler.

f. Stellen Sie sich den Problemen. Das Verleugnen von Konfliktbereichen ist die Hauptursache für den Beginn von Katastrophen. Ein Problem muß erkannt, akzeptiert und beseitigt werden. Erfolgreiche Menschen wissen dies. Nur Versager ignorieren die Signale des

Lebens, die uns darauf aufmerksam machen sollen, daß etwas nicht in Ordnung ist und Handlungsbedarf besteht.

Stellen Sie sich den Herausforderungen des Lebens, haben Sie Spaß bei der Lösung, und erwarten Sie begeistert den Kampf, den Sie ja sowieso gewinnen werden. *„Ich tue es selbst, und ich werde es schaffen!“* muß Ihre Einstellung sein. Übernehmen Sie die Verantwortung, und ersetzen Sie künftig das schwerwiegende Wort Verantwortung durch das Wort Kontrolle.

Die Kontrolle übernehmen

Eines der Basiselemente für Gesundheit, Selbstwertgefühl sowie das Gefühl von Freiheit, ist die Gewißheit, die Kontrolle für sich selbst und sein Leben zu besitzen. All diese Faktoren sind besonders wichtig für Energie und optimale Gesundheit. Menschen, die das Gefühl haben, ausgeliefert oder manipulierbar zu sein, treten dem Leben voller Verkrampfung und Verspannung mit all den dazugehörigen schwerwiegenden Konsequenzen entgegen. Erst das Gefühl der Kontrolle gibt den Menschen das Bewußtsein, frei zu sein. Selbst entscheiden und handeln zu können, sein Leben und seine Zukunft selbst zu gestalten, ist für jeden Menschen wichtig.

Immer wieder stellen wir in der Gesundheitsforschung fest, daß Menschen, die in ihrer beruflichen Situation eingeengt sind oder sich zumindest eingeengt, unfrei oder manipuliert fühlen, wesentlich häufiger unter gesundheitlichen Zusammenbrüchen leiden als andere. Die Lebenserwartung von Menschen, die ein Leben in subjektiver und objektiver Eingeschränktheit verbringen müssen, ist erheblich kürzer, als das derjenigen, die das Gefühl der Kontrolle über ihr Leben haben.

In meinen Seminaren frage ich die Teilnehmer immer wieder, ob sie der Meinung sind, daß sie in den nächsten zehn Tagen etwas dazu beitragen können, das ihre privaten und beruflichen Partnerschaftsbeziehungen oder ihre gesundheitliche Situation verschlechtern oder auf ihre berufliche Situation einen negativen Einfluß nehmen könnte.

Alle Seminarteilnehmer melden sich. Somit ist es klar, daß jeder weiß, daß er einen negativen Einfluß auf sein Leben und seine zukünftige

Entwicklung nehmen kann. Interessanterweise machen sich diese Menschen aber nicht immer bewußt, daß sie umgekehrt selbstverständlich auch einen positiven Einfluß ausüben können. Wenn emotionales oder physisches Fehlverhalten im Körper negative Reaktionen auslöst, können positive Verhaltensweisen logischerweise auch positive neurochemische Prozesse auslösen. Oder?

- Mit der bewußten Übernahme von Verantwortung und somit Kontrolle schwinden Gefühle der Hilflosigkeit und damit auch erhebliche gesundheitsschädigende Disstreßeinflüsse.
- Das Gefühl der Hilflosigkeit, sich ausgeliefert zu fühlen, ist ein wesentlicher Streßfaktor, der ganz gravierend negativ auf die gesundheitliche Entwicklung wirkt.
- Wenn Sie selbst handeln, anstatt darüber zu reden, entsteht durch das Handeln automatisch das Gefühl der Kontrolle, das Bewußtsein der Einflußnahme auf Ihre Entwicklungen.
- Das Gefühl der Hilflosigkeit kreiert unter anderem ein negatives Selbstimage, durch das Ihr Selbstwertgefühl und Selbstvertrauen immer weiter herabsinkt, bis Sie dadurch zu den notwendigen Höchstleistungen nicht mehr in der Lage sind.
- Teilen Sie Ihre großen Ziele in Etappenziele ein, und zelebrieren Sie das Erreichen dieser Etappenziele. Belohnen Sie sich selbst, und richten Sie Ihren Blickwinkel auf Ihre Erfolge und auf Ihr Weiterkommen. Sie arbeiten so ständig an der Verbesserung Ihres Selbstwertgefühls (Selbstimage).
- Feiern Sie kleine und große Erfolge proportional, und bauen Sie Steigerungsmöglichkeiten ein.
- Sie fühlen sich grundsätzlich freier und wohler, wenn Sie mehrere Optionen zur Verfügung haben, durch die Sie in unterschiedlicher Weise auf bestimmte Krisensituationen oder Herausforderungen des Lebens reagieren können.
- Je mehr Alternativen Sie zur Verfügung haben, um auf Hindernisse und Hürden zu reagieren, um so weniger Streßempfinden und Energieverlust haben Sie, wenn Sie an Ihre Zukunft denken.
- Es gibt im wahrsten Sinne des Wortes Menschen, die sterben, weil sie das Gefühl der Hilflosigkeit haben, das Gefühl, keinen Einfluß,

keine Kontrolle über ihr Leben und den zukünftigen Verlauf übernehmen zu können. Das Bewußtsein, sich nicht wehren oder nichts verändern zu können, führt häufig zum Selbstmord. Stammesmitglieder verschiedener primitiver Rassen sterben, wenn man sie einsperrt (Gefängnis usw.).

- Betrachten Sie den morgigen Tag als Tag Ihrer vollkommen neuen Geburt. Gebären Sie sich selbst in Ihrem Geist, als die Person, die Sie schon immer sein wollten und im tiefsten Innern auch schon immer sind.
- Beginnen Sie morgen ein vollkommen neues Leben, und vergessen Sie niemals, Sie haben jeden Tag Ihres Lebens die Chance, neu zu beginnen. In einer anderen Richtung, mit neuen Voraussetzungen. Jeder Morgen ist letztendlich eine neue Geburt, wenn Sie bereit sind, Vergangenheit und Gegenwart hinter sich zu lassen.

Nutzen Sie die Prinzipien der Kontrolle

Damit Sie die Kontrolle über Ihr Schicksal selbst übernehmen und Ihren Wertvorstellungen entsprechend leben können, sollten Sie sich folgende Fragen stellen:

1. Warum fühle ich mich hilflos?
2. Wie kann ich diese Situation positiv beeinflussen?
3. In welchen Lebenssituationen fühle ich mich effektiv, und wie kann ich das gleiche in diesem Bereich ebenfalls erreichen?
4. Wo kann ich anfangen und wie?
5. Wer kann mir dabei helfen?
6. Welche Informationen, Verbesserungen von Fähigkeiten oder Hilfestellungen benötige ich?

Aufgabe

Schreiben Sie bitte auf, in welchem Bereich Ihres Lebens Sie mehr Kontrolle besitzen wollen.

Identifizieren Sie die wichtigsten Bereiche Ihres Lebens, in denen Sie Veränderungen benötigen, um Ihrem wahren Potential entsprechend zu leben.

Pauschallösungen sind nicht möglich. Aus diesem Grund müssen Sie die Lebenssituationen, in denen Sie Veränderung und Verbesserung benötigen, klar spezifizieren. Definieren Sie jeden einzelnen Lebensbereich, in dem Sie eine Veränderung wünschen.

- Identifizieren Sie, welche Bereiche für Sie von höchster Priorität sind, in denen Sie die Kontrolle übernehmen wollen. Zum Beispiel, daß Sie sich als hilflos in bestimmten Lebenssituationen empfinden, daß Sie in einigen Lebenssituationen von Vergangenheitsprägungen oder Neuroassoziationen negativ beeinflußt werden.

- Fragen Sie sich nicht: „Kann ich einen Einfluß nehmen?", sondern stellen Sie sich die Frage: „Wie kann ich einen sinnvollen positiven Einfluß auf diesen Bereich nehmen?"
  Konzentrieren Sie sich grundsätzlich nur auf den gewünschten Erfolg, nicht auf Fehler oder Mißerfolge.
  Machen sie sich keine Sorgen und Gedanken über Dinge, die Sie nicht beeinflussen können. Bereiten Sie sich auf alle Eventualitäten vor, und gehen Sie Ihren eigenen Weg weiter.

- Machen Sie sich bewußt, daß Sie die meisten Krisensituationen in Ihrem Leben bereits in ähnlicher Form, vielleicht in kleinerer oder gar größerer Weise schon einmal bewältigt haben. Sagen Sie sich: „Was ich schon einmal getan habe, werde ich wieder schaffen." Oder sagen Sie sich: „Wenn andere es können, kann ich es schon lange!" Oder, ganz NAPS-technisch formuliert: „Wenn es noch niemand vor mir geschafft hat, dann will ich erst recht der erste sein, der es schafft!"

- Gehen Sie niemals die Lösung und Aufarbeitung des ganzen Berges von Aufgaben auf einmal an. Denn dazu ist niemand in der Lage. Es entsteht ein erheblicher Disstreß-Faktor, der gegebenenfalls dazu führt, gar nicht zu handeln oder nicht durchzuhalten, weil Sie sich hilflos oder als unfähig empfinden.

Wenn Sie das Gefühl haben, daß die Aufgaben zu groß und sowieso nicht zu bewältigen sind, werden Sie eventuell erst gar nicht mit vollem Einsatz an einer Lösung arbeiten. Bedenken Sie bitte, daß ein Prozent Veränderung am Tag in 100 Tagen schon 100 Prozent sind. Das bedeutet innerhalb eines Jahres 365 Prozent Verbesserung an Lebensqualität und Leistung.
Teilen Sie immer den Berg Ihrer Aufgaben in kleine Schritte und Etappenziele ein. Beginnen Sie immer jeweils damit, das Wichtigste und Notwendigste voll konzentriert zuerst zu erledigen, bevor Sie sich auf den nächsten Arbeitsschritt konzentrieren.

- Stecken Sie Ihre persönlichen, individuellen Regeln für Erfolg nicht zu hoch, damit Sie nicht ständig Mißerfolgserlebnisse produzieren und sich unberechtigterweise als Versager fühlen. Legen Sie die Meßlatte für das erfolgreiche Erreichen Ihrer Etappenziele nicht zu hoch, sondern machen Sie diese fair und erreichbar. Seien Sie sich selbst gegenüber nicht unfair, wenn Sie ein gestecktes Ziel noch nicht vollständig realisiert haben.
  Wenn Sie keinen Kaffee mehr trinken wollen und in den nächsten Tagen auf die Hälfte der üblichen Menge reduzieren, ist dies schon ein Erfolg, auf den Sie stolz sein und an dessen Verbesserung Sie arbeiten sollten. Fokussieren Sie sich auf Fortschritte!

- Jeder erfolgreiche Athlet oder Weltklassesportler sucht nach Hilfe, nach einem Coach, nach einem Trainer und ist bereit, sich helfen zu lassen. Genau das sollten Sie auch. Suchen Sie nach Menschen, die Ihnen dabei helfen, besser zu erkennen, welche Fähigkeiten, Talente und Möglichkeiten in Ihnen stecken. Weil diese Menschen Sie immer wieder dazu anspornen, noch mehr von Ihrem Potential zu nutzen oder dieses Potential, das in Ihnen steckt, konsequenter und konstanter einzusetzen, sorgen sie dafür, daß Sie Höchstleistungen volbringen.

Letztendlich ist genau das die Lebensaufgabe, die ich mir gesteckt habe und die ich in Zusammenarbeit mit den von mir ausgebildeten NAPS-Trainern täglich aufs neue realisiere. Ich sehe mich nicht als Trainer, sondern als Coach und Freund. Als jemand, der Informationen an wertvolle Menschen vermittelt, der mit ihnen gemeinsam übt, trainiert, Fragen stellt und individuelle Erfolgskonzeptionen entwickelt. Diese sind ausschließlich auf die speziellen Bedürfnisse, Visionen und individuellen Unterschiedlichkeiten des gecoachten Menschen ausgerichtet. Hilfe zur Selbsthilfe ist unser Ziel, Vermittlung der neuesten und effektivsten Informationen, Trainingsmethoden und Erkenntnisse, zusammengefaßt in einem einheitlichen Konzept. Dieses Konzept schreibt nichts vor, ist nicht dogmatisch, sondern flexibel und hilft, individuelle Höchstleistungen und unbegrenzte Erfolge in jedem Lebensbereich durch sich selbst zu produzieren.

Trauen Sie sich also, um Hilfe zu bitten, nach Hilfe zu suchen. Suchen Sie nach Menschen, Möglichkeiten und Wegen, durch sich selbst, aus Ihrem Leben, das bestmögliche herauszuholen.

Jede manipulative Trainingsform und Technik ist gefährlich und kann karriere- und lebenszerstörend sein. Deshalb sollten Sie immer nur nach Trainern und Ausbildungs-, Weiterbildungs- und Schulungsmöglichkeiten suchen, die Ihrer Persönlichkeit nutzen, nicht aber Ihre Persönlichkeit verändern oder Ihnen gar vorschreiben, wie Sie wann was zu tun haben.

Jeder Mensch ist eine Persönlichkeit, die absolut einzigartig im Universum ist. Diese Einzigartigkeit macht es möglich, daß Sie außergewöhnliche Erfolge in Ihrem Leben produzieren können, und genau das sollten Sie auch tun. Sie sollten nicht in den Schuhen anderer laufen, keinem Führer folgen, sondern sich von Machern und Meistern beraten und trainieren lassen. Aber nur, um Ihr individuelles Erfolgskonzept zu entwickeln. Nur sich selbst haben Sie den Rest Ihres Lebens. Das, was Sie aus Ihrer Persönlichkeit, aus Ihren Gefühlen und Ihrem Körper machen, damit müssen Sie den Rest Ihres Lebens auskommen und leben, ob Sie wollen oder nicht.

Lernen Sie zu allererst, sich mit sich selbst wohl zu fühlen und immer nur Dinge zu praktizieren, hinter denen Sie auch wirklich stehen. Lernen Sie von Erfolgsgeschichten anderer, aber versuchen Sie nicht, diese nachzuleben, denn das ist nicht möglich. Suchen Sie sich aus jeder Erfolgsgeschichte nur das heraus, was für Ihr Leben und Ihre individuelle Situation sinnvoll und richtig erscheint. Sie müssen sich gut bei dem fühlen, was Sie tun. Sie dürfen sich nicht bevormundet fühlen oder gar manipuliert. Sie sollten sehr vorsichtig sein mit manipulativen Techniken, durch die Sie anderen Menschen Einfluß auf Ihr Denken, Handeln und Fühlen geben. Aus diesem Grund sollten Sie sich grundsätzlich genau überlegen, wem Sie bereit sind, einen Einfluß auf Ihr Denken, Handeln und Fühlen zu geben. Ich bin der festen Überzeugung, daß niemand in diesem Punkt ein bedingungsloses Vertrauen von Ihnen erhalten sollte.

Hilfe zur Selbsthilfe sorgt für ein starkes, positives Selbstimage und Selbstwertgefühl. Das ist die Basis für Glück, Erfolg und Gesundheit – und diesen Weg sollten Sie gehen.

In unseren „Ich schaffe das"-Kursen habe ich immer wieder festgestellt, daß Schüler uns bestätigen, wie leicht es ist, mit unseren Techniken und Möglichkeiten zu lernen. Es bereitet Spaß und Freude, weil es leicht zu verstehen, zu behalten und umzusetzen ist.

Dies liegt daran, daß wir ausschließlich mit hirnorganischen und von der Natur vorgegebenen neurologischen Möglichkeiten arbeiten und vor allen Dingen, daß wir immer mit viel Spaß und Humor unsere Arbeit tun.

Sie können von keinem Übergewichtigen erfahren, wie Sie schlank werden und bleiben. Von keinem Raucher erfahren, wie man das Rauchen aufgibt. Sie können von keinem Versager lernen, wie Sie große, bleibende Erfolge im Leben produzieren. Um Ihren eigenen Weg nach ganz oben, mit lebenslanger Gesundheit, Kraft, Energie und Vitalität zu finden, müssen Sie beginnen, Ihren eigenen, individuellen Weg zu gehen. Probieren Sie aus, versuchen Sie, machen Sie eigene Fehler und nicht die Fehler der anderen. Nur so können Sie lernen, wie Sie es in Zukunft effektiver und besser machen können. Freuen Sie sich über jeden Fehler, den Sie produzieren, denn das bedeutet, daß Sie gehandelt haben und daß Sie sich weiter entwickeln. Das ist letztendlich die Basis für bleibenden Erfolg.

- Schaffen Sie mit Wissen und Erfahrung, indem Sie sich ständig weiterbilden, das stabile Fundament, auf dem Ihre Zukunft und Ihre Erfolge stehen sollen. Bedenken Sie bitte, daß sich zwei Drittel des in einem Hochhaus verarbeiteten Betons unter der Erde befindet. Denn nur wenn das Fundament gut und stabil ist, kann das Gebäude sicher und stabil darauf gebaut werden.

- Bauen Sie nicht auf Sand, auf Zufall, Glück oder andere Menschen, sondern bauen Sie auf sich selbst. Dadurch entsteht ein großartiges Gefühl der Sicherheit, und ein großes positives Selbstimage, auf das Sie eine erfolgreiche Zukunft aufbauen können.

- Um sich in einer Krisensituation besser zu fühlen, brauchen Sie nur an der Lösung Ihrer Probleme zu arbeiten. Dadurch erhalten Sie das Gefühl der Kontrolle, entwickeln Erfolgserlebnisse und haben mehr Energie und eine bessere Gesundheit.

- Streß ist nur allzuhäufig der ausschlaggebende Faktor für einen Herzinfarkt, einen Gehirnschlag oder Selbstmord. Streß hat nicht nur einen Einfluß auf Ihre Gesundheit, sondern auch darauf, ob Sie sich glücklich fühlen oder nicht. Versuchen Sie bitte nicht, Streß zu verhindern, davor wegzulaufen oder ihn gar zu ignorieren, sondern verwandeln Sie ihn in gesunde Energie. Disstreß behindert auch Sexualhormone und führt so häufig zu weiteren privaten Konflikten.
- Streß ist letztendlich nichts weiter als unsere emotionale und physiologische Reaktion auf Veränderungen. Alles ist neutral, bis Sie es als positiv oder negativ bewerten und damit die entsprechenden emotionalen, mentalen und physiologischen Reaktionen auslösen.
- Freuen Sie sich künftig auf Veränderungen, denn Veränderung heißt Weiterentwicklung, und Weiterentwicklung ist Sinn, Zweck und Ziel des Lebens.
- Erwarten und planen Sie Veränderungen, bereiten Sie sich darauf vor, und handeln Sie entsprechend. Die Veränderungen werden dann in der von Ihnen gewünschten und kontrollierten Weise stattfinden.

Tödliche Kompromisse

Jeder Mensch strebt in seinem tiefsten Innern ständig nach Unabhängigkeit und Freiheit. In jedem Land der westlichen Welt finden Sie Freiheit als eines der höchsten Güter des Menschen, als besonderes Recht oder als angestrebtes Ziel vor. In dem Augenblick, in dem jemand beginnt, Kompromisse einzugehen, also das Gegenteil von dem praktiziert, was er für richtig hält oder gern tun möchte, beginnt die Katastrophe.

Ein Kompromiß ist keinesfalls gesundheitsschädlich, wenn Sie sich selbst freiwillig dazu entscheiden, täglich eine Stunde länger zu arbeiten, um am Ende des Monats ein Wochenende um zwei, drei Tage verlängern zu können. Ein tödlicher Kompromiß ist, sich ständig zusammenzureißen, seine wahren Gefühle und Ideen immer unterdrücken zu müssen, nur um mit einem anderen Menschen auskommen zu können. Ein tödlicher Kompromiß ist auch, sich zu bestimmten Entscheidungen und Handlungen zwingen zu müssen, weil Sie sich der Situation oder anderen Menschen ausgeliefert fühlen, obwohl Sie lieber etwas ganz anderes tun möchten. Ein tödlicher Kompromiß ist etwas, das Ihren Energiehaushalt und Ihre Gesundheit, eventuell sogar Ihr Leben zerstören kann, wenn Sie ihn lange bestehen lassen.

Durch Kompromisse zerstören Sie Ihr Selbstwertgefühl und Ihr Selbstvertrauen auf konsequente Weise und gleichzeitig auch Ihre Gesundheit. Zu all dem, was Sie langfristig tun, müssen Sie stehen können und mit den Konsequenzen leben wollen, sonst sind Sie auf dem besten Weg, Ihre Gesundheit bleibend zu ruinieren.

Ein tödlicher Kompromiß ist etwas, was Sie nicht für richtig oder gar für falsch halten, was Ihren moralischen und ethischen Grundbegriffen widerspricht.

Aufgabe

Definieren Sie klar, in welchen Bereichen Ihres Lebens Sie sich extrem unwohl fühlen, bei dem, was Sie tun. Und dann stellen Sie fest, wie Sie sich eigentlich in dieser Situation verhalten möchten. Wie müßten Sie Ihren Gefühlen und Ihrer Persönlichkeit entsprechend reagieren und handeln, um sich wohl zu fühlen?

Jeder möchte hinter dem stehen können, was er tut. Deshalb ist es besonders wichtig, daß Sie Ihre Handlungen immer nach Ihren eigenen Wertvorstellungen und Regeln ausrichten. Niemand ist in der Lage zu wissen, mit welchen Handlungen oder Unterlassungen Sie leben oder nicht leben können und wollen, außer Ihnen selbst.

Was für einen anderen richtig ist, muß für Sie noch lange nicht stimmen. Und was für einen anderen falsch ist oder gar als unmöglich gilt, kann für Sie zum selbstverständlichen Alltag gehören. Wenn Sie eigene, moralische und ethische Grundbegriffe immer wieder in den Hintergrund rücken, um etwas Fremdbestimmtes zu tun, werden Sie dabei niemals zufrieden und glücklich werden und sich schon gar nicht erfolgreich und gesund fühlen.

Immer wieder habe ich feststellen können, daß das NAPS-Training für Manager, Berater und Verkäufer deshalb so effektiv in seiner Anwendung und Durchführung ist und diese ungewöhnlichen Resultate produziert, weil wir jedem Menschen die Möglichkeit geben, individuell nach seiner eigenen Persönlichkeit, seinen Wertvorstellungen, Regeln und Bedürfnissen ein extrem effektives Führungs-, Verkaufs- und Beratungskonzept zu entwickeln. Das Konzept entspricht der eigenen Persönlichkeit des Beraters und Verkäufers, und er fühlt sich entsprechend wohl. Weil er so hinter dem steht, was er tut und somit echt und vertrauensvoll wirkt, produziert der Betreffende diese ungewöhnlichen Erfolge. Sie können nur dann erfolgreich sein, wenn Sie sich selbst verwirklichen und auf die Art und Weise handeln, die Ihrem wahren Persönlichkeitskern entspricht.

Ich möchte hier anmerken, daß Menschen ihren wahren Persönlichkeitskern und ihre Charakterbestandteile niemals verändern können. Selbstverständlich kann jeder von uns Verhaltensweisen und Verhaltensmuster verändern. Der Persönlichkeitskern jedoch ist angeboren und nicht veränderbar. Bestimmte charakteristische Merkmale werden wir für den Rest unseres Lebens unveränderbar mit uns herumtragen. Das heißt nicht, daß wir keinen gewünschten Einfluß auf Weiterentwicklung und Verhaltensweisen nehmen können. Selbstverständlich müssen wir hierauf jeden möglichen Einfluß nehmen.

Beispielsweise hängt effektive Kommunikation, wie wir sie in unseren drei- bis fünftägigen Workshops vermitteln, unmittelbar davon ab, daß Sie entsprechend Ihrer Persönlichkeit kommunizieren. Anderenfalls wird es immer künstlich und unglaubwürdig wirken, weil wir dann eine gewisse Skepsis im Kommunikationspartner hervorrufen. Sie müssen erst selbst überzeugt sein, bevor Sie andere überzeugen können. Lernen Sie, hinter Ihrem Produkt, Service und Ihrer Firma zu stehen.

Wenn Sie gelernt haben, hinter dem zu stehen, was Sie vermitteln möchten, dann wird es Ihnen unter hundertprozentiger Nutzung der Kommunikationsmöglichkeiten (sieben Prozent durch Worte, 38 Prozent durch Stimmnutzung und 55 Prozent durch Nutzung der Körpersprache) schon bald sehr leicht fallen, effektiv zu kommunizieren. Erfolg in jedem Lebensbereich, in erster Linie im Bereich des Managements, der Selbständigkeit, der Beratung, des Verkaufs, hängt von unserer Fähigkeit ab, effektiv kommunizieren zu können.

„Die Qualität Ihrer Kommunikation bestimmt die Qualität Ihrer Erfolge und Ihres Lebens.“

Die physiologische Verfassung des Erfolgs

Wann immer Sie sich in einer Krisensituation befinden, werden Sie feststellen, daß Sie sich in der Regel verkrampfen, die Schultern nach vorn ziehen, den Brustkorb einziehen, sich kleiner und krummer machen, sich verspannt bewegen und kurz atmen oder hecheln.

Durch eine derartige Physiognomie fühlen Sie sich augenblicklich schlechter, weil Ihr Nervensystem entsprechende Signale erhält: „Ich bin klein, unfähig zu handeln, verkrampft, verspannt" und sofort verändert sich die Neurochemie in Ihrem Organismus. Negative Hormone (Botenstoffe) werden vom Gehirn in den Körper entsandt, und Sie haben nicht mehr die völlige Kontrolle über Ihr Verhalten und Ihre Empfindungen.

Wenn Sie sich in einer Krisensituation befinden oder vor großen Herausforderungen des Lebens stehen, dann bewegen Sie sich aufrecht und gerade mit einer angenehm positiven Muskelspannung und einer sicheren Mimik. Sehen Sie mit den Augen immer gerade und konkret auf Ihr Ziel, auf Ihr Gegenüber, und versuchen Sie, die Augen möglichst nicht nach unten zu richten. Sehen Sie geradeaus oder besser nach oben, um auch dadurch Ihr Gehirn entsprechend positiv zu stimulieren. Durch eine kraftvolle Atmung und eine siegesbewußte Körperhaltung fühlen Sie sich innerhalb von Sekunden stärker und werden sich auch entsprechend verhalten.

Kurz gesagt: So, wie Sie sich verhalten, so fühlen Sie sich. Obwohl man früher glaubte, das sei genau anders herum, weiß man heute, daß ein entsprechendes physiologisches Verhalten die dazugehörigen emotionalen Bewußtseinszustände, das heißt Gefühle wie Frustration, Depression, Angst, Furcht oder Begeisterung, Leidenschaft, Durchsetzungsvermögen, Kraft, Energie usw. bestimmt. Letztendlich ist es eine kybernetische Schleife, das heißt, das eine beeinträchtigt das andere.

Das ist auch der Grund dafür, warum Sie sich, wenn Sie begeistert von einem vergangenen Erfolg oder einem großartigen Vergangenheitserlebnis berichten, sehr schnell wieder in der entsprechenden Verfassung befinden. Weil Sie sich begeistert benehmen und sprechen, fühlen Sie sich schon bald entsprechend.

Sie sollten unbedingt bei schwierigen Telefonaten, in denen Sie sehr konzentriert und bestimmt sein müssen, entweder aufstehen und kraftvoll umhergehen, falls dies möglich ist, oder zumindest stark und selbstbewußt auf Ihrem Stuhl sitzen und sich keinesfalls an- oder zurücklehnen. Sitzen Sie sehr gerade und aufrecht, atmen Sie tief in den ganzen Körper. Sinnvoll ist immer eine leicht nach vorn gerichtete Bewegung oder Körperhaltung (Ready Position). Der Volksmund sagt: „Behalten Sie den Kopf oben!“ Darin steckt sehr viel Wahres. Solange Sie Ihr Haupt stolz erhoben tragen, können Sie sich kaum schlecht fühlen. Dies bestätigen Versuche mit schwer depressiven Patienten der Universität Irvine, Kalifornien. Patienten, die aufrecht und gerade stehend lächelten, fühlten sich so lange gut, wie sie in dieser Verfassung blieben.

Sie sehen, daß wir also eine Vielzahl von Möglichkeiten mit positiver Einflußnahme auf unsere Gesundheit, unseren Energiehaushalt und unser Streßerleben beziehungsweise unsere Gefühle nehmen können, wenn wir bereit sind, alle Möglichkeiten, die sich uns bieten, entsprechend auszuschöpfen und zu nutzen.

Benutzen Sie Ihren Körper also immer siegesbewußt, kraftvoll, energiereich und vital. Sie werden sich dementsprechend fühlen. Wie Sie sich fühlen, so handeln Sie, und dementsprechend werden die Resultate sein, die Sie in Ihrem Leben produzieren.

Richten Sie Ihre mentalen Aktivitäten immer auf einen Erfolg und die Lösung, die Sie selbstverständlich finden werden, auf einen Sieg, den Sie davontragen werden. Freuen Sie sich auf den Erfolg, dadurch geben Sie die restlichen 50 Prozent der Beeinflussung durch Ihre Gefühlswelt dazu, und Sie haben die Kontrolle über Ihr geistiges und körperliches Erleben übernommen.

Überlassen Sie nie wieder etwas dem Zufall, verlassen Sie sich nicht auf Hoffnungen, sondern legen Sie eigene Ziele genau fest. Programmieren Sie, wie es in Ihrer geistigen Welt aussieht und sein wird, wenn Sie Ihr Ziel in der bestmöglichen Fassung und Form realisiert haben. Erwarten Sie, daß Sie Ihre Mitarbeiter erfolgreich führen werden oder Sie sich gegen einen Querulanten erfolgreich zur Wehr setzen werden. Legen Sie fest, daß Sie genauso begeistert und leidenschaftlich für Ihr Team im privaten Bereich leben (Ihre Familie, Ihre Kinder, Ihre Freunde), wie Sie für Ihre Mitarbeiter da sind. Und beziehen Sie Ihre Kunden in das Teamspiel immer mit ein.

Denken Sie daran, daß der Kunde unser Gehalt zahlt, ganz gleich, von wem wir unseren Scheck letztendlich ausgestellt bekommen.

Ein Teamspieler zu sein, als Kunde, Mitarbeiter, Geschäftspartner, Führungskraft und im privaten Bereich, hilft Ihnen dabei, von vornherein sehr viel negative Streßfaktoren auszuschalten und viele positive Streßreize zu kreieren. Stimulieren Sie Ihren Körper regelmäßig und ständig, mit lebensbejahenden Eustreßreizen und Signalen.

Wenn Sie sich auf den kommenden Tag, auf die nächste Herausforderung freuen, begeistert und leidenschaftlich an die Lösung Ihrer Aufgaben herangehen, fühlen Sie sich nicht erst nach der Erledigung oder Bewältigung dieser Aufgabe besonders gut, sondern sogar schon auf dem Weg dorthin. Wir müssen den Weg genießen und nicht das Ziel. Das Ziel des Lebens ist der Tod, und aus diesem Grund sollten wir den Weg dorthin, den wir Leben nennen, genießen. Genauso sollten wir den Weg zu jeder einzelnen Zielerfüllung in unserem Leben genießen.

Seien Sie begeistert und leidenschaftlich über jede Weiterentwicklung. Freuen Sie sich über jeden Schritt, den Sie vorwärts kommen, über jeden Zentimeter, den Sie sich Ihren Zielen nähern. Haben Sie Spaß in der Gegenwart, Freude an der Arbeit, am Handeln und am Lösen von Aufgaben. Seien Sie dankbar, daß das Leben Ihnen diese großen Herausforderungen stellt.

Glauben Sie an sich selbst und daran, daß Sie es schaffen werden. Treffen Sie die klare Entscheidung, daß Sie bereit sind, alles zu tun, was immer auch getan werden muß, um die gewünschten Erfolge zu produzieren, daß Sie nicht nur 100 Prozent, sondern immer 110 Prozent geben, daß Sie bereit sind, die Extrameile zu gehen, die notwendig ist, um besondere Erfolge zu produzieren, daß Sie immer einmal mehr aufstehen, als das Leben Sie niederwirft. Lassen Sie Aufgeben in Ihrem Geist niemals auch nur als Möglichkeit zu. Denn wenn Sie sich wirklich für Erfolg entschlossen haben, wirklich entschlossen haben für eine lebenslange, erfolgreiche, gesunde Zukunft, dann gibt es kein Wenn und Aber mehr. Es gibt nur noch die Frage: „Wie kann ich die von mir gewünschten Endresultate so schnell, effektiv und gut wie möglich realisieren?“ Wichtig ist, daß Sie sich noch rechtzeitig vor dem Erreichen großer Ziele neue Ziele setzen, um nicht in ein Loch, in ein Vakuum zu geraten, wenn Sie Ihr großes Ziel erreicht haben. Ihr Leben erhält durch die Ziele, die Sie sich setzen, eine Richtung. Und durch das neue Setzen von Langzeitzielen, bevor Sie die alten erreicht haben, bestimmen Sie die Richtung, in der Ihr Leben weitergehen wird, nachdem Sie Ihre Träume in verschiedenen Bereichen realisiert haben.

Mit klaren Zielen und mit dem Bewußtsein, daß Sie diese realisieren werden, verschwindet die Angst vor der Zukunft, das Gefühl von Hilflosigkeit oder die Möglichkeit jeder Manipulation von außen. Die von Ihnen gesetzten Ziele, die Ihren persönlichen Werten und Regeln entsprechen, geben Ihrem Leben nicht nur eine Richtung, sondern auch einen Sinn. Sie gewährleisten, daß Sie nicht sinnlos Energien verschwenden mit unnötigen Handlungen oder Zielen, die für Sie nicht wirklich wichtig sind. Sie sind nicht wichtig, weil diese Ihnen vielleicht von anderen Menschen vorgegeben wurden und gar keinen besonderen Stellenwert für Sie selbst haben.

Setzen Sie sich sogar Ziele, die besagen, wie Sie sich in einer ganz bestimmten Situation verhalten und fühlen wollen, beispielsweise in einem Meeting. Legen Sie vorher fest, welches Resultat ein Gespräch für Sie und alle Beteiligten bringen soll. Setzen Sie konkrete Ziele zu jedem einzelnen Lebensbereich, entwickeln Sie Aktionspläne, und handeln Sie. Dann gehört Ihr Leben wirklich Ihnen.

Zurück zur Natur

Finden Sie Möglichkeiten, durch die Sie sich besonders effektiv und sinnvoll regenerieren können, Tätigkeiten oder Orte, die Ihnen ein besonderes Wohlgefühl schenken, wie beispielsweise Reiten, mit dem Hund spazieren gehen, durch den Wald gehen, Wandern, am Strand liegen, mit Ihrer Lebenspartnerin oder Ihrem Lebenspartner einen Film ansehen.

Gleichzeitig sollten Sie für Regenerationsphasen und aufbauende Phasen bestimmte Musikstücke, Musikkassetten oder CDs parat haben, die Ihnen ein gutes Gefühl vermitteln. Mit guten Gefühlen können Sie sich am effektivsten regenerieren und aufbauen.

Aufgabe

Erstellen Sie nun bitte eine Liste von Orten oder Tätigkeiten, bei denen Sie sich besonders wohl fühlen und somit ein hoher Regenerations- und Erholungswert gegeben ist.

Gleichzeitig erstellen Sie eine Liste von Musikstücken, die Ihnen dabei helfen, sich besonders gut zu fühlen. Stellen Sie sich eine Videobibliothek zusammen, in der Sie Filmausschnitte aus Comics oder Komödien sammeln.

Bedenken Sie bitte, daß es meist nicht auf die Länge der Regenerationsphasen ankommt, sondern auf die Intensität und die Regelmäßigkeit.

Sie können in einer entspannten körperlichen Verfassung, am besten mit geschlossenen Augen, bequem liegend, mit entsprechenden Hintergrundgeräuschen, einen geistigen Urlaub an Ihrem Lieblingsort machen und sich in Ihrer geistigen Welt genauso regenerieren, als wenn Sie es physisch real erleben würden. Erlebnisse in der geistigen Welt sind erheblich effektiver und führen schon nach wenigen Minuten zu guten Ergebnissen.

Ähnlich machen wir es beispielsweise beim NAPS-Training. Wir helfen überlasteten Managern dabei, abzuschalten, sich täglich mehrmals effektiv zu regenerieren und gewollte Handlungsweisen für den Tag bewußt vorzuprogrammieren, indem wir gemeinsam einen effektiven Entspannungs- und Planungsort kreieren. Durch spezielle Übungstechniken lernen die Teilnehmer in Sekunden in diesen idealen Entspannungszustand zu gelangen und sich in wenigen Minuten optimal zu regenerieren.

Regenerationsübungen

Wichtig für Ihren Energiehaushalt ist die Fähigkeit, sich entspannen zu können. Wenn Sie bereits Entspannungsübungen kennen, wie zum Beispiel das Autogene Training, verfügen Sie bereits über eine Möglichkeit, sich bewußt in einen entspannten Zustand zu begeben.

Übung

Sie liegen auf dem Rücken und entspannen sich, zum Beispiel indem Sie erst die Arme anspannen und dann bewußt entspannen – danach die Beine, den Unterkörper, den Oberkörper, Hals und Kopf. Auf die gleiche Weise stellen Sie sich ein Gefühl der Schwere und Wärme vor und daß sich vom Mittelpunkt Ihres Körpers, aus dem Sonnengeflecht heraus, beides langsam im ganzen Körper ausbreitet.

Jetzt arbeiten Sie NAPS-technisch weiter.

Beginnen Sie, erst in den linken Lungenflügel zu atmen (fünfmal), dann noch einmal in den linken Lungenflügel und hinauf in die linke Schulterspitze (fünfmal). Danach atmen Sie wieder in den linken Lungenflügel und in den linken Beckenboden hinab, dann hinauf in die linke Schulterspitze (fünfmal). Dann alles wiederholen und gleichzeitig in den linken Arm, bis hin zu den Fingerspitzen atmen (fünfmal). Stellen Sie sich vor, auf die gleiche Art und Weise in alle Bereiche zu atmen, auch hinab in das linke Bein, bis hin zu den linken Zehenspitzen (fünfmal), so daß Sie in vollem Bewußtsein die linke Körperseite beatmen.

Atmen Sie fünf- bis sechsmal vollkommen normal, frei und entspannt. Wiederholen Sie den Vorgang danach auf der rechten Seite, genauso wie Sie es auf der linken Seite getan haben.

Danach atmen Sie wieder fünf- bis sechsmal normal und entspannt und stellen sich dann vor, daß Sie in den gesamten Beckenboden und hinauf bis in beide Schulterspitzen atmen (fünfmal). Danach in den gesamten Beckenboden, hinab bis in beide Beine, bis hin zu den Zehen, und hinauf bis in beide Schulterspitzen (fünfmal). Beatmen Sie in vollem Bewußtsein Ihren ganzen Körper, bis hinab in die Zehen, die Fingerspitzen, hinauf in die Schulterspitzen, in Hals und Kopf, bis Sie sich zum Schluß sogar vorstellen, Sie würden hinaus in den ganzen Raum atmen.

Stellen Sie sich dann vor, Sie würden ein goldenes leuchtendes Licht einatmen, das langsam Ihre Körpermitte anfüllt und nach und nach, mit jedem Atemzug mehr den ganzen Körper erfüllt und erleuchtet. Stellen Sie sich vor, Sie atmen Kraft, Vitalität und Energie ein. Wenn Ihnen dies gelingt, haben Sie ein Symbol für die Aktivierung des Gehirns sinnvoll genutzt. Setzen Sie als Symbol für Sorgen, Zweifel und Ängste, Anspannung und Verkrampfung ein schwarzes, schmutziges Licht, das Sie ausatmen. Bei jedem Einatmen werden Sie sich schon sehr schnell energiereicher und wohler fühlen und bei jedem Ausatmen fühlen Sie sich leichter und freier.

Zum Ende der Übung, die zwischen zehn bis 20 Minuten dauern sollte, erleben Sie, wie Ihr ganzer Körper erfüllt ist mit einem goldenen, leuchtenden Licht, das hinaus in den Raum strahlt. Es erfüllt Ihren Körper nicht nur, sondern hüllt ihn auch ein mit diesem goldenen kraftvollen Leuchten. Sie können diese Übung vertiefen und effektiver gestalten, indem Sie sich zuvor geistig an Ihren Lieblingsort begeben, wie zum Beispiel an eine Waldlichtung, Wiese, einen Strand, eine Insel oder wo auch immer dieser Ort liegt. Sie können dort Ihre Atem- und Regenerationsübungen durchführen.

Vielen Menschen hilft die Vorstellung, sie würden sich an ihrem Regenerationsort unter einen Lichtstrahl stellen, der eine Art Energiedusche darstellt. Alles Negative wird dadurch vom Körper gewaschen und aus dem Körper und Geist herausgespült. Ihr Körper wird erfüllt mit neuer, regenerierender Kraft und Energie.

Dies funktioniert deshalb so effektiv, weil die Sprache des Unterbewußtseins aus Bildern besteht und das Gehirn nur symbolhaft arbeiten kann. Geben Sie dem Gehirn die entsprechenden sinnvollen Symbole ein, mit denen Sie Regeneration, Entspannung, Kraft, Energie und Gesundheit verbinden. Ihr Gehirn wird Ihnen dann dabei helfen, die entsprechenden positiven Reize auf Ihren Organismus auszuüben.

Bei Menschen, die unter Verspannungen und Verkrampfungen leiden, wirkt es positiv, in die verkrampften Bereiche zu atmen und sich dabei Wärme zu suggerieren.

4 Der effektive Umgang mit Streß

Mal ehrlich: Haben Sie auch eines oder gar mehrere dieser Symptome, wie beispielsweise Verspannungen der Rücken- und Nackenmuskulatur, Verkrampfungen im Schulterbereich, Magen- und Darmdruck, Völlegefühl, Übelkeit, Konzentrationsstörungen? Oder hin und wieder auftretendes Schwindelgefühl, allgemeine Schwäche, Verkrampfungen und Verengungen der Atemwege, Atembeschwerden, feuchte Hände, Nervosität, Aggressivität, Energielosigkeit, Unlust, Frühjahrsmüdigkeit, Frustration, Depressionen?

Für viele von uns gehören manche dieser Symptome zum Leben. Wir finden uns mit ihnen ab und bemerken kaum, daß sie sich im Laufe der Zeit verschlimmern. Abhilfe schaffen können Sie aber nur durch eine sorgfältige Streßkontrolle, indem Sie Streßsituationen, Reaktionen und Symptome identifizieren und feststellen, wodurch diese entstehen.

Wir haben in einer Langzeitstudie durch NAPS-Research International in den USA und in Kanada 387 Führungskräfte, die unter chronischen Streßsymptomen litten, befragt, welches für sie die Hauptauslöser, also die Hauptstreßreize, sind.

Angegeben wurden Gründe aus dem Berufsleben in der folgenden Reihenfolge:

1. Zeitdruck
2. Leistungsdruck
3. Berufliche Konfliktsituationen
4. Schwierige Kollegen

Privat wurde angegeben:

1. Unbezahlte Rechnungen
2. Die nicht gelieferte Zeitung

3. Das Kind ißt nicht

4. Die Katze hat das Sofa zerkratzt usw.

Sie sehen an dieser Auflistung von scheinbar nebensächlichen Kleinigkeiten, daß nicht ein Faktor ausschlaggebend ist, sondern daß das Zusammenkommen vieler Streßfaktoren die entsprechenden Reaktionen auslöst.

Weitere Faktoren, die zu chronischen Streßfolgen führten, sind:

- Zukunftsangst
- Angst, den Job zu verlieren
- Überlastung (zuviel Arbeit)
- Zuviel Verantwortung oder Verantwortung überhaupt
- Konkurrenzkämpfe
- Zusammenarbeit mit unangenehmen Menschen
- Ständige Veränderungen
- Allgemeine Unsicherheiten

Aufgabe

Schreiben Sie auf, wann und wodurch Sie sich in den letzten 30 Tagen gestreßt gefühlt haben. Bedenken Sie, es sind viele kleine Dinge, die zu Streß führen, und viele kleine Dinge, die aus dem Streß führen. Es ist das Praktizieren der täglichen Kleinigkeiten, das Ihnen dabei hilft, eine lebenslange Vitalität aufzubauen und zu erhalten.

Viele Menschen glauben, sie hätten zuwenig Zeit, um Sport zu treiben. Im selben Augenblick fühlen sie sich noch schlechter, weil sie meinen, keine Zeit für sich selbst zu haben.

Doch die Arbeit an Lösungen ist die beste Streßabwehr. Sie erhalten dadurch das Gefühl der Kontrolle und die lebensnotwendigen Erfolgserlebnisse.

Streß und die Gefahren durch Streß

Positiver Streß, wie Freude über das Erreichen eines Ziels, den Gewinn einer Meisterschaft, eine Beförderung, einen großartigen Vertragsabschluß, führt zu noch mehr Leistung, Spaß und Freude am Leben und an der Arbeit sowie zu einer Verbesserung des Immunsystems.

Disstreß führt immer zu einer Kampf- oder Fluchtreaktion, und die Reaktionen sind teilweise unkontrollierbar, weil sie vom „Reptiliengehirn" (Urgehirn), das lediglich für die Lebenserhaltung zuständig ist und in Gefahrensituationen die alleinige Kontrolle übernehmen kann, gesteuert werden. So kommt es, daß teilweise nach Streßsituationen Aussagen kommen, wie: „Ich kann mich gar nicht daran erinnern, das gesagt zu haben." Oder: „Ich verstehe überhaupt nicht, wie ich das tun konnte."

Wenn Sie sich schon einmal in einer ähnlichen Situation befanden, konnten Sie zu diesem Zeitpunkt auf Ihre Handlungsweise keinen Einfluß nehmen, da durch zu starke Disstreßreize das Reptiliengehirn die völlige Kontrolle über das Denken und Handeln übernommen hat.

Wann immer Sie das Gefühl haben, vor etwas weglaufen zu wollen, oder wenn Sie plötzlich auf andere Menschen wütend und aggressiv reagieren, wissen Sie, daß dies als Folge einer inneren Überlastung das Auslösen von Kampf- oder Fluchtreaktion darstellt. Finden Sie die Ursache dafür heraus, und beseitigen Sie diese!

Wenn Streßhormone einmal produziert sind, müssen sie auch abgebaut werden, um den Körper nicht zu vergiften. Deshalb ist es wichtig, regelmäßig für einen mentalen Ausgleich zu sorgen, und selbstverständlich ebenfalls für einen körperlichen. Dabei helfen Sport, Treppensteigen und tiefe Bauchatmung am besten.

Im mentalen Bereich ist es noch wichtiger, daß Sie entweder von der vorangegangenen Situation eine neue Vorstellung schaffen, in der Sie beispielsweise den Menschen, der Sie furchtbar geärgert oder aufgeregt hat, in einer lächerlichen Fassung für sich selbst repräsentieren, um diesen die emotionale Macht über Sie zu nehmen.

Gleichzeitig müssen Sie aber auch in der Lage sein, anderen Menschen zu verzeihen. Sie müssen dies nicht unbedingt real tun, Sie können dies auch in Ihrem Geist vollziehen. Sie müssen diese Menschen nicht lieben oder gar ihre Freunde werden, Sie sollten aber negative, destruktive Gefühle nicht weiter in sich wirken lassen. Lernen Sie, anderen Menschen zu verzeihen, zu vergeben. Sie können dies in Schriftform tun und diesen Brief hinterher sogar verbrennen. Sie können sich dazu entscheiden, wirklich zu diesem Menschen zu gehen und ihm zu sagen, daß Sie ihm verziehen haben, das wäre meist das beste.

Für all den Unsinn, die negativen katastrophalen Dinge, die Sie vielleicht sich selbst oder anderen in Ihrem Leben angetan haben, sollten Sie sich selbst vergeben, um frei zu sein von Schuldgefühlen. Sie können dies auch auf die zuvor genannte Weise durchführen.

Psychologisch gesehen kann die Beichte bei Angehörigen der katholischen Glaubensgemeinschaft und die Vergebung durch den Kirchenrepräsentanten einen sehr entlastenden und somit einen positiven Einfluß auf die Streßverarbeitung haben. Aber genau dasselbe können Sie auf die vorab beschriebene Art und Weise ebenfalls erreichen oder durch Gespräche mit Freunden, Vertrauten, Familienangehörigen.

Frauen leben statistisch gesehen länger, weil sie über ihre Probleme sprechen, ihre Gefühle ausleben. Männer sterben oft eher, weil sie viele Dinge einfach herunterschlucken und sich ein klein wenig abtöten, erst emotional und danach psychisch, nach dem Motto: „Männer weinen nicht und zeigen auch keine Gefühle."

Ich persönlich denke, daß es männlicher ist, seine Gefühle zu zeigen und zu ihnen zu stehen, als durch betonte „Coolness" sein Leben jeden Tag ein Stückchen mehr abzutöten.

Doch nicht nur innere, sondern auch äußere Streßfaktoren wie zu warme, zu kalte und vor allen Dingen schlecht gelüftete Räume und somit Mangel an Sauerstoff können eine große negative Wirkung auf Ihre Gesundheit beziehungsweise Ihr Streßerleben auslösen. Gefühle der Beklemmung, der Platzangst, gepaart mit Konzentrationsmangel, Kopfschmerzen und muskulösen Verspannungen und Verkrampfungen können die Folge sein, wenn Sie sich unter diesen Voraussetzungen in einem Raum aufhalten müssen.

Früher gab es sogenannte Erfolgstrainer, die ihren Klienten den Rat gaben, Verhandlungen mit dem Ziel eines schnellen Geschäftsabschlusses in überheizten Räumen mit wenig Sauerstoffzufuhr durchzuführen, um so den Verhandlungspartner zu ermüden oder schnellstmöglich aus dem Raum zu treiben.

Symptome beachten

Schwäche, Erschöpfung, Müdigkeitszustände, Konzentrationsstörungen, schlechte Merkfähigkeit, das Gefühl, alles sei anstregend und frustrierend, Kampf- oder Fluchtreaktion (Aggression, Wut oder Angst, der Wunsch, sich zu verstecken, usw.) – das alles sind eindeutige Hinweise für eine Gefährdung Ihrer Gesundheit durch Disstreß. Die Kampfreaktionen zeigen sich in der Regel durch Aggression, Wut, Gereiztheit, und die Fluchtreaktion zeigt sich darin, daß die betreffende Person Menschen ausweicht, sich abkapselt, sich selbst isoliert, vor Entscheidungen drückt usw.

Streß darf und kann aber nicht grundsätzlich vermieden werden, denn Streß ist genauso lebensnotwendig (Eustreß) wie er lebenszerstörend sein kann (Disstreß). Was wir lernen müssen, ist der sinnvolle und effektive Umgang mit Streßsituationen. Wir dürfen dabei nicht vergessen, daß jede Lebenssituation vollkommen neutral ist. Bis wir diese selbst bewerten und damit bewußt oder unbewußt festlegen, ob es eine Disstreß- oder Eustreß-Situation darstellt, ist jede Situation wertneutral.

Streßreaktionen wie der Ausstoß von Adrenalin und all die dazugehörigen Begleiterscheinungen sind dazu geschaffen, um Menschen beispielsweise nach einem Autounfall oder in einer Gefahrensituation soviel Energie und Konzentrationsfähigkeit zur Verfügung zu stellen, daß sie sich schnellstmöglich aus der Gefahrensituation befreien können. Alle Energie und Kräfte werden auf den Augenblick konzentriert und auf das reine Überleben ausgerichtet. – Das Reptiliengehirn (Urhirn), das ausschließlich für unser Überleben zuständig ist, übernimmt in solchen Krisensituationen häufig die Kontrolle über unser Handeln.

Nach einer typischen Krisensituation beruhigen sich Körper und Geist normalerweise sehr schnell wieder. Wenn wir von krankhaften Schockzuständen oder traumatischen Entwicklungen einmal absehen, kommt es sehr schnell ohne negative gesundheitliche Konsequenzen wieder zum Normalzustand. Dieses nennen wir Typ-A-Streß.

Typ-B-Streß hingegen entsteht durch undefinierte Ängste, ständige Befürchtungen, Sorgen und Zweifel, mangelndes Selbstwertgefühl und Selbstvertrauen, das Gefühl, ausgeliefert, hilflos, manipuliert oder eingeengt zu sein. Er entsteht durch Elemente, die keine klar definierte Ursache haben, daher nicht einfach zu beseitigen und somit auch ständig präsent sind. Diese Dauerdisstreßbelastung ist es, die die Gesundheit zerstört, da alle damit zusammenhängenden Faktoren nicht zeitlich begrenzt sind und es auch zu keiner echten Regenerationsphase kommen kann.

Ich habe bei meiner Arbeit mit Patienten, die an Streßschäden und Managerkrankheiten litten, unglaubliche positive Veränderungen feststellen können, zum Beispiel dadurch, daß ich sie im positiven Sinne dazu „gezwungen" habe, abzuschalten (gemeinsames Reiten durch endlose Wälder, Angeln, Lagerfeuer, Grillen, gemeinsames Erleben der Natur, Teamspiel, Freundschaft und Kameradschaft). Ich habe diesen Menschen dabei geholfen, abzuschalten, sich lediglich auf die Gegenwart zu konzentrieren, und alle Sorgen, Zweifel und Ängste einmal aus ihrem Leben herauszuhalten. Obwohl die ersten drei Tage für gestreßte Manager bei so einer Regenerationsgewaltkur häufig unerträglich wirken, möchten die meisten am Ende der Regenerationswoche gar nicht wieder nach Hause zurück. Die zweite Woche des Trainings besteht dann im Erlernen von Techniken und Umgangsweisen, um die Herausforderungen des Lebens, privat und beruflich, nach der Rückkehr in den Alltag effektiver und bewußter managen zu können.

Für den typischen Manager, der sich in der Tretmühle seines Lebens wiederfindet und bereits unter schweren Streßschäden und Krankheiten leidet, ist es sehr schwer vorstellbar, überhaupt abschalten zu können und Regenerationsphasen zuzulassen. Denn er hat nur allzuhäufig das Gefühl, keine Zeit für sich selbst zu haben. Häufig entsteht der Eindruck, er sei gar nicht in der Lage, überhaupt jemals wieder richtig abzuschalten. Und dennoch, genauso wie Streßschäden entstehen, werden sie auch beseitigt: durch das Praktizieren vieler kleiner positiver Elemente, die letztendlich ein großes Ganzes bilden, nämlich Gesundheit. Streß entsteht nicht durch einen einzelnen Faktor, sondern durch die unerträgliche, für die Person nicht zu bewältigende Anhäufung von einzelnen Streßfaktoren. Und auf genau die gleiche Art und Weise, durch die Anhäufung von positiven hilfreichen und sinnvollen Faktoren entsteht die von Ihnen gewollte Gesundheit wieder beziehungsweise können Sie diese selbst erhalten.

Falls Sie, verehrte Leserin, verehrter Leser, zu den Menschen gehören, die meinen, sie hätten keine Zeit für Regenerationsphasen, gebe ich Ihnen folgendes zu bedenken: Wenn Sie sich selbst nicht die Zeit nehmen, für Regenerationsphasen, Entspannung und Ausgleich zu sorgen, wird sich Ihr Körper die Zeit nehmen, die er benötigt, um zumindest zu überleben. Dann haben Sie keinen Einfluß auf Zeit, Ort und Dauer der notwendigen Regenerationsphasen, die sich der Körper selbst nimmt (Herzinfarkt, Gehirnschlag, Magen- und Darmgeschwüre usw. Der Körper nimmt sich, was er braucht, ob Sie es ihm geben wollen oder nicht.

Sie sollten es erst gar nicht soweit kommen lassen, daß ein gesundheitlicher Zusammenbruch notwendig wird. Die beste Form der Krankheitsvermeidung ist der Erhalt der Gesundheit, also Vorbeugung, und dafür gebe ich Ihnen genügend hilfreiche Ideen und Techniken an die Hand.

Die Fähigkeit, sinnvoll zu handeln

Wenn Sie künftig anders mit Streßsituationen umgehen wollen, müssen Sie natürlich die entsprechenden Streßsituationen erst einmal definieren.

Aufgabe

Aus diesem Grund bitte ich Sie nun, sich an den letzten Monat mit allen Streßsituationen zu erinnern. Vielleicht gab es sogar Situationen, in denen Sie Anspannung und Verkrampfungen, Kopfschmerzen, Unwohlsein, Magen- und Darmdruck oder ähnliches gespürt haben. Definieren Sie genau, welche Situationen für Sie Streß bedeuten.

Erst wenn Sie die belastenden Lebenssituationen klar definiert haben, können Sie Ihren Umgang mit Streß effektiver gestalten.

Der zweite Teil der Aufgabe besteht darin, aufzuschreiben, wie Sie künftig effektiver und sinnvoller in diesen Lebenssituationen reagieren können.

Streßfaktor Selbstzweifel

Wenn Sie nicht an sich selbst glauben, an Ihre Fähigkeiten, an Ihre zukünftigen Erfolge, ist dies ein Dauerstreßfaktor, der in Ihrem Organismus und für Ihre Gesundheit katastrophale Folgen haben kann. Aus diesem Grund ist es besonders wichtig, sich darauf zu konzentrieren, was für ein großartiger Mensch Sie sind und welches unglaubliche Potential in Ihnen steckt.

Aufgabe

Listen Sie nun bitte alle Erfolge auf, die Sie jemals in Ihrem Leben produziert haben, bis hin zurück zur Kindheit, kleine und große Erfolge, Dinge, auf die Sie stolz sind oder stolz sein könnten, wenn Sie es sein wollten. Notieren Sie, welche Talente und positiven Charaktereigenschaften Sie besitzen. Richten Sie damit Ihre Aufmerksamkeit darauf, daß Sie schon Erfolge produziert haben, Hindernisse und Schwierigkeiten gemeistert, Prüfungen bestanden oder vielleicht sportliche Höchstleistungen oder Auszeichnungen errungen haben.

Wenn Sie, liebe Leserin, lieber Leser, daran glauben, daß Sie versagen könnten, löst dies oft Reaktionen von Verkrampfung, Verspannung, mangelnde Durchblutung und mangelnde Sauerstoffzufuhr aus. Dadurch stehen Ihnen nicht alle Energien in ausreichender Form zur Verfügung. Aus diesem Grund sollten Sie sich erst einmal bewußt darüber werden, daß es so etwas wie Versagen, Mißerfolg oder Fehler gar nicht gibt.

Jeder Mensch handelt zu jedem Zeitpunkt seines Lebens nach seinen bestmöglichen Kenntnissen und Möglichkeiten, sonst würde er es gar nicht tun. Wenn Sie sich immer bemühen, das Bestmögliche zu tun oder zu geben, können Sie sich niemals Vorwürfe machen, nicht optimal gehandelt zu haben, ganz gleich, welche Resultate Sie auch produzieren. Denn mehr als das Beste kann niemand tun, mehr als sein Bestes kann niemand geben.

Wenn Sie ein Resultat in Ihrem Leben produzieren, ist dies kein Erfolg oder Mißerfolg, sondern ein Resultat, das so ist, wie Sie es haben wollen oder nicht. Erst Ihre Bewertung macht ein Ergebnis positiv oder negativ. Wenn es nicht so ist, wie Sie es sich wünschen, bewerten Sie es nicht als Versagen, Fehler oder Mißerfolg, sondern als Lernschritt, um sich weiter zu entwickeln. Erfahrung ist die Basis für Erfolg und Weiterkommen in jedem Bereich, in dem Sie handeln. Wenn Sie etwas tun, das nicht funktioniert, dann haben Sie ein Resultat produziert, das Ihnen sagt, wie es nicht geht. Sie haben sich weiter entwickelt und gelernt, weil Sie klüger geworden sind. Sie wissen einmal mehr, was nicht funktioniert, wie Sie das gewünschte Ergebnis nicht erreichen.

Edison sagte nach 25 000 Fehlschlägen beim Versuch, eine Batterie zu entwickeln: „Ich werde jetzt erfolgreich sein müssen." Und auf die Frage:

„Warum?“ antwortete er: „Die Möglichkeit der Fehlversuche geht mir langsam aus.“ Das bedeutet, wenn Sie keinen Fehlversuch mehr produzieren können und dennoch handeln, müssen Sie zwangsläufig einen Erfolg produzieren. Und auf die Frage, ob sich Edison mit 25 000 Fehlversuchen nicht als Versager fühlte, sagte er: „Wieso Versager, ich kenne 25 000 Möglichkeiten, wie man eine Batterie nicht entwickelt.“ – Er verfügte dadurch über großes und wertvolles Wissen.

Es ist die Erfahrung, die erfolgreiche Menschen auszeichnet. Sehen Sie grundsätzlich jedes Ergebnis in Ihrem Leben nur als Lernschritt, als Leitersprosse zum endgültigen Erfolg an, auf dem Sie aufbauen beziehungsweise nach oben steigen, um Ihr Leben dadurch in der gewünschten Weise zu kreieren.

Aufgabe

Um ein optimales Selbstwertgefühl und Selbstvertrauen zu entwickeln, schaffen Sie sich erst einmal in Ihrem Geist ein Bild von der Person, die Sie sein wollen, mit den entsprechenden geistigen Programmierungen.

Dies erreichen sie am leichtesten dadurch, daß Sie sich einmal in Ruhe hinsetzen und sich vorstellen, es sei Ihr 90. Geburtstag. Viele Menschen halten Dankesreden über Sie. Darüber, was Sie erreicht haben, gewesen und geworden sind, was Sie tun, was Sie besitzen, wo Sie gelebt haben und leben, wer Ihre Freunde sind usw. Schreiben Sie nun bitte einmal diese Dankesreden zu Ihrem 90. Geburtstag, so wie Sie sie hören wollen, mit all dem, was Sie erreicht und getan haben. Auf diese Art und Weise stellen Sie sehr schnell fest, was Sie am Ende Ihres Lebens eigentlich sein möchten, was Ihre wahren Ziele sind. Diese können Sie leicht in Etappenziele aufteilen, um die gewünschten Resultate entsprechend vorzubereiten und zu produzieren.

Unnötiger Streß

Zu hohe Ansprüche, falsche Wertvorstellungen und Regeln, leben nach Zielen, die von anderen vorgegeben wurden, und dadurch programmierte Mißerfolge oder Enttäuschungen, sind die Basis für Dauerstreß mit den schon oft erwähnten katastrophalen Resultaten. Ihre Ziele, Visionen und Träume müssen groß sein, so groß, wie nur irgend möglich, aber Ihre Handlungs- und Aktionspläne, Ihre Zeiteinteilungen und das Setzen von Etappenzielen muß realistisch und durchführbar sein. Sonst produzieren Sie ständig Mißerfolge, weil Sie Ihren Zeitplan nicht einhalten und mindern dadurch Ihr Selbstwertgefühl erheblich. Auch kann die Zielsetzung, mit einem schwierigen Kunden innerhalb einer halben Stunde zu einem Vertragsabschluß zu kommen, obwohl Sie wissen, daß dieser Kunde in der Regel drei Tage benötigt, um sich endgültig zu entscheiden, unnötigen Leistungsdruck und Streßfolgen mit sich bringen. Bleiben Sie realistisch, aber in Ihrem Anspruchsdenken auf der höchstmöglichen für Sie realen Ebene.

Streß als Heiler und Streß als Zerstörer

Wir unterschieden bereits zwei Streßformen: Streßtyp A, der Streß, der bei einer Krise oder einer Gefahrensituation auftritt und das Überleben sichert, weil er die Energien für überlebenswichtige Funktionen freisetzt. Er hört in der Regel bald nach Beendigung der Krise auf. Zum anderen Streßtyp B: Er entsteht durch undefinierte oder nicht greifbare Reize (Disstreß), wie unbestimmte Ängste, Sorgen, Zweifel, Zukunftsangst, das Gefühl von Überlastung und Hilflosigkeit, Wut und Haß. Ein solcher Dauerstreß kann deshalb nicht behoben werden, weil die Ursache und die Auslöser nicht erkannt und somit auch nicht beseitigt werden können. Dadurch belastet diese Art von Dauerstreß das Leben langfristig. Bedenken Sie, daß einzelne Streßfaktoren in der Regel problemlos bewältigt werden können, doch das Zusammenkommen vieler Einzelfaktoren sorgt letztlich für einem energetischen Zusammenbruch.

Kommt es zu einer Panikreaktion, ist dies ein klares Zeichen der Überlastung und der Überforderung, weil nicht mehr genügend Energie vorhanden ist, um auf Streßsituationen kontrolliert reagieren zu können. Dieser „Befreiungsschlag" kann zu völlig konfusen und teilweise unkontrollierbaren, sogar ungewollten Reaktionen führen.

- Langzeitstreßfaktoren könnten immer zu Krankheitsursachen werden.
- Streß führt zu einer Anhäufung und einem hohen Level von Adrenalin, Noradrenalin, Kortison und anderer Hormone.
- Extrem hohe Level der oben genannten Stoffe führen zu verschiedenen Krankheiten und Reaktionen, wenn sie über einen längeren Zeitraum erhalten bleiben:

- Bei zu hohem Blutdruck gibt es Risse in den Arterien, die einen zu hohen Kortisonlevel verursachen, was gleichzeitig einer Einschränkung der Blutzufuhr und letztendlich zu Gehirnschlag oder Herzinfarkt führen kann.
- Adrenalin und Noradrenalin sorgen für das Loslösen von Fett, das sich dann in den Arterien festsetzt. Auch dies ist also ein direkter körperlicher Schaden durch Streß.

Hormonelle Veränderungen durch Streßreize können das Immunsystem wesentlich in seiner Funktionstätigkeit einschränken und nachweislich sogar Krankheiten bis hin zu Krebs verursachen. Pauschal kann man sagen: Je länger die Streßsituation andauert, um so gefährlicher ist sie.

Nicht nur Reagieren

Streßreduktion oder der Versuch, negativen Streß in produktive Energien zu verwandeln, bedeutet einfach, auf Krisen, Herausforderungen und Aufgaben des Lebens positiv anzusprechen und nicht einfach nur darauf zu reagieren. Wir sagen in der Therapie im positiven Sinn, daß ein Patient auf ein Medikament anspricht. Wenn wir aber davon sprechen, daß er darauf reagiert, ist dies in der Regel negativ gemeint, und es kommt zu Komplikationen beziehungsweise allergischen Reaktionen.

Reagieren Sie nicht auf das Leben, sondern sprechen Sie darauf an. Nehmen Sie an, was geschieht, und machen Sie das Beste daraus. Verändern Sie Ihren Blickwinkel, sehen Sie Probleme nicht mehr als Schwierigkeiten an, sondern als Herausforderungen, als Chancen, daran zu wachsen, sich weiter zu entwickeln, zu lernen und zu zeigen, welche Möglichkeiten wirklich in Ihnen verborgen sind. Es ist immer die Macht des Blickwinkels, die bestimmt, ob wir ein Problem als Katastrophe ansehen, bewerten und entsprechend handeln. Oder ob wir es als Herausforderung, als Möglichkeit, als Chance ansehen, uns weiter zu entwickeln.

Das Fokussieren auf unsere Erfolge und auf eine großartige Zukunft gibt uns Kraft und Energie. Das Fokussieren auf Versagen, mögliche Probleme, Fehlentwicklungen und auf negative Vergangenheitsereignisse machen uns schwach oder gar handlungsunfähig.

Sehen Sie, wenn es hinter Ihnen und vor Ihnen dunkel ist, einfach nach innen, in das Licht der Möglichkeiten und Ressourcen, die dort verborgen sind, und erleuchten Sie damit den Weg in Ihre Zukunft.

Wenn Sie sich selbst dazu verpflichten, nach Antworten und Lösungen zu suchen, und diese in sich selbst suchen, werden Sie sehr schnell feststellen, daß Sie in sich mehr Optionen haben, als Sie glauben. Sehen Sie eine Krise immer als Chance an, die viele neue Möglichkeiten für Sie eröffnet, und zögern Sie nicht, sondern handeln Sie.

Frauen werden unter anderem in der Regel deshalb älter als Männer, weil Männer konditioniert durch Erziehung und Rollenspiel, mehr in sich „hineinfressen". Sorgen, Zweifel, Ängste und Befürchtungen werden von Männern häufiger heruntergeschluckt und angestaut. Dies führt dann häufig zur Explosion wie bei einem Wasserkessel, dessen Ventil man zuschweißt. Frauen reden eher über ihre Probleme, ihre Wut, über das, was geschehen ist, und entladen dadurch die angestaute Disstreßenergie. Kriegsgefangene und Kriegsteilnehmer, die über ihre Erlebnisse reden konnten, erholten sich schneller von Verwundungen oder psychischen und emotionalen Katastrophen als diejenigen, die nicht darüber sprachen. Die Erstgenannten wurden auch erheblich gesünder und älter.

Aus diesem Grund ist optimales Teamspiel eine wichtige Basis für Erfolg und Gesundheit. Entwickeln Sie Ihr soziales Netz so, daß immer genügend Freunde, Bekannte, Vertraute, Mitarbeiter, Familienangehörige da sind, die Sie auffangen, wenn Sie einmal, gleich ob physisch oder psychisch ins Bodenlose fallen. Wenn Sie Freunde haben, mit denen Sie lachen, und Freunde haben, mit denen Sie gemeinsam weinen können, werden diese einen günstigen Einfluß auf Ihre gesundheitliche Konstitution haben. Sorgen Sie dadurch, daß Sie ein Teamspieler sind, ein Teamspieler im Team anderer werden, für Ausgleich und Entlastung.

Ich meine nicht Jammern und Selbstmitleid, Aufarbeiten in Form von Psychoanalyse und Psychotherapie, sondern wirklich einmal darüber zu sprechen, was uns belastet, gemeinsam nach Lösungen und Wegen zu suchen oder um einmal über etwas Negatives zu sprechen, um es dann endgültig loszulassen. Das ist es, was Sie entlastet und Ihnen hilft.

Die Fähigkeit, andere um Hilfe zu bitten, ist ein wichtiger Grundstein für Erfolg und Gesundheit. Niemand auf der Welt baut seinen Weg in den ganz, ganz großen Erfolg allein. „Gemeinsam nach oben" muß Ihre Devise sein. Es gibt keine sogenannten Selfmade-Millionäre, denn auf dem Weg nach oben haben immer zahlreiche andere Menschen ihren Anteil zum Erfolg dieser Person beigetragen (Teamspiel). Die Menschen, die sich nicht trauen, andere um Hilfe zu bitten, oder Hilfe anzunehmen, werden niemals in ihrem Leben ihrem wahren Potential entsprechend erfolgreich werden.

Wenn Sie einen gebrochenen Arm haben oder eine akute Blinddarmentzündung, würden Sie sich ja auch nicht schämen, den Arzt Ihres Vertrauens um Hilfe zu bitten. Doch wenn Sie kräftemäßig, emotional oder mental zerbrechen, an einem Problem, an Schwierigkeiten oder Krisen, dann sind Sie häufig nicht bereit, andere um Hilfe zu bitten. Doch in diesem Fall sollte es genauso selbstverständlich sein wie bei einem gebrochenen Arm oder einer akuten Blinddarminfektion.

Nutzen Sie das Wissen, die Talente und Fähigkeiten aller Mitglieder Ihres Teams durch ein regelmäßiges Zusammenkommen, um durch Brainstorming alle Gedanken und Ideen des Teams zur optimalen Lösung von Aufgaben nutzen zu können.

Leben Sie Ihre Träume nach Ihren persönlichen Wertvorstellungen

Menschen, die im Leben Ungewöhnliches erreicht haben, sind immer Menschen mit klaren Wertvorstellungen, Zielen und Regeln. Besondere Beispiele hierfür sind Ghandi, Martin Luther King und Mutter Theresa. Ehre, Selbstachtung und Stolz, gepaart mit starkem Selbstwertgefühl und einem klaren Selbstbild sind Basiselemente für Erfolg, Gesundheit und Stärke in jedem einzelnen Lebensbereich.

Unsere persönlichen Wertvorstellungen sind die Elemente, die uns zum Handeln bringen. Haben wir beispielsweise in unserer persönlichen Wertehierarchie Teamspiel ganz oben stehen, werden wir uns selbstverständlich unseren Mitarbeitern gegenüber vollkommen anders verhalten, als wenn Dominanz oberste Priorität hat.

Wenn wir nicht nach unseren Wertvorstellungen handeln, sondern nur darüber reden, werden wir unglaubwürdig und ineffizient. Menschen werden nicht durch das, was sie sagen, sondern durch das, was sie tun, von ihren Mitmenschen bewertet. Unsere Wertvorstellungen geben uns einen Sinn für unser Handeln. Deshalb müssen wir uns zunächst über unsere persönliche Wertehierarchien bewußt werden.

Aufgabe

Legen Sie für jeden einzelnen Lebensbereich Ihre Wertehierarchie fest, fragen Sie sich, was für Sie das allerwichtigste im Beruf oder im Privatleben ist. Welche Gefühle möchten Sie in diesen Bereichen (einzeln festlegen) noch regelmäßiger erleben?

Danach fragen Sie sich, was sonst noch für Sie wichtig ist. Schreiben Sie mindestens zehn Punkte auf, die Sie dann der Wertigkeit nach numerieren, indem Sie sich fragen: „Ist A wichtiger als B, falls B gewinnt, B wichtiger als C, falls B gewinnt, B wichtiger als D?" usw., bis letztendlich noch eines übrig bleibt, das Sie mit der Nummer 1 versehen. Mit den anderen neun Positionen machen Sie das gleiche.

Erstellen Sie auch eine negative Wertehierarchie. Welche Gefühle oder was möchten Sie im Bereich Beruf und Karriere nie wieder erleben? Gehen Sie auch hier in der vorgenannten Weise vor.

Wertvorstellungen im positiven und im negativen Bereich, also was wir wollen und was wir nicht wollen, sind große Motivationsfaktoren, die uns zum Handeln und Durchhalten bewegen.

Entscheidungen zu treffen fällt Ihnen leicht, wenn Sie in diesem Bereich eine klare Wertehierarchie erstellt haben, da Sie sich nur fragen brauchen: Entspricht dies meinen persönlichen Wertvorstellungen, und nähere ich mich, wenn ich die Entscheidung so treffe, meinen Wertvorstellungen und den damit verbundenen Zielen, oder entferne ich mich davon?

Menschen ohne bewußte Wertvorstellungen sehen oft keinen Sinn in ihrem Leben und haben keine Gründe zum Handeln und zum Durchhalten. Die Sinnlosigkeit macht sie chronisch krank, mit wechselnden Symptomen. Orientierungslos, wie sie sind, versuchen sie nur noch zu überleben. Sie arbeiten nicht an der Realisierung eigener Träume und leben sozusagen in einer Art Hölle, die sie sich im Hier und Jetzt selbst geschaffen haben. Solche Menschen genießen niemals die Loyalität ihrer Kollegen und sind deshalb langfristig ineffektiv. Wir sind nur so erfolgreich, wie unser Selbstbildnis oder Selbstwertgefühl es zuläßt.

Überprüfen Sie Ihre Wertvorstellungen

Viele unserer Wertvorstellungen sind übernommen von Eltern, Autoritätspersonen oder Vorbildern. Fragen Sie sich, was Sie genauso tun, wie es Ihre Eltern oder andere Autoritätspersonen getan haben. Überprüfen Sie, ob Ihr Verhalten wirklich Ihren eigenen Wertvorstellungen und Zielen entspricht.

Kontrollieren Sie, welche negativen Vergangenheitserfahrungen Ihre Lebensqualität belasten, zum Beispiel Glaubenssysteme wie: „Ich bin ein Versager, weil ich in diesem Bereich schon mehrmals versagt habe", oder „Ich bin kein guter Redner", „Ich habe ein schlechtes Gedächtnis" usw.

Prüfen Sie, welchen Einfluß auch Filme oder Bücher auf Ihre Wertvorstellungen und Glaubenssysteme genommen haben.

Aufgabe

Was sind Ihre wahren Werte im Leben, wie beispielsweise Ehrlichkeit, Fairneß usw.? Listen Sie einmal Ihre globalen Werte auf, und stellen Sie, wie Sie es bereits gelernt haben, entsprechend eine Wertehierarchie auf.

Überprüfen Sie einmal, welche Wertvorstellungen Sie im Bereich Familie haben und ob Sie entsprechend leben.

Um Ihre Wertehierarchien effektiv zu überprüfen oder festzulegen, schreiben Sie nun bitte eine Rede über Ihre Person und danach über Ihre Firma, die Sie nach Ihren Werten und Glaubenssystemen vorstellt.

Das Mission Statement

Jeder Mensch und jede Firma braucht ein Mission Statement, eine klare Zielsetzung für das Erreichen künftiger Ziele, die gleichzeitig die inneren Wertvorstellungen und persönlichen Regeln beinhaltet. Das Unternehmen Disney World zum Beispiel hat das Mission Statement: „Service für den Kunden ist unser einziges Ziel." Auch werden den Mitarbeitern der Disney World Cooperation keine Uniformen angezogen, sondern Kostüme, mit denen sie gleichzeitig die Identität dessen übernehmen, den sie verkörpern. Jeder Mitarbeiter, der in ein Kostüm von Mickymaus schlüpft, wird zu diesem, in seinem Denken und Handeln. Jeder, der in das „Kostüm“ eines Kellners schlüpft, wird zum besten Kellner der Welt.

Die Parkwächter für den Parkplatz von Disney World, die nur sechs Wochen in den Sommerferien dort arbeiten, werden 14 Tage lang geschult, bevor sie dann die verbleibenden vier Wochen auf dem Parkplatz Autos einweisen und den Besuchern Auskunft geben dürfen. Der Grund für diesen Aufwand ist simpel. Der Parkplatzwächter ist die erste Person, mit der der Kunde in Berührung kommt. Und der erste Eindruck ist der wichtigste. Deshalb müssen diese Personen entsprechend gut trainiert sein. Ist Ihre Empfangsdame oder Pförtner Ihrer Firmenidee entsprechend geschult?

Große Ziele lassen sich nur durch konstante Aktionen und große Visionen produzieren. Oft haben mittelmäßige Menschen und Unternehmen nicht die Bereitschaft, eben diese Extrameile zu gehen. Disney, IBM und alle großen erfolgreichen Firmen wissen: „Wer an der Ausbildung seiner Mitarbeiter und seiner eigenen spart, wird schon bald nichts mehr zu sparen haben.“

Grundsätzlich ist es erfolgspsychologisch wichtig und wirtschaftlich richtig, in Zeiten des Erfolgs in die Aus- und Weiterbildung der Mitarbeiter zu investieren und nicht erst dann, wenn es bereits zu spät ist. Ist die Firma bereits in der Krise, ergibt es häufig gar keinen Sinn mehr, beispielsweise effektive Verkaufs- und Beratungsstrategien zu trainieren, weil bereits keine Kunden mehr da sind und keine Ware, die man verkaufen kann. Fast alle Betriebe, die ihre Mitarbeiter in den letzten 15 Jahren nicht geschult haben, existieren heute nicht mehr oder haben große wirtschaftliche Probleme. Erkennen Sie die Parallele zu Ihrer körperlichen Gesundheit?

Ein Mission Statement für die gesamte Firma sowie für jeden einzelnen Mitarbeiter ist für die Effektivität des gesamten Betriebes unbedingt notwendig. Bei großen Hotelketten, deren Mitarbeiter ich trainieren durfte, habe ich veranlaßt, daß vom Pförtner über den Kofferträger bis hin zu den einzelnen Abteilungsleitern jeder sein eigenes Mission Statement angefertigt hat. So schrieb beispielsweise der Portier als Mission Statement: „Ich möchte dazu beitragen, daß jeder einzelne Gast sich sofort bei uns wie zu Hause fühlt.“ Entwickeln Sie ein Mission Statement für sich, und lassen Sie jeden einzelnen Mitarbeiter ebenfalls eines erstellen.

Zum Teamspiel in einer Firma kann es auch gehören, daß anstelle von Cola, Kaffee und Keksen gesunde Lebensmittel wie Obst und Säfte genauso zur Verfügung stehen wie Regenerations-, Sport- und Bewegungsprogramme. Derartige Angebote erhöhen den Gemeinschaftsgeist, das Zugehörigkeitsgefühl und die Identifikation mit dem Unternehmen und seiner Produkte. Die Resultate sind allgemeine Gesundheit, Fitneß, Leistungs- und Einsatzbereitschaft, aber auch weniger Krankheitsfälle oder gar „Blaumachen". Durch praktiziertes Firmenteamspiel schafft ein guter Manager seinen „Partnern" (Mitarbeitern) ein berufliches „Zuhause". Denn Menschen, die sich wohl fühlen, arbeiten effektiver. Eine gute Betriebsatmosphäre kommt nicht nur den Mitarbeitern und Kunden im allgemeinen zugute, sondern auch dem Streßerleben aller Beteiligten. Mobbing und Streitigkeiten unter Mitarbeitern haben bei optimalem Teamspiel keinen Platz im Unternehmen.

Seien Sie ein Teamspieler

Partnerschaftliche Zusammenarbeit macht leistungsfähig, denn durch Vertrauen entstehen bessere Resultate. Mißtrauen hingegen wirkt sich negativ auf die Arbeitsleistung und die Gesundheit aus. Geben Sie Menschen Achtung, und erhöhen Sie dadurch Ihre Selbstachtung. Indem Sie das Selbstimage Ihrer Mitmenschen aufwerten, verbessern Sie auch Ihre Gesundheit. Sie schaffen dadurch die Bereitschaft für bessere Leistungen. Denn wer sich durch Schutz und Unterstützung sicher fühlt, ist bereit, mehr kalkulierbare Risiken einzugehen, Neues zu versuchen, Ideen zu realisieren.

Positives Feedback von anderen hat auf jeden Menschen einen bestärkenden Einfluß, weil sich dieser Mensch auf seine Erfolgserlebnisse, auf seine Fähigkeiten und Talente fokussiert und dadurch immer mehr von diesen Elementen nutzt. Echtes Coaching ist das Hinweisen auf Talente und Fähigkeiten und das Anspornen zu weiteren Höchstleistungen.

Wenn Sie anderen Menschen helfen, macht dies auch Sie stärker und erhöht nicht nur das Selbstwertgefühl des anderen, sondern auch Ihr eigenes, da mit Ihnen das gleiche geschieht wie mit Ihren Mitmenschen: Sie konzentrieren sich auf Ihre Stärken.

Sehr häufig ist es auch hilfreich, in eigenen Krisensituationen anderen zu helfen, ihre Probleme zu lösen. Wir werden von unseren eigenen Problemen abgelenkt und können später viel entkrampfter und entspannter an die Lösung unserer eigenen Probleme herangehen.

Nutzen Sie die Fähigkeit, die den Menschen vom Tier unterscheidet, nämlich die Fähigkeit, Ihrem Leben und Ihren Handlungen einen Sinn zu geben, und ein Leben zu schaffen, das durch Teamspiel geprägt ist.

Nehmen Sie sich Zeit für soziale Kontakte, für Freunde und Familie. Planen Sie Zeit ein, mit diesen wichtigen Menschen etwas gemeinsam zu unternehmen. Schaffen Sie sich ein oder zwei Tage in der Woche, in denen Sie bestimmte Zeiten festlegen, die Sie nur als Spaß- und Teamzeit betrachten und nutzen.

Vermeiden Sie unnötigen Konkurrenzkampf, und versuchen Sie, gemeinsam im Team Aufgaben zu bewältigen und Ziele zu erreichen. Suchen Sie nach Menschen, die die gleichen Wertvorstellungen, Interessen oder Ziele haben, und erleben Sie Spaß mit diesen Menschen. Meiden Sie, wenn möglich, Menschen, die Sie nicht mögen, die vollkommen andere Wertvorstellungen, Ziele und Träume haben.

Dennoch müssen Sie auch lernen, mit schwierigen Menschen im Berufsleben effektiver umzugehen. Sie müssen wissen, daß negative Menschen uns immer wieder auf ihr minderes Niveau herunterziehen wollen. Das ist eine typische Verhaltensweise des Versagers, denn ein Verlierer glaubt nicht, auf das Niveau eines erfolgreichen Menschen aufsteigen zu können (Selbstimage) und versucht deshalb immer, den anderen auf sein minderwertiges Niveau hinabzuziehen. Fokussieren Sie sich beim Umgang mit solchen Menschen auf die Problemlösung und auf das, was diese Person Sinnvolles und Hilfreiches tun kann. Konzentrieren Sie sich nicht auf die Person selbst und ihre negativen Eigenschaften.

Es ist oft sehr hilfreich, sich in die Situation des anderen zu versetzen und zu versuchen zu verstehen, warum er etwas in einer bestimmten Art und Weise tut. Dies erreichen Sie in erster Linie durch Zuhören und das Entwickeln von Verständnis – auch wenn es schwer ist. Letztendlich gereicht es zu Ihrem eigenen gesundheitlichen Vorteil, wenn Sie auch mit schwierigen Menschen streßfrei und effektiv umgehen können, sofern Sie diesen Umgang nicht vermeiden können.

Entwickeln Sie Vertrauen im Bewußtsein Ihrer Mitarbeiter, durch Fürsorglichkeit und Interesse am Menschen, seinen Hobbys, Wünschen und Interessen. Das hilft Ihnen dabei, sich besser kennenzulernen und gegenseitig zu verstehen. Es gibt Ihrem Gegenüber das Gefühl, daß er für Sie wichtig ist und daß Sie sich für seine Wünsche und Bedürfnisse interessieren. Das macht Ihre Mitarbeiter produktiv und Sie als Führungskraft effektiv. Wer andere beachtet und ihnen das Gefühl gibt, wertvoll zu sein, erhält das gleiche von anderen Menschen zurück.

Umgeben Sie sich mit Menschen, die eine positive Lebenseinstellung haben, die Ihnen Energie bringen, durch die Sie sich wohler fühlen, wenn Sie mit ihnen zusammen sind. Menschen, die Sie zum Handeln und Durchhalten anspornen, die voller Ideen und Lösungen sind und die Ihnen dabei helfen, Ihre Lebensqualität zu verbessern.

Spannungen zwischen Mitarbeitern untereinander oder zwischen Ihnen und anderen Personen sollten möglichst sofort abgebaut werden, da sie für keinen Beteiligten sinnvoll und gesundheitsfördernd sind. Stellen Sie sich die Frage: „Was ist das eigentliche Problem zwischen uns, und wie können wir es beseitigen?" Ein Klima der gegenseitigen Hilfe, des gegenseitigen Verständnisses ist die beste Basis für ein erfolgreiches Berufsleben und eine erfolgreiche private Zukunft.

Geld ist zwar eine äußerst wichtige Grundlage für Lebensqualität und Erfolg, aber Sicherheit, Anerkennung und dauerhaften Erfolg kreieren Sie nur, wenn Sie bei dem berechtigten und notwendigen Streben nach finanziellem Wohlstand Ihre Familie, Freunde und Ihr Team nicht vergessen. Investieren Sie in Ihre privaten und beruflichen Partnerschaftsbeziehungen, und Sie erhalten im Gegenzug Energie, Gesundheit, Verständnis, Vertrauen, Anerkennung, Liebe, Harmonie und Zufriedenheit zurück.

Wie Sie kalkulierte Risiken in große Erfolge verwandeln

Ohne Risikobereitschaft, ohne das Eingehen von Risiken kann es keine Weiterentwicklung geben. Deshalb bleiben Feiglinge, Menschen die Angst vor Veränderungen oder Neuem haben, in ihrer Entwicklung einfach stecken und entwickeln sich dadurch zwangsläufig zurück. Selbst der erste Schritt, den ein Baby wagt, ist ein großes Risiko. Aber wenn das Baby nicht bereit ist, dieses Risiko einzugehen, wird es den Rest seines Lebens krabbeln müssen.

Jede Veränderung beinhaltet notwendigerweise ein Risiko, denn es bringt etwas Neues, nicht Gekanntes mit sich. Entwickeln Sie das Bewußtsein, kalkulierte Risiken eingehen zu können und zu wollen. Sagen Sie nicht: „Ich muß es tun“, sondern sagen Sie: „Ich will es, es ist es mir wert, ich habe mich dazu entschlossen, diese Veränderung einzuleiten.“

An dem Beispiel des Babys, das Laufen lernt, wird deutlich, was ein kalkuliertes Risiko ist. Das Baby sieht andere Menschen laufen und erhält somit Referenzen (Bestätigungen) dafür, daß es möglich ist. Außerdem ist häufig eine positive Person, Eltern, Großeltern oder Geschwister beim ersten, wackligen Schritt zur hilfreichen Unterstützung dabei und spornt den kleinen Erdenbürger auch noch an!

Ein kalkuliertes Risiko einzugehen bedeutet, sich über die möglichen Konsequenzen bewußt zu sein, sich dazu entschieden zu haben, den Preis zu bezahlen und darauf vorbereitet zu sein, auf ungewollte negative Entwicklungen positiv zu reagieren. Bevor Sie ein Risiko eingehen, fragen Sie immer: „Bin ich bereit, mit dem Aufwand, den ich dafür bringen muß, zu leben und bin ich bereit, den notwendigen Preis für die Veränderung zu bezahlen? Ist der Erfolg, wenn er realisiert wird, den größeren Zeiteinsatz wert? Ist das Ziel es wert, weniger Zeit für Hobbys und private Interessen zu haben? Lohnt sich der Kraftaufwand?

Angst ist der Feind jeder Weiterentwicklung, und am besten beseitigen Sie Angst durch Handeln. Tun Sie die Dinge, die Sie fürchten und die Ihnen schwerfallen, und schon bald verändert sich Ihr Gefühl.

Um Risikobereitschaft zu entwickeln, müssen Sie erst einmal das Bewußtsein erzeugen: „Es ist möglich“, „Es könnte möglich sein“ und dann aus dem „Es ist möglich“ ein „Ich mache es möglich“ machen.

Suchen Sie nach Fakten, die dafür sprechen, daß es sinnvoll und richtig ist, was Sie vorhaben. Lassen sie sich nicht von Gefühlen (Angst) anderer aufhalten. Verbessern Sie Ihr Selbstimage, Ihre Erfolge und Ihre Lebensqualität, indem Sie Ihr Leben so sehen, wie es sein könnte, Ihren besten Visionen entsprechend. Richten Sie Ihr Hauptaugenmerk darauf, was Sie jetzt vermissen, weil Sie diesen Idealzustand noch nicht erreicht haben, und was Sie gewinnen werden, wenn Sie gehandelt haben und erfolgreich waren. Das erhöht Ihre Risikobereitschaft wesentlich.

Der damalige Leiter der Coca-Cola-Gesellschaft war erfolgreich und in einer sicheren beruflichen Position. Er konnte dennoch von einer zu dem Zeitpunkt vollkommen unbekannten, kleinen Computerfirma mit dem Namen „Apple“ abgeworben werden. Ein Vertreter der Firma Apple fragte den ehemaligen Coca-Cola-Geschäftsführer, ob er den Rest seines Lebens damit verbringen möchte *Soda-Wasser zu verkaufen,* oder ob er dazu beitragen wolle, *die Welt zu verändern.*

Wir brauchen Gründe für Veränderungen, Gründe, die uns einen Sinn für das Eingehen von Risiken und mehr Aufwand geben. Welches sind Ihre Gründe für Weiterentwicklung und mehr Erfolg? Ein Risiko ist immer dann kalkulierbar, wenn Sie daran arbeiten, eigene Träume und Ziele zu realisieren und Ihren eigenen Wertvorstellungen entsprechend zu handeln. Wann immer Sie sagen können „das ist es wert“, oder im nachhinein „es war es wert“, sind Sie ein kalkulierbares Risiko eingegangen.

Die erfolgreichsten sieben Prozent der Top-Manager und Firmen weltweit haben klare Langzeit- und Etappenziele, handeln durch Gründe, die durch ihre Wertvorstellungen bestimmt werden, konsequent und durchhaltend.

Für Führungskräfte ist es besonders wichtig zu wissen, daß die Bereitschaft ihrer Mitarbeiter, Risiken einzugehen, wächst, wenn sie sie in die Entscheidung, Veränderungen vorzunehmen, einbeziehen. Bevor Sie ein Risiko eingehen, legen Sie fest, was im schlimmsten Fall geschehen kann und was Sie tun könnten, wenn die Katastrophe eintritt. Bauen Sie einen mentalen Airbag zu Ihrer Sicherheit ein, und handeln Sie dann.

Bevor Sie etwas nicht versucht haben, wissen Sie auch nicht, ob Sie es tun können oder nicht. Leider sind wir zu negativ konditioniert oder glauben nur allzu häufig, etwas nicht zu können. Meist ist der Mensch, den wir morgens im Spiegel sehen, unser größter Feind für Veränderungen und Verbesserungen.

Wir müssen wieder lernen, an uns und unsere Fähigkeiten zu glauben. Wenn Sie ein Kind fragen: „Kannst Du Klavier spielen?" sagt es: „Mal sehen, ich muß es mal probieren." Sie fragen das Kind, ob es tanzen kann, und es sagt: „Ja." Wenn Sie einen Erwachsenen fragen, ob er einen Marathonlauf laufen kann oder fünf Sprachen sprechen, dann sagt er einfach: „Nein." Diese Aussage ist unwahr. Sie könnten, wenn Sie wollten, einen Marathonlauf laufen, und Sie könnten auch fünf Sprachen sprechen. Was Sie tun können beziehungsweise könnten und von sich selbst glauben zu können oder auch nicht, sind zwei völlig verschiedene Dinge. Selbstverständlich können Sie fünf Sprachen sprechen und selbstverständlich einen Marathonlauf laufen, wenn Sie sich darauf vorbereiten und lernen, dies zu tun.

Betrachten Sie künftig das Eingehen von Risiken als Chance, um sich weiter zu entwickeln und zu wachsen. Gehen Sie nicht in die Falle der Bequemlichkeit, indem Sie sich darauf ausrichten, daß andere es schlechter haben. Oder daß Sie in verschiedenen Bereichen besser sind als die meisten anderen. Erfolg wird nicht daran gemessen, wie gut Sie mit Ihren Resultaten, gemessen an anderen sind, sondern daran, wie gut Sie sind, gemessen an dem inneren Potential, das Sie in sich selbst tragen.

Nehmen Sie sich Zeit zum Ausruhen und Spaß haben, ohne dabei ein schlechtes Gewissen zu entwickeln. Spaß und Lebensfreude ist die beste Form der Entspannung, Streßreduktion und Regeneration. Tun Sie so oft wie möglich etwas, was Ihnen Spaß macht – und zwar regelmäßig! Die glücklichsten Menschen sind diejenigen, die herausfinden, was ihnen Spaß macht, und dann das zu ihrem Beruf machen oder in ihren Beruf integrieren. Menschen, die ihren Beruf im wahrsten Sinne des Wortes zu ihrer Berufung machen.

Sehen Sie Ihr Leben als Spiel an, indem Sie die Pausen auch wirklich sinnvoll nutzen, um sich aktiv zu entspannen. Ein Fußballspieler würde ja bei einem Weltmeisterschaftsspiel in der Pause auch nicht damit beginnen, ein Fitneßtraining zu absolvieren.

Im Alter von neun Jahren haben die meisten Menschen das intensivste Interesse am Leben. Sie entwickeln eine Vielzahl von Wünschen, Träumen und Hobbys. Versuchen Sie einmal zu recherchieren, was Ihnen in diesem Alter am meisten Spaß und Freude bereitet hat. Was erträumten Sie sich damals für Ihre Zukunft? Häufig gibt Ihnen dies einen hilfreichen Aufschluß über Ihre wahren Werte im Bereich Beruf, Hobbys, Spaß und Entspannung.

Finden Sie heraus, wann und wo Sie am besten abschalten können. Ob im Wald oder im Kino, ob allein oder im Team. Auf viele Menschen wirkt der Umgang mit Tieren sehr streßreduzierend und hilfreich. Entspannungszeit muß ein klares Ziel sein, das Sie sich setzen und einplanen müssen, und das für jeden einzelnen Tag ihres Lebens.

Vermeiden Sie vor allen Dingen im Privatleben den Umgang mit Menschen mit einem zu geringen Selbstimage. Ewig jammernde Menschen, die ihr Selbstmitleid zur Schau tragen, oder mit ihrem Pessimismus den Erfolgreichen die Energie zum Handeln rauben wollen, gehören nicht in Ihr Leben. Verbringen Sie Entspannungszeit mit positiven Menschen, mit Menschen, die handeln, und nicht mit Menschen, die darüber reden zu handeln.

Bedenken Sie bitte, daß die Angst vor Neuem vollkommen normal ist. Sie muß eben besiegt werden, sonst gibt es kein Fortkommen. Die Angst vor dem Stehenbleiben oder einem Rückschritt muß einfach größer sein als die Angst vor Neuem.

Verändern Sie sich mental. Sehen Sie sich selbst als einen Menschen, der sich von nichts aufhalten läßt, und programmieren Sie bewußt in Ihrem Geist Ihr zukünftiges reales Verhalten. Ein erfülltes Leben ist die beste Basis für Gesundheit – ein Leben voller Spaß, Begeisterung, Einsatzbereitschaft, Erfolg und Gesundheit. Es ist es wert, dafür jedes Risiko einzugehen.

Der Workaholic, ein Mensch, der Tag und Nacht arbeitet, ist in Wahrheit jemand, der nicht besonders fleißig ist, sondern jemand, der sich mit Arbeit betäubt. Er benutzt seine Arbeit als Droge, um wegsehen oder vor etwas anderem weglaufen zu können. Damit er die wahren, belastenden Punkte in seinem Leben nicht sehen muß, überlastet er sich mit seiner beruflichen Beschäftigung.

Prinzipien für eine effektive Entspannung

1. Identifizieren Sie Ihre wahren Bedürfnisse.
2. Gestalten Sie Ihre Freizeit nur nach Ihren persönlichen Interessen und Bedürfnissen.
3. Umgeben Sie sich mit positiven Menschen, und suchen Sie ständig nach neuen positiven Menschen.
4. Manchmal müssen Sie auch vollkommen allein sein.

5. Planen Sie Regenerationszeiten und Urlaub vorab, genau wie jedes andere Ziel auch, und richten Sie diese nur nach eigenen Werten und Bedürfnissen aus.
6. Betreiben Sie in Ihrer Freizeit Aktivitäten, die Sie weiterbringen, im gesundheitlichen, emotionalen und mentalen Bereich.
7. Planen Sie immer Spaß in Ihren Zeitplan mit ein.

Machen Sie hin und wieder den folgenden Test: Sehen Sie sich am Ende Ihres Lebens angekommen. Was wollen Sie erreicht, erlebt, getan haben, und auf was wollen Sie zurückblicken?

Sie werden nur dann Ihr Idealbild von Gesundheit und Erfolg erreichen, wenn Sie Ihre Zeit sinnvoll nutzen. Das Leben ist einfach zu kurz, um nur eine einzige Sekunde davon sinnlos zu verschwenden, oder um seine Lebensqualität von Energiefressern vermindern zu lassen.

Kreativität entfesseln – der Schlüssel zu Gesundheit und Erfolg

Jeder Mensch ist kreativ, ganz gleich, was er von sich selbst glaubt (Selbstimage). Kreativität ist keine außergewöhnliche Befähigung oder ein besonderes Talent. Sie haben täglich neue Möglichkeiten, Ihre Kreativität zu nutzen, Ihr Leben zu verändern, zu erweitern oder zu verbessern. Nutzen Sie Ihre Kreativität dazu, ständig in irgendeinem Lebensbereich zu wachsen. Nur durch Kreativität kann eine optimale Gesundheit und Produktivität als Basis persönlicher Höchstleistungen und Lebensqualität entstehen.

Jeder Tag ist eine vollkommen neue Geburt, eine Chance, neu anzufangen, Ihre Probleme neu und begeistert anzugehen, Lösungen herbeizuführen. Erfolgreiche Menschen haben gelernt, nicht in der Hölle der Vergangenheit oder den möglichen Katastrophen der Zukunft, sondern im Himmel der Gegenwart zu leben. Sie sorgen jetzt und heute durch Ihre Kreativität für die Lebensqualität, die sie sich wünschen.

Nutzen Sie Ihre Kreativität dazu, sich immer auf den Augenblick zu fokussieren, denn nur in der Gegenwart können Sie diese sinnvoll einsetzen und nutzen – weder in der Vergangenheit noch in der Zukunft.

Jede Idee sollte gleich aufgeschrieben werden, da sie sonst wie ein glitschiger Fisch für immer verschwindet, wenn Sie sie nicht richtig festgehalten haben.

Kreative Entscheidungen entstehen durch das Bedürfnis, das Bestmögliche aus der gegenwärtigen Situation zu machen. Leben Sie immer einen Tag nach dem anderen, gehen Sie jeweils eine Aufgabe oder eine Problemlösung nach der anderen an, und leben Sie immer in der Gegenwart.

Fragen Sie sich: Was kann ich jetzt, hier und heute tun? Machen Sie sich keine Sorgen um die Zukunft, lassen Sie keine Zweifel durch die Vergangenheit zu. Denn Sie und ich wissen: „Sie schaffen das!“ – alles, was Sie wollen!

Einer meiner ganz großen Kollegen, John Foppe, der ohne Arme geboren wurde, und dennoch einer der erfolgreichsten Erfolgstrainer der USA ist, hat vollkommen unabhängig und selbständig von anderen sein Leben auf dem höchstmöglichen Niveau gestaltet. Auf die Frage, was eigentlich seine Botschaft sei, antwortet er: „Ich möchte den Menschen sagen, daß sie alles erreichen können, was sie selbst wollen, daß sie sich nicht von anderen sagen lassen sollen, was sie tun können oder nicht. Und daß Erfolg damit beginnt, daß man einen Schritt nach dem anderen geht.“

In diesem Sinne beginnen auch Sie mit dem ersten Schritt, und gehen Sie dann einen Schritt nach dem anderen. Denken Sie immer daran, eine Veränderung am Tag sind 100 Veränderungen in 100 Tagen.

Der Sieger in Ihnen

Jeder Mensch ist für Erfolg geboren und kommt als Sieger auf diese Welt, bis er sich durch seine Umwelt zum Verlierer machen läßt oder sich selbst zum Verlierer macht. Zum Zeitpunkt seiner Geburt hat jeder Mensch bereits bewiesen, daß er fähig ist, die gefährlichsten neun Monate im menschlichen Dasein, nämlich die im Mutterleib, relativ schadlos zu überstehen. Sogar den Angriff von Milliarden Bakterien und Viren während der Geburt hat er schadlos überstanden. Die stärksten Gene von Vater und Mutter haben sich durchgesetzt, und dieses kleine Etwas ist bereits bei der Geburt die perfekteste Schöpfung der Natur.

In jedem Menschen, der auf diese Welt kommt, steckt ein unglaublich großer Sieger, ein Macher, ein Mensch, der in der Lage ist, eigene Entscheidungen zu treffen, zu handeln und in seinem Leben konstante Höchstleistungen und Erfolge zu produzieren. Doch der Einfluß von Erziehung und Umwelt sorgt dafür, daß ab dem 18. Lebensjahr 86 Prozent all unserer Gedanken und Informationen, die wir erhalten, negativ sind (Ergebnis einer Harvard-Studie). Wir haben täglich 60 000 Gedanken, von denen 95 Prozent die gleichen sind wie am Vortag! Das bedeutet, wir müssen uns ständig bewußt positiv konditionieren.

Im Kindergarten oder in der Schule sagt man uns, was wir zu tun oder zu unterlassen haben. Wir werden auf all das fokussiert, was eigentlich nicht funktionieren soll, kann oder darf. Die ganze Welt starrt erschrocken in unsere Richtung, wenn wir dennoch die Dreistigkeit besitzen, das, was nicht funktionieren dürfte, doch erfolgreich zu tun oder zumindest zu versuchen.

Die meisten Menschen haben eine panische Angst vor Veränderungen und Neuheiten, weil sie einfach glauben, mit dem Gewohnten besser umgehen zu können. Aufgrund ihres negativen Selbstimages befürchten sie, mit einer Veränderung nicht umgehen zu können. Viele Versager versuchen, Veränderungen zu verhindern, damit ihre mangelnde Flexibilität nicht auffällt – selbst wenn diese Veränderung für Betrieb und Mitmenschen besonders positiv wäre.

Dazu kommt das große Heer der Verlierer, die in ihrem tiefsten Innern den Glauben aufgegeben haben, erfolgreich sein zu können. Diese Versager versuchen nicht, den Erfolgreichen nachzueifern und sich aus ihrer eigenen Lebensmisere zu befreien, sondern sie versuchen, andere davon abzuhalten, sich weiter zu entwickeln und erfolgreich zu sein.

Ein Verlierer versucht immer, andere Menschen auf sein niedriges Niveau herabzuziehen, weil er sich selbst nicht in der Lage sieht, dem anderen nachzueifern und sich entsprechend zu entwickeln.

Es ist nun einmal so, daß 90 Prozent aller Menschen sich in der breiten Masse geborgen und wohl fühlen. Viele dieser Menschen trauen sich entweder nicht, große Träume und Ziele zu haben und an der Realisierung zu arbeiten, oder sie haben tatsächlich ein so geringes Selbstwertgefühl, ein so krankes Selbstimage, daß sie sich nicht einmal vorstellen können, besonders erfolgreich oder glücklich zu sein. Bei den unteren zehn Prozent in dieser 90 Prozent breiten Masse, den sogenannten sozialen Randgruppen, ist es besonders auffällig, daß sie fest behaupten und daran glauben, niemals eine Chance im Leben gehabt zu haben und niemals eine haben werden.

Jeder Mensch hat die gleichen Voraussetzungen. Manche Menschen bekommen eben etwas mehr Starthilfe als die anderen. Doch in der Regel überleben diejenigen eher, die schon frühzeitig gelernt haben zu kämpfen und sich durchzusetzen. Die Selbstmordrate und die Mißbrauchsrate durch Drogen und Alkohol ist bei den sogenannten behüteten und beschützten Kindern die höchste.

Es sind nicht die unterschiedlichen sozialen Voraussetzungen, nicht die persönlichen Vergangenheitserlebnisse, nicht die äußeren Rahmenbedingungen, die unser Leben und unser Schicksal bestimmen, sondern es ist unser Selbstimage. Es sind unsere Träume, unsere Ziele und unsere Bereitschaft zu handeln und so lange durchzuhalten, bis wir diese erreicht haben.

Natürlich sind Menschen mit einem schlechten Selbstimage gesundheitlich viel gefährdeter, weil sie sich auch gegenüber ihrer Gesundheit als hilflos sehen. Dadurch programmieren sie ihr Immunsystem negativ, und durch ihr mangelndes Selbstwertgefühl mißachten sie die Grundbedürfnisse und Signale ihres Körpers. Sie produzieren ihre gesundheitlichen Katastrophen selbst.

Versager suchen immer nach Ausreden, um nicht handeln zu müssen, oder aufgeben oder versagt haben zu dürfen. Gesundheitliche Probleme dienen dann häufig als Erklärung.

Letztendlich hängt es immer von unserem Selbstimage ab, ob wir krank werden und krank bleiben. Unser Selbstbild bestimmt, mit welcher Intensität unser Immunsystem an der Bekämpfung von Krankheitssymptomen arbeitet, wieviel Aufwand wir bereit sind, für unsere Gesundheit zu betreiben. Ob wir bereit sind, die vielen Abhängigkeiten und das Fehlverhalten in allen möglichen Lebensbereichen wirklich zu minimieren oder ob wir uns ständig mit Ausreden neu betäuben und diese eine Tafel Schokolade, diese eine Zigarette, diese eine Flasche Wein entschuldigen, hängt ebenfalls nur von unserem Selbstimage ab.

Alkoholabhängigkeit beginnt immer mit dem ersten Schluck, Nikotinabhängigkeit mit dem ersten Zug. Drogenabhängigkeit mit dem geistigen Zulassen der Möglichkeit, es einmal zu probieren.

Für die gesundheitliche Entwicklung Ihrer Kinder möchte ich Ihnen noch eine wichtige Information geben: Trinkt eine Mutter während der Schwangerschaft Alkohol, so besteht die Gefahr, daß das Kind mit dem ersten Schluck Alkohol, das es zu sich nimmt, bereits alkoholabhängig wird. Es gibt Fehlverhalten, für das es keine legitimen Ausreden, vor allen Dingen keine Entschuldigungen gibt.

Sie müssen Ihr Leben verändern, wenn Sie Ihrem wahren Potential entsprechend leben wollen. Sie müssen Ihr Leben verändern, um ganz besondere Höchstleistungen und Erfolge in Ihrem Leben zu produzieren und die Resultate daraus auch genießen und erleben zu können. Sie müssen Ihr Leben verändern, wenn Sie auch nur in einem kleinen Teilbereich Ihres Lebens unzufrieden und unglücklich sind, auch dann, wenn Sie nur ein Zipperlein haben, Schmerzen, emotionale, mentale oder physiologische Einschränkungen. Sie müssen Ihr Leben verändern, wenn Sie das Gefühl haben, Sie könnten mehr sein, erreichen und besitzen, als es im Augenblick der Fall ist. Sie müssen Ihr Leben verändern, wenn Sie das Gefühl haben, daß Sie mehr wert sind, als Ihr Leben im Augenblick mental, emotional und physisch widerspiegelt.

Sie sind der einzige Mensch, der in der Lage ist, Ihr Leben bleibend zu verändern. Jede Handlung, jede Veränderung beginnt mit einer klaren Entscheidung, und eine Entscheidung bedeutet nicht ein Vielleicht, ein Zögern, ein Eventuell. Eine Entscheidung bedeutet, jede Möglichkeit des Nichthandelns oder anders zu handeln oder jede Möglichkeit, ein anderes Resultat als das gewünschte zuzulassen, von vornherein vollkommen auszuschließen.

Wenn Sie sich dazu entscheiden, ein Nichtraucher zu sein, dann sind Sie von diesem Zeitpunkt an sofort Nichtraucher. Eine wahre Entscheidung bedeutet, daß Sie die Möglichkeit, jemals wieder eine Zigarette anzufassen, von vornherein einfach ausschließen.

Überlastung und die Konsequenzen

Phasen der Aggression, des inneren Rückzugs, Sehnsucht nach Einsamkeit, endogene Ängste, Gereiztheit und das Gefühl mangelnder persönlicher Leistungsfähigkeit entstehen immer nur durch Überlastung und durch ein negatives Selbstimage. Sehen Sie sich selbst als einsatzbereiten, kampfbereiten Menschen, der die Möglichkeit des Versagens für sich in seinem Bewußtsein nicht zuläßt. Ganz gleich, wie viele Mißerfolge und ungewünschte Resultate auf dem Weg zum Ziel auch stehen mögen.

Die Bedeutung der eigenen Zukunftsvision

Ohne eine positive Zukunftsperspektive wird kein Schwerkranker wieder richtig gesund, wird kein schlechter Manager jemals Höchstleistungen produzieren, da jegliche Motivation, jeglicher Sinn für hundertprozentigen Einsatz und entsprechendes Durchhaltevermögen fehlen.

Entwickeln Sie Zukunftsperspektiven, Ziele und Träume, die Sie zum Handeln anspornen, die Ihnen einen Grund zum Durchhalten und die Motivation dazu geben, immer einmal mehr aufzustehen, als das Leben Sie niederwirft. Die Vorteile Ihrer Ziele stellen Gründe und Motivationen zum Handeln und Durchhalten dar, deshalb müssen Ihre Ziele groß genug und die Vorteile gewaltig und bewußt genug sein, damit sich dadurch für Sie das Leben und das Handeln und Durchhalten lohnt.

Bedenken Sie bitte, daß Ihre Mitarbeiter und Partner sehr viel effektiver handeln, wenn Sie ihnen einen Grund zum Handeln und Durchhalten geben und ihnen dadurch einen Sinn für ihr Handeln vermitteln. Als effektive Führungskraft sollten Sie selbstverständlich jeden Menschen, ob Mitarbeiter oder Kunde, in der gleichen Art und Weise behandeln, in der Sie selbst von ihnen behandelt werden möchten.

Jeden Menschen interessiert letztendlich nur, welche Vorteile er für sich, seine Firma, seine Angehörigen, sein Team aus einem Gespräch, aus einem Kauf, aus einem Arbeitsaufwand oder eine Investition herausbekommen kann. Vermitteln Sie jedem Menschen das Gefühl von Wichtigkeit, geben Sie ihm das Gefühl, wertvoll zu sein. Schenken Sie ihm Anerkennung, auch für Kleinigkeiten, geben Sie ihm so oft wie möglich, wenn es berechtigt ist, Lob, und zeigen Sie vor allen Dingen Anteilnahme und Verständnis. Wenn Sie allein dies beherzigen, wird sich die Qualität Ihres Lebens und Ihrer Erfolge vervielfachen.

Sie sollten immer daran denken, daß man Monate oder Jahre braucht, um einen Kunden oder einen Freund zu finden und diese Beziehung zu erhalten. Man braucht jedoch nur Sekunden, um eine Freundschaft zu zerstören oder einen Kunden zu verlieren. Es ist niemals gerechtfertigt, einen anderen Menschen abwertend, negativ, ironisch oder gar beleidigend zu behandeln, denn jeder Mensch versucht in der augenblicklichen Situation mit den ihm zu diesem Zeitpunkt zur Verfügung stehenden Mitteln das Bestmögliche zu tun. Niemand möchte mittelmäßig oder schlecht sein, und aus diesem Grund kritisiert der erfolgreiche Manager immer nur die Leistung eines Menschen, aber niemals die Person selbst.

Denn Menschen sind nicht das, was sie tun, sind nicht ihre Handlungen, sondern Menschen werden danach bewertet und gemessen, was sie tun oder erreichen wollen, mit welcher Einsatzbereitschaft sie an der Realisierung ihres Idealbildes von sich selbst und ihrer Zukunft arbeiten, welche Träume und Ziele sie haben.

Man kann auf dem Weg zum Erfolg, auf dem Weg nach ganz oben, nicht immer alles richtig machen, und auch wenn Sie alles richtig machen, muß es sich noch lange nicht sofort in Ihrem Leben widerspiegeln, sondern kann Jahre dauern, bis der große Erfolg sekundenschnell Ihr Leben erleuchtet.

Das beste Beispiel hierfür ist das Pflanzen eines Bambusbaumes. Nachdem die Chinesen den Bambusbaum gepflanzt haben, betreuen, wässern, düngen und jäten sie das Feld, ohne daß nach einem Jahr auch nur das geringste Resultat zu sehen wäre. Das zweite Jahr ebenso und das dritte und vierte genauso. Sogar nach fünf Jahren ist immer noch kein Erfolg zu sehen. Doch dann, ganz plötzlich, wächst der Bambusbaum innerhalb von sechs Wochen 30 Meter in die Höhe. Und all das wäre nicht möglich gewesen, wenn es das korrekte Handeln der vorangegangenen fünf Jahre nicht gegeben hätte.

Genauso ist es vielleicht bei Ihnen und vielen anderen Menschen. Natürlich können Sie nicht reich sein, wenn Sie erst auf dem Weg nach oben sind, aber man sieht an Ihrem Streben, an Ihren Zielen und Ihrer Einsatzbereitschaft, daß Sie erreichen werden, was Sie sich als Ziel gesetzt haben.

Bewerten Sie bitte Ihre Mitmenschen und vor allen Dingen Ihre Mitarbeiter nicht nach einmaligen Mißerfolgen oder fehlerhaften Verhaltensweisen, sondern finden Sie heraus, welche Wertehierarchien Ihr Mitarbeiter hat, welche Glaubenssysteme und Regeln, was er durch seine Aktionen erreichen will, und bewerten Sie ihn bitte danach.

Wenn Sie ein geduldiger und verständnisvoller Manager im Umgang mit Ihren Mitarbeitern sind, hilft dies dem Streßerleben Ihrer Mitarbeiter in sehr positiver Weise. Wenn Sie dann noch Ihren Mitmenschen einen Sinn für Ihr Handeln vermitteln und ihnen das Gefühl geben, daß sie wertvoll sind, wird dieses Basiselement für effektive Kommunikation Ihr Leben in wunderbarer Weise bereichern.

Bedenken Sie bitte auch, daß Machtkämpfe oft durch das Gefühl von Minderwertigkeit oder Geltungssucht entstehen. Dagegen können Sie sehr viel tun. Menschen mit einem schlechten Selbstwertgefühl haben immer das Bedürfnis, demonstrieren zu müssen, daß sie einen gewissen Stellenwert besitzen. Durch dieses negative Selbstverständnis entstehen in der Regel vollkommen unnötige Machtkämpfe. Es ist die Aufgabe und Verpflichtung einer Führungskraft, jeden Mitarbeiter zu einem starken, selbstbewußten, effektiven und erfolgreichen Stützpfeiler zu machen.

Keine Kompromisse im Beruf

Nur wenn Sie voll und ganz hinter Ihrer Firma und Ihrer Produkt- oder Servicepalette stehen, können Sie Höchstleistungen und Erfolge im Beruf produzieren, und nur dann kann sich Ihre Karriere in der gewünschten Weise weiterentwickeln.

Ich habe auf der ganzen Welt große und kleine Firmen betreut, mittelständische Unternehmen und Mega-Organisationen und muß Ihnen sagen, daß es selbstverständlich keinen Betrieb weltweit gibt, in dem alles perfekt und optimal läuft. Es gibt keinen Betrieb, in dem nichts zu verbessern wäre. Konzentrieren Sie sich auf die Vorteile dessen, was Sie verkaufen, und überprüfen Sie nach Ihren eigenen Regeln, Wertehierarchien und Glaubenssystemen, ob Sie dazu stehen können. Sie werden keine Firma finden, in der alles hundertprozentig so ist, wie Sie es sich wünschen, noch werden Sie sich selbst eine solche schaffen können, und dennoch müssen Sie daran arbeiten, eine solche zu kreieren. Deshalb muß die Grundidee, der Grundgedanke der Firma einhergehen mit Ihren eigenen Zielvorstellungen und Wertehierarchien. Damit haben Sie schon einen ganz wesentlichen Teil eines optimalen betrieblichen Umfeldes geschaffen.

Auch die Produktpalette wird hier und da vielleicht Schwachpunkte aufweisen und verbesserungsfähig sein. Genau an diesen Verbesserungen sollten Sie arbeiten. Aber Sie sollten sich in erster Linie auf die

Vorteile Ihrer Produktpalette oder Ihres Serviceangebotes für den Kunden konzentrieren, so daß Sie voll und ganz hinter Ihrem Produkt, hinter Ihrem Serviceangebot stehen können. Denn wenn es keine wesentlichen Vorteile mit sich bringen würde, wäre dieses Produkt überhaupt nicht auf dem Markt. Es würde dafür keine Kunden geben.

Suchen Sie nach den Vorteilen dessen, was Sie verkaufen, konzentrieren Sie sich darauf, und überprüfen Sie bitte, ob dies mit Ihren eigenen Regeln, Wertehierarchien und Glaubenssystemen übereinstimmt.

Übernehmen Sie die Verantwortung

In der Gesundheitsforschung werden üblicherweise Krankheiten und ihre Symptome erforscht, aber nur selten wird nach Wegen zur Ursachenerkennung und deren Beseitigung gesucht. Etwa 85 Prozent des gesamten Energieaufwandes und natürlich auch des finanziellen Potentials werden dafür verbraucht. Nur maximal 15 Prozent (wenn überhaupt) der Zeit und des Kapitals wird dafür eingesetzt, nach Lösungen für Prävention und Therapie zu suchen. Die Medizin ist heute in der Lage, genau zu erklären, was eine Diabeteserkrankung ist, wie sie abläuft und welche Folgen sie nach sich zieht. Aber Heilungsmöglichkeiten kennt sie nicht, lediglich Wege der Symptomlinderung.

Genauso verhält es sich für Sie, den Top-Verkäufer, die Führungskraft oder den Selbständigen, wenn Sie sich immer nur mit den Problemen auseinandersetzen und sich fragen: „Warum tut der Mitarbeiter nicht, was ich von ihm verlange?“ Es ist besser, die Frage zu stellen: „Wie kann ich meinen Mitarbeiter dazu veranlassen, das zu tun, was im Sinne unserer positiven betrieblichen Entwicklung getan werden muß?“ Analysieren Sie auch nicht ständig, warum der Kunde nicht kauft, sondern fragen Sie sich, was Sie dazu beitragen können, daß der Kunde kauft.

Eine persönliche Weiterentwicklung im Bereich Verkaufseffektivität findet dadurch statt, daß Sie Ihren Kunden nach einem Beratungs- oder Verkaufsgespräch fragen, was Sie hätten anders oder besser machen können. Sie werden sehr schnell feststellen, daß der Kunde gerne bereit ist, Ihnen zu helfen, ein besserer Verkäufer oder Berater zu werden. Auch einen Mitarbeiter können Sie fragen, was wäre notwendig, um sicherzustellen, daß er entsprechend handelt und durchhält. Nach anfänglicher Verwunderung erhalten Sie meistens wertvolle Antworten.

Konzentrieren Sie sich grundsätzlich nur auf Lösungen, verbringen Sie höchstens zehn Prozent der zur Verfügung stehenden Zeit und Energie damit, das Problem zu definieren und 90 Prozent damit, das Problem zu lösen. Bei negativen gesundheitlichen Entwicklungen fragen Sie sich: „Was ist es? Wo kommt es her?“ (zehn Prozent) „Und wie kann ich es beseitigen?“ (90 Prozent).

Finden Sie individuelle Lösungen

Da es kein Pauschalrezept für die Lösung Ihrer gesundheitlichen Probleme geben kann, wird kein Arzt, kein noch so fähiger und williger Therapeut in der Lage sein, Ihre gesundheitliche Entwicklung dauerhaft positiv zu beeinflussen, ohne daß Sie selbst Ihren Teil dazu beitragen.

Die Medizin hat weltweit eine Krankheitsheilungsrate von etwa 27 Prozent. Man geht davon aus, daß der Rest der Patienten entweder krank bleibt, stirbt oder von selbst wieder gesund wird. Wenn wir ein funktionierendes Therapiesystem hätten, müßten die Heilungs- und Überlebensraten bei schweren Erkrankungen bei 80 bis 95 Prozent liegen. Da dies aber nicht so ist, können Sie die Verantwortung für Ihre gesundheitliche Entwicklung oder gar Ihr Leben nicht in die Hände eines anderen Menschen legen. Selbstverständlich benötigen Sie eine fachkundige Diagnostik, Betreuung und Überwachung durch einen Arzt Ihres Vertrauens. Dennoch müssen Sie selbst nach Ursachen für gesundheitliche Fehlentwicklungen suchen und sich bemühen, diese zu beseitigen.

Bei einem Übergewicht von 50 Kilogramm können Sie nicht Ihrem Arzt die Verantwortung für die Behandlung Ihrer Gicht, Ihrer Herz-Kreislaufprobleme, Ihrer Atemnot oder für das Erreichen Ihres Idealgewichts in die Hände legen und sagen: „Sie sind Arzt, Sie müssen das durch Medikamente oder Operationen für mich regeln.“ Nein, Sie müssen unter fachkundiger ärztlicher Betreuung einen gesunden Weg gehen, der aus Bewegung, Ernährung und auch Verzicht besteht, um die entsprechenden Ursachen und somit die Symptomatik für gesundheitliche Fehlentwicklungen beseitigen.

Ich möchte Sie hier deutlich darauf hinweisen, daß ich eine Eigendiagnose und Selbstheilung unter Ausschluß eines fachkundigen Arztes für dumm, ja sogar lebensgefährlich halte. Selbstverständlich müssen wir alle Möglichkeiten und Errungenschaften der modernen Diagnostik und Therapie für unsere Wiedergesundung oder für die Erhaltung unserer Gesundheit nutzen. Wir dürfen aber dennoch die Verantwortung für unsere gesundheitliche Entwicklung und unser Leben nicht unserem Arzt in die Hände legen. Ihr Arzt muß Ihr Coach sein, der Ihnen die notwendigen Informationen und Hilfestellungen gibt, die Sie für eine lebenslange Gesundheit und Gesunderhaltung benötigen.

Selbstverständlich sollten Sie, wenn Sie nach längerer Zeit keine gesundheitlichen Erfolge produzieren, entweder einen zweiten Arzt konsultieren oder auf eine alternative Therapiemöglichkeit zurückgreifen. Denn wenn sich Ihr Zustand nicht verbessert, tun Sie entweder nicht das Richtige oder weiterhin etwas Falsches, und somit müssen Sie Ihre Vorgehensweise verändern. Dazu kann eben auch der Therapeutenwechsel gehören.

Es ist wie in anderen Bereichen des Lebens auch, wenn Sie mit Ihren Handlungen nicht die gewünschten Resultate produzieren. Sie müssen flexibel genug sein, um durch neue Vorgehensweisen an der Lösung Ihrer Aufgabe zu arbeiten. Seien Sie nicht dumm, starrköpfig und dickköpfig wie eine Fliege, die immer wieder an dieselbe Stelle der Scheibe fliegt, obwohl sie nicht durchkommt, weil sie nicht die Intelligenz besitzt, einen Bogen zu machen und aus der offenen Fensterspalte hinauszufliegen. Seien Sie flexibel und offen für verschiedene Lösungsmöglichkeiten. Seien Sie variabel mit Ihren Vorgehensweisen, aber halten Sie immer an den von Ihnen gesteckten Zielen, der hundertprozentigen Wiedergesundung oder Gesundheitserhaltung fest.

Hemmschwellen abbauen

Sie werden kein kleines Kind finden, das voller Hemmungen auf seine Umwelt zugeht. Vielleicht vorsichtig und skeptisch, aber dennoch neugierig und immer lebensbejahend. Erst im Laufe der Zeit werden uns Hemmschwellen und teilweise vollkommen irrationale Glaubenssysteme nach und nach eingetrichtert. Wir lernen Verhaltensmuster, die uns unser ganzes weiteres Leben negativ beeinflussen können.

Die Fähigkeit, auf einen anderen Menschen zugehen zu können, ist die wichtigste Fähigkeit für Erfolg im Leben und in der Arbeit mit Menschen, vor allen Dingen aber für die Führungskraft, den Verkäufer oder den Berater. Jeden Menschen als Freund zu betrachten und ihn auf eine seriöse, jedoch verbundene Art und Weise anzusprechen und mit ihm umzugehen, garantiert Ihren Erfolg. Bei vielen Menschen baut sich Disstreß auf, wenn sie nur daran denken, eine fremde Person persönlich oder telefonisch anzusprechen, die sie noch nicht kennen. Diese Hemmschwellen sind künstlich erzeugt oder werden durch ein negatives Selbstimage gefördert.

Lernen Sie deshalb, freundlich und strahlend auf andere Menschen zuzugehen. Mit einem freundlichen Lächeln durchbrechen Sie jede Distanz und jeden Widerstand, und mit einigen freundschaftlichen Worten nehmen Sie meist sofort die Spannung.

Dies läßt sich erreichen, indem Sie Abläufe solange vor Ihrem geistigen Auge abspielen, bis Sie bei dem Gedanken an eine Situation, in der Sie auf einen fremden Menschen freundlich und nett zugehen, sich automatisch in Ihrem gewünschten Verhalten sehen. Diese Mentalprogrammierung muß immer assoziiert stattfinden, so wie Sie es sehen und erleben würden, wenn es real geschehen würde, nicht dissoziiert, als ob Sie einen Film oder sich von außen als Zuschauer sehen würden.

Diese mentalen Programmierungen funktionieren deshalb, weil das Gehirn nicht unterscheiden kann, ob Sie etwas real erleben oder nur daran denken. Für Ihr Gehirn haben Sie also diesen Vorgang in der Realität eben schon so oft getan, wie Sie es geistig wiederholt haben.

Bauen Sie Hemmschwellen ab, indem Sie sich selbst dazu entscheiden, auf jeden Menschen, dem Sie in Zukunft begegnen, freundschaftlich mit einem Lächeln in die Augen sehen, sich auf ihn zubewegen und begrüßen. Lernen Sie, jedem Menschen mit den ersten Sätzen etwas Nettes oder Positives zu sagen. Sie werden feststellen, daß nicht nur Ihre Erfolge wachsen, sondern auch Anspannung und Streß in bezug auf diese Situation immer weniger werden.

Hemmungen und Hemmschwellen sind antrainierte Verhaltensmuster. Alles, was Ihnen antrainiert wurde, können Sie sich selbstverständlich auch wieder abtrainieren. Denn das Leben ist nichts weiter als das, was Sie daraus machen. Wenn Sie einer meiner über 500 000 Seminarteilnehmer sind, wissen Sie, daß ich es innerhalb eines sechsstündigen

Seminars immer schaffe, bei jedem einzelnen Seminarteilnehmer die Hemmschwellen abzubauen und verschiedene Verhaltensmuster vollkommen zu eliminieren.

Effektiv kommunizieren

Mißglückte Kommunikation führt sehr häufig zu unnötigen Anspannungen, negativen Resultaten und Streßsituationen. Aus diesem Grund ist es wichtig, daß Sie ständig an der Verbesserung Ihrer Kommunikationsfähigkeit arbeiten. Kommunikation findet zu sieben Prozent durch Worte, zu 38 Prozent durch Nutzung der Stimme und zu 55 Prozent durch Nutzung der Physiologie statt. Um ein optimales Maß an Kommunikationsfähigkeit zu erreichen, sollten Sie sich vorher bewußt darüber sein, was Sie genau sagen, was Sie exakt dadurch erreichen wollen und auf welche Art und Weise Sie es kommunizieren wollen.

Erst wenn Sie sich dieser Faktoren bewußt sind und im Idealfall bereits geistig eine perfekte Kommunikation mit Ihrem Gesprächspartner programmiert haben, sollten Sie die Gespräche führen, die wichtige Ergebnisse bringen. Stehen Sie immer hinter dem, was Sie sagen. Und wenn Sie etwas zu sagen haben, nutzen Sie die gesamten 100 Prozent Ihrer Kommunikationsfähigkeit, indem Sie verkörpern, was Sie kommunizieren wollen. „Das wahre Geheimnis im Leben ist Geben." Deshalb sollten Sie sich bemühen, Ihren Mitmenschen Ruhe, Verständnis, die Beachtung und Achtung zu kommunizieren, die Sie sich wünschen, und Sie werden von Ihrer Umwelt dasselbe erhalten.

Wichtig ist auch folgendes: Wenn Sie Ihren Mitarbeitern etwas vermitteln wollen, sollten Sie keinesfalls eine Negation benutzen, da dies genau das Gegenteil hervorruft. Lesen Sie beispielsweise an einer Obstplantage das Schild „Bitte keine Äpfel pflücken" oder „Den Rasen nicht betreten", entwickeln Sie sofort das Bedürfnis, genau das, was Sie eigentlich nicht tun sollten, zu tun, weil Ihr Gehirn eine Verneinung nicht verstehen kann. Sie müssen sich erst einmal ein Bild von dem machen, was Sie nicht tun sollen, und somit sehen Sie sich den Apfel pflücken oder über den Rasen gehen.

Es müssen grundsätzlich positive Aussagen dahingehend gemacht werden, was die betreffende Person tun soll und nicht das, was sie nicht machen soll, zum Beispiel: „Bitte die Äpfel hängen lassen" oder „Bitte Gehwege benutzen".

Entscheidungsfähigkeit

Für viele Führungskräfte stellt die Unfähigkeit, klare Entscheidungen zu treffen, einen enormen Streßfaktor dar. Der Mensch, der keine Entscheidung trifft, setzt sich zwangsläufig unter Dauerstreß, weil er in seinem tiefsten Innern weiß, daß er eine klare Entscheidung treffen müßte. Je länger er sich davor drückt, um so intensiver wird der Druck und die Belastung durch diese Flucht vor Verantwortung.

Diesen Streßfaktor können Sie nur auflösen, indem Sie Entscheidungen treffen und hinter diesen stehen. Bedenken Sie bitte, es ist immer besser, eine falsche Entscheidung zu treffen, aus den Resultaten zu lernen und so das nächste Mal effektiver zu handeln als gar keine zu treffen und sein Leben dem Zufall oder den Entscheidungen anderer zu überlassen. Wann immer Sie eine Entscheidung treffen müssen, fragen Sie sich lediglich: „Wenn ich diese Entscheidung so oder so treffe, bringt mich das meinen Lebenszielen oder dem Ziel, das ich in diesem Bereich anstrebe, näher oder entfernt es mich davon?“

Die Qualität Ihrer Entscheidungen bestimmt die Qualität Ihres Lebens. Entscheidungen geben Ihrem Leben eine Richtung. Es sind Ihre Entscheidungen, durch die Sie handeln und an Ihren Zielen arbeiten. Worauf Sie Ihre Aufmerksamkeit richten, wie Sie mit Ihrer Gesundheit umgehen, wie Sie Ihr ganzes Leben gestalten, all dies wird von Ihren Entscheidungen bestimmt. Die Entscheidungsfähigkeit einer Führungskraft wächst durch praktische Übung und Erfahrung. Es verhält sich mit jedem Talent und mit jeder Fähigkeit genauso, wie mit einem Muskel. Wird er nicht benutzt, verkümmert er. Wird er gut trainiert, wird er stärker und leistungsfähiger. Und deshalb sollten Sie im übertragenen Sinn Ihren Entscheidungsmuskel trainieren.

Tödliche Durchhalteparolen

Es gibt wohl kaum etwas Schlimmeres für Ihren Körper, als sich in einem angeschlagenen, kranken Zustand, vielleicht sogar noch mit Fieber, ins Büro oder zum Kunden zu quälen. Mit völlig falsch verstandenen Durchhalteparolen versuchen viele, trotz der akuten Überlastungssymptome und Warnsignale des Körpers weiterzumachen. Sie wollen durchhalten und zerstören dadurch lebensnotwendige Regenerationsmöglichkeiten. Die Folge: Man kuriert sich nie ganz und leidet an Energiemangel oder chronischen Beschwerden.

Krankheit ist immer das Resultat von Energiemangel, den der Körper auch teilweise mit der Zielsetzung produziert, Sie zwangsweise zum Ausruhen, zum Entspannen, zur Regeneration und zum Abschalten zu zwingen. Die Hauptursache der schwerwiegenden gesundheitlichen Katastrophen oder chronischen Erkrankungen liegt darin, daß viele Verkaufsprofis, Selbständige und Führungskräfte der Meinung sind, daß es ohne sie im Betrieb nicht geht. Sie wollen nicht delegieren, weil sie glauben, kein anderer könne die Arbeit so gut erledigen wie sie selbst.

Denken Sie in Zukunft an diese asiatische Weisheit: „Wenn Du wissen willst, wie wichtig Du bist, dann nimm einen Eimer mit Wasser, stecke beide Arme hinein, ziehe sie wieder hinaus und sehe in das Wasser, welche Löcher Du hinterlassen hast. Und genauso wichtig bist Du an der Gesamtentwicklung im Universum."

Sie wissen sicher, daß ich gemäß der NAPS-Philosophie die Bedeutung jedes Menschen vollkommen anders einschätze. Dennoch gibt uns diese Aussage Aufschluß darüber, daß wir uns manchmal, zumindest in verschiedenen Teilbereichen des Lebens, als zu wichtig betrachten.

In meiner praktischen Arbeit mit Patienten habe ich festgestellt, daß sehr viele Menschen nur deshalb in eine gesundheitliche Katastrophe hineingesteuert sind, weil sie sich selbst einfach für unersetzbar gehalten haben. Sie haben sich dadurch verschlissen, weil aus einer Belastung eine Dauerbelastung und daraus eine Überlastung geworden ist. Diese mußte sich zwangsläufig gesundheitlich niederschlagen.

Delegieren ist ein unverzichtbares Instrument für Führungskräfte und Selbständige. Nur dadurch, daß Sie die Aufgaben delegieren, die Ihnen unnötig schwerfallen oder die auch ein anderer im großen und ganzen genauso gut machen kann wie Sie selbst, verschaffen Sie sich ausreichend Freiraum, um wichtige Dinge selbst zu erledigen.

Schließlich kämen Sie ja auch nicht auf die Idee, die Schreibtische Ihrer Angestellten selbst zu reinigen, die Treppen zu wischen oder in der Kantine Ihres Betriebs das Geschirr abzuwaschen. Und genausowenig dürfen Sie Arbeitsvorgänge, die problemlos von anderen durchgeführt werden können, selbst erledigen. Ein Top-Manager zu sein bedeutet, in der Lage zu sein, sein Leben zu managen. Dazu gehört der private Bereich genauso wie der berufliche. Das Managen Ihrer Zeit, und vor allen Dingen das Managen Ihrer Gesundheit beziehungsweise Ihres Energiehaushaltes, gehören ebenfalls dazu.

Eine Führungskraft zu sein bedeutet Verantwortungsbewußtsein zu besitzen, und dies in erster Linie sich selbst gegenüber. Wenn Sie selbst schwach, hilflos und krank sind, können Sie weder einem anderen Menschen helfen noch Ihre Aufgaben, Ihrem wahren Potential entsprechend erfüllen.

In meiner Klinik in Kanada habe ich bei meiner Arbeit mit Top-Managern aus der gesamten Welt feststellen können, daß jeder sich im Betrieb für unersetzbar hielt. Deshalb haben sie teilweise sogar die absurdesten Kleinigkeiten, wie etwa den Einkauf von Schreibmaterial, selbst überwacht und oft sogar selbst durchgeführt.

Sie dürfen sich nicht immer sagen: „Eine Woche schaffe ich das noch", „es sind nur noch drei Monate bis zum Urlaub" (in den viele sich dann ohnehin auch noch Arbeit mitnehmen). Diese Menschen leben ständig in dem Bewußtsein, daß sie unabkömmlich sind. Sie glauben, daß alles zusammenbricht, wenn sie nur eine Woche den Betrieb verlassen. Werden Sie sich bewußt darüber, daß Sie selbstverständlich abkömmlich und ersetzbar sind. Wenn auch nicht zu 100 Prozent, dann dennoch soweit, daß Sie sich Zeiten zur Regeneration, Entspannung, für Freizeit, Hobbys und Familie nehmen können – glauben Sie mir! Hören Sie auf die Signale Ihres Körpers, denn Krankheit ist immer ein Hilfeschrei. Wenn Sie diesen ignorieren, beginnt Ihr Körper, sich intensiver zu wehren. Keine Krankheit ohne Ursache, keine Krankheitssymptome ohne Energiemangel! Dieser Formelsatz sollte Ihnen im Bewußtsein bleiben.

Überlegen Sie bitte einmal ganz objektiv und neutral, wie gefährlich es ist, mit Durchhalteparolen immer wieder weiter zu machen, obwohl der Körper nach Hilfe schreit und Sie selbst das ständige Gefühl der Überlastung oder Unzufriedenheit haben. Ganz plötzlich und unerwartet, ohne daß Sie sich darauf vorbereiten können, werden Sie zwangsweise durch eine akute Krankheit, schwere Entzündungen, Magen- und Darmgeschwüre, Nervenentzündungen oder gar Herzinfarkt oder Gehirnschlag aus Ihrer beruflichen Position herausgerissen. In diesem Fall haben Sie keinerlei Möglichkeit, den Zeitpunkt zu bestimmen oder entsprechende Vorbereitungen zu treffen, Menschen anzuleiten, einzuarbeiten und die notwendigen Dinge vorab zu erledigen, sondern Sie sind vollkommen unvorbereitet mit vielen unerledigten Dingen aus dem Berufsleben herausgerissen worden.

Sie können nun weder den Zeitpunkt noch die Dauer Ihres Ausfalls selbst bestimmen. Das kann letztendlich wirklich zum Zusammenbruch Ihres Betriebes oder Ihrer beruflichen Karriere führen. Das geschieht dann nur deshalb, weil Sie nicht rechtzeitig dazu bereit waren, sich Zeit für Regeneration, Entspannung, Ausgleich, Hobbys, Familie, Freunde, Lebensqualität zu nehmen. Sie hätten Zeitpunkt und Dauer selbst festlegen können, wenn Sie rechtzeitig gehandelt hätten.

Sie können sicher davon ausgehen, daß der Körper sich die Ruhe nimmt, die er benötigt – ob Sie ihm diese geben wollen oder nicht. Aus diesem Grund sollten Sie lieber von vornherein Regenerationsphasen einplanen und auch zulassen. Sie sollten darauf hören, wenn Ihr Körper um Hilfe schreit, und diese Signale nicht ignorieren, sondern beachten und entsprechend darauf reagieren.

Sie haben das medizinische Potential, problemlos fit und vital 140 Jahre alt zu werden. Wenn Sie diesem medizinischen Potential entsprechend leben wollen, müssen Sie sich rechtzeitig Gedanken um Ihre gesundheitliche Entwicklung machen. Nicht erst dann, wenn es schon zu spät ist und Sie durch Krankheit und körperliche Einschränkungen dazu gezwungen werden.

Es liegt an Ihnen, Sie halten Ihr Schicksal in der Hand, und das in jedem einzelnen Bereich und somit auch in dem wichtigsten, im Bereich Gesundheit. Jedes Jahr, das Sie vor 140 Jahren Lebensalter sterben, haben Sie durch falsche Atmung, falsche Ernährung, falsche oder mangelnde Bewegung und falsche emotionale mentale und physiologische Verhaltensmuster selbst verursacht. Es ist nie zu spät, neu anzufangen.

Die Gefahr der Einseitigkeit

Das Leben ist gekennzeichnet durch Vielfalt. Um optimale Leistungsfähigkeit zu erreichen und erhalten zu können, benötigen wir in unserem Leben die gleiche Vielfalt. Diese müssen wir uns durch Ausgewogenheit in unserem Leben selbst schaffen.

Man kann nicht nur für den Beruf leben, nicht nur fürs Privatleben, nicht nur für die Kinder, nicht nur rücksichtslos gegenüber sich selbst, sondern man muß eine Ausgewogenheit zwischen Hobbys, Familie, Beruf, Regenerations- und Spaßphasen schaffen, die aus unserem Leben ein ganzheitliches, erfolgreiches Leben mit maximaler Lebensqualität macht.

Einseitige Belastung – ganz gleich, in welchem Bereich – führt immer zu Verschleiß, Spannungen, Verkrampfungen, Abnutzung, Monotonie, Abstumpfung, Lustlosigkeit, Frustration oder Depression.

Sorgen Sie in Ihrem beruflichen Alltag dafür, daß nicht nur Sie, sondern auch Ihre Mitarbeiter einen ausgewogenen Arbeitsalltag haben. Sorgen Sie für Herausforderungen und interessante Aufgabenbereiche. Nur so bleiben Sie und diese Menschen geistig flexibel, aktiv, neugierig, haben Spaß und Freude an der Arbeit, an neuen Herausforderungen, Entwicklungen und Lösungen. Geistige und körperliche Beweglichkeit sind die Voraussetzung für Leistungskraft und Wohlbefinden.

Unnötige Sorgen

Sie haben nicht den geringsten Einfluß auf die Entwicklung der Weltwirtschaftskonjunktur, auf den Zusammenbruch von Großunternehmen oder Banken und schon gar nicht darauf, wie sich das Wetter an einem bestimmten Datum entwickeln wird. Aus diesem Grund ist es vollkommen absurd, sich Gedanken, Sorgen und Ängste über Dinge zu machen, auf die wir ohnehin keinen Einfluß haben.

Hören Sie also auf, Ihre Energie durch Befürchtungen zu verschwenden. Konzentrieren Sie sich darauf, wie Sie das Bestmögliche aus Ihrer Person und Ihrer beruflichen Situation machen können. Achten Sie nicht darauf, wie es den anderen geht oder wie viele Unternehmen aus der gleichen Branche rechts und links neben Ihnen in Konkurs gehen.

Sie sind einzigartig in diesem Universum und deshalb in der Lage, auch einzigartige Resultate zu produzieren. Darauf sollten Sie sich fokussieren – immer nur auf Lösungen, auf Handlungen und den gewünschten Erfolg in klaren Bildern, genau definiert vor Augen.

Burnout

Zweifel an der eigenen Person, an der eigenen Leistungsfähigkeit und konstante Überlastung führen zu dem sogenannten Burnout-Syndrom. Burnout bedeutet, sich ausgebrannt, leer, kraftlos und hilflos zu fühlen. Burnout entsteht oft dadurch, daß Menschen mit sehr wenig Selbstwertgefühl und Selbstvertrauen, also einem negativen Selbstimage, versuchen, durch Mehrarbeit und verstärkten Einsatz ihre vermeintlichen Defizite, Leistungsschwächen oder mangelnden Fähigkeiten auszugleichen. Diese Menschen arbeiten mehr, weil sie glauben, daß die Masse ihrer Arbeit die fehlende Qualität ausgleichen könnte, was jedoch niemals der Fall sein kann.

Eine weitere Ursache für Burnout ist, daß der betreffende Mensch zuwenig Selbstwertgefühl, Selbstvertrauen und Eigendisziplin besitzt und nicht nach seinen eigenen Werten, Regeln und Glaubenssystemen lebt, sondern nach den Vorstellungen anderer Menschen. Er versucht, fremde Ziele zu verwirklichen, die nicht seine eigenen sind und die ihm bei der Realisierung nicht einmal ein Erfolgserlebnis vermitteln. So erhält dieser Mensch also keine Kraft zurück, kein Gefühl der Zufriedenheit, sondern das Gefühl der Leere und des Ausgebranntseins. Oft fehlt ihm die Kraft, nein sagen zu können.

Nur wenn Sie eigenen Zielen folgen, an der Realisierung eigener Zielsetzungen arbeiten, haben Sie beim Erreichen dieser Ziele Erfolgserlebnisse, die Sie aufbauen, die Ihnen Kraft geben, die Ihr Selbstvertrauen und Selbstwertgefühl steigern und Ihnen somit ein Vielfaches von dem zurückgeben, was Sie zuvor eingesetzt haben.

Realisieren Sie jedoch Aufgaben, deren Sinn Sie nicht einmal verstehen, weil Sie Zielsetzungen verfolgen, die nicht Ihre eigenen sind oder sich sogar gegen Ihre ethischen und moralischen Werte richten, können Sie sich trotz erfolgreicher Realisierung der Fremdziele vollkommen ausgebrannt und leer fühlen. Niemand kann gesund sein oder bleiben, wenn er ein Leben voller Kompromisse führt, wenn er Dinge tut, tun muß oder sich gezwungen sieht, diese tun zu müssen, die seinen eigenen Wertvorstellungen im ethischen und moralischen Bereich widersprechen.

Ähnlich ist es bei Menschen, die aufgrund äußerer Zwänge an einer katastrophalen Ehe festhalten. Nur weil Sie das Gerede der anderen Menschen nicht wollen, weil Kinder da sind, ein gemeinsamer Betrieb usw. Diese Menschen zerstören sich durch diese Kompromisse. Wann immer Sie etwas tun, was Sie in Ihrem tiefsten Innern nicht tun wollen, setzen Sie Ihre Gesundheit aufs Spiel. Langfristige, schwerwiegende Kompromisse bringen jeden Menschen im wahrsten Sinne des Wortes um. Diese sind nach meiner Erkenntnis die Hauptursache für das Entstehen von schweren Krankheiten bis hin zu Krebs.

Der Körper hat eine Symbolsprache. Frauen, die über einen längeren Zeitraum schwerwiegende Partnerschaftsprobleme haben, neigen zu

Unterleibskrankheiten. Und Frauen, die sehr viele Schwierigkeiten durch ihre Kinder haben, oder dadurch, daß sie keine Kinder bekommen, erkranken häufig an Brustkrebs, wenn der Konflikt sehr lange andauert oder schwerwiegend ist. Der typische Manager, der in einer Lebenssituation lebt, die er sprichwörtlich und im wahrsten Sinne des Wortes nicht verdauen kann, bekommt häufig Magen- und Darmprobleme oder Gallensteine.

Hektik und Streß werden von uns selbst geschaffen, denn nicht das, was geschieht, bestimmt unser Leben und unsere Reaktionen, sondern unsere Reaktion darauf. Aus diesem Grund ist es wichtig, rechtzeitig für Krisensituationen Verhaltensweisen zu programmieren. Nur so können Sie sicher sein, von schwierigen Situationen nicht aus der Bahn geworfen zu werden. Programmieren Sie, wie Sie auf einen Streit oder einen Angriff reagieren werden. Erleben Sie in Ihrem Geist Ihr gewünschtes Verhalten bewußt vor.

Wie Sie einen krankheitsresistenten Körper kreieren

Nur wenn Ihr Körper sich in optimaler Verfassung befindet, haben Sie die Möglichkeit, Streß und Krankheiten erfolgreich zu widerstehen und mit der höchstmöglichen Effektivität an der Realisierung Ihrer Visionen zu arbeiten. Ihr Körper ist die Basis, um Ihre Ziele zu realisieren, und dies setzt mentale, emotionale und physiologische Gesundheit voraus.

Heute gibt es eindeutige wissenschaftliche Beweise für die Notwendigkeit wesentlicher Voraussetzungen, die sich auf vier zusammenfassen lassen:

- Regelmäßige sinnvolle sportliche Betätigung
- Gute Ernährung
- Erholsamer Schlaf
- Freiheit von Abhängigkeiten

Wahre Gesundheit basiert auf Konstanz und Konsequenz. Gesundheit und Vitalität lassen sich nicht durch schnelle Lösungen erreichen, wie etwa „Schlank in sieben Tagen“, „Die Superdiät in zehn Tagen“ oder ähnlichen lebensgefährlichen Unsinn. Unsere Lebenseinstellung, unsere Philosophie, stellt die Bauzeichnung für unsere Gesundheit dar. Wir müssen uns dafür entscheiden, einen Weg zu gehen, der durch Konstanz und Konsequenz die Realisierung unserer Träume ermöglicht.

Das Akzeptieren von Schwächen und das Praktizieren dessen, was man für richtig hält, ist die Basis für Erfolg. Zu viele Menschen ignorieren die Signale, die ihr Körper ihnen sendet. Sie gewöhnen sich immer mehr an Einschränkungen und Fehlverhalten, die dann zum Leben als selbstverständlich dazugehören, wie regelmäßiger Alkoholkonsum, übermäßiges Essen, unregelmäßiger Schlaf, Nikotin und zuviel Kaffee sowie Schmerzen oder Energiemangel.

Ich bin kein absoluter Verfechter eines hundertprozentig vegetarischen oder eines anderen einseitigen Lebensstils. Ich weiß als Gesundheitsforscher sehr genau, daß es kein Problem darstellt, wenn ein gesunder Mensch hin und wieder eine Flasche Wein zum Essen trinkt oder eine Tasse Kaffee am Tag. Wenn jemand in größeren Abständen vollkommen falsch oder übermäßig ißt, wirkt sich dies in der Regel ebenfalls nicht gravierend aus.

Grundsätzlich möchte ich bemerken, daß jede Form von Extremismus falsch ist. Extremisten sind immer hysterische Menschen, die unter einer bestimmten Form von Geisteskrankheit leiden. Extremismus kommt in der Natur nicht vor und ist kein wünschenswertes oder normales Verhaltensmuster. Leben und Lebensqualität setzt sich immer aus einer Vielfalt von einzelnen Elementen zusammen. Das Leben ist nicht schwarz oder weiß und schon gar nicht grau, sondern besteht aus einer Vielzahl von zehn Millionen Farbunterschieden, die wir dafür nutzen können, unser Leben bunter, farbiger und schöner zu gestalten.

1. Regelmäßige sinnvolle sportliche Betätigung

Bedenken Sie bitte, daß der Körper ab dem 28. Lebensjahr im wahrsten Sinne des Wortes dabei ist zu zerfallen und daß wir diesen Prozeß nicht aufhalten oder verlangsamen können, ohne erheblich mehr für unsere Gesundheit zu tun als zuvor. Jeder Dritte hat bis zum 60. Lebensjahr einen Herzinfarkt zu erleiden, der durch Sport hätte verhindert werden können. Auch Wirbelsäulen- und Gelenkprobleme lassen sich in der Regel verhindern, wenn sie durch Bewegungsarmut oder den Alterungsprozeß bedingt sind.

Wenn Sie unfit sind, müssen Sie sich alles hart erkämpfen, für alles schwer arbeiten. Die Durchblutung und Entgiftung, Energiezufuhr und Sauerstoffzufuhr findet nicht in der gewünschten Weise statt, und Ihnen fehlt Energie.

Muskeln schrumpfen, wenn Sie sie nicht benutzen. Dadurch werden sie nicht mehr ausreichend durchblutet, mit Sauerstoff versorgt und verkümmern immer weiter. Sie haben bei Verletzungen und Krankheiten schlechtere Heilungschancen, und die Regenerationsphasen dauern erheblich länger. Sie sind anfälliger für Infektionen, fühlen sich schlaff und handeln dementsprechend lustlos. Dadurch werden degenerative Krankheiten gefördert.

Wut, Anspannung und Streß lassen sich durch sportliche Betätigungen am effektivsten reduzieren. In den USA führten wir kürzlich für Top-Manager und Führungskräfte ein Geh-Programm ein, das durch regelmäßiges, leicht angestrengtes Gehen viermal täglich Streß reduziert, Anspannungen abbaut und den Energiehaushalt positiv beeinflußt.

Wenn Sie lange nicht sportlich aktiv waren, beginnen Sie immer klein, und wachsen Sie langsam. Regelmäßigkeit führt zum Erfolg, nicht einmalige Höchstbelastung. Machen Sie Bewegungsübungen zu einem selbstverständlichen Verhaltensmuster. Bedenken Sie, daß 20 Minuten am Tag schon ausreichen. 30 Minuten am Tag sind gut und 60 Minuten pro Tag hervorragend.

2. Gute Ernährung

Ein weiterer wesentlicher Punkt ist die Ernährung – ein sehr heikles Thema, auf das man sehr intensiv eingehen muß. Ich möchte hier nur eine allgemeine Zusammenfassung der wesentlichen Grundgedanken vornehmen:

Ihre Nahrung stellt die Bausteine für die Erneuerung Ihrer Zellen dar. Alle Zellen erneuern sich zu 98 Prozent innerhalb von elf Monaten und zu 100 Prozent innerhalb von zwei Jahren. Diese Zellen entstehen durch Baustoffe, die Sie dem Körper durch die Nahrung zuführen. Geben Sie minderwertige Baustoffe (Nahrung) zum Zellaufbau in Ihren Körper, können die neu gebildeten Zellen selbstverständlich nur minderwertig sein. Führen Sie hochwertige Baustoffe (Nahrung) zu, wird die Qualität Ihrer Zellen entsprechend besser. Die Gesundheit Ihrer Zellen bestimmt die Gesundheit Ihres ganzen Körpers.

Lernen Sie bitte, nur zu essen, wenn Sie hungrig sind. Essen Sie nur solange, wie Sie Hunger haben. Essen Sie nicht unkontrolliert und vor allen Dingen nicht dann, wenn der Körper überhaupt keinen Nahrungsbedarf signalisiert. Essen Sie nicht aus Höflichkeit den Teller leer. Sie sollten immer essen, wenn Sie Hunger haben, aber möglichst sinnvolle, lebendige Nahrung, Obst, Gemüse, Salate, und nur solange, wie Sie echtes Hungergefühl empfinden. Essen Sie nicht zu vorgegebenen Zeiten, da Ihr Körperrhythmus vollkommen eigenständig und unabhängig von dem Hunger anderer oder festgelegten Uhrzeiten funktioniert. Hunger ist ein äußerst gefährliches, streßproduzierendes Element. Keinesfalls sollten Sie hungern, ganz gleich, was Sie bis zum heutigen Tag darüber gehört haben. Hunger führt zur Aussendung von Streßhormonen, zu Verkrampfungen und Schmerzen. Dauernde Diäten können zu chronischem Streß führen und daraus resultierende katastrophale Folgen haben.

Durch Hungern und Diäten entsteht Eisenmangel, Streß, Mangel an Vitamin C und Calcium und vielen anderen Elektrolyten. Hunger führt zu Eisenmangel. Aber zuviel oder falsch essen ist genauso katastrophal wie Hunger. Anspannung und Hunger, Alkohol und Kaffee können leicht zu Arteriosklerose, allgemeinen Kreislaufproblemen, übermäßiger Insulinproduktion, starkem Verlust von Calcium führen. Nikotin ist ein Sauerstoffvernichter und zerstört den Sauerstoffgehalt in Ihrer Blutbahn, der Sauerstoff ist letztendlich der Basisenergieträger für jede Form von menschlichem Leben.

Sorgen Sie in einem ausgeglichenen Maß für Vitaminzufuhr und ausreichende Mineralstoffe durch frisch gepreßte Fruchtsäfte, Obst und Gemüse. Trinken Sie möglichst häufig einfaches Tafelwasser oder frische Säfte, denn es gibt nichts Besseres gegen Durst und für Ihre Gesundheit. Verzichten Sie bitte auf Mineralwasser, da Mineralwasser Mineralien enthält, die vom Körper nicht aufgenommen und verarbeitet werden können und dadurch Ihren Energiehaushalt belasten. Dazu kommt, daß Kohlensäure nierenzersetzende Auswirkungen haben kann.

3. Erholsamer Schlaf

Der Schlaf ist für die Regeneration, Erholung, Gesundheit und Leistungskraft ein besonders wichtiger Faktor. Nur im Schlafzustand werden ganz bestimmte Stoffe produziert, die der Körper zum Leben und Überleben benötigt. Unter anderem Serotonin, ein lebenswichtiger Stoff für unsere Existenz.

Dazu kommt, daß wir ungefähr alle 90 Minuten in die sogenannten REM-Phasen gelangen, und nur in diesen ist optimale Regeneration möglich. Nur wenn dieser normale Zyklus eingehalten wird, mit ausreichenden Wiederholungen, ist eine echte Regenerationsphase überhaupt möglich. Alkohol beispielsweise stört die Gehirnfrequenzen und somit diesen Schlafrhythmus, den wir für Gesundheit unbedingt benötigen. Schlaftabletten sind in der Regel nach zwei Wochen wirkungslos, danach schlafen Sie im allgemeinen schlechter als zuvor. Wenn Sie unter Schlafstörungen leiden, sollten Sie Ihren Lebensstil, Ihre Verhaltensweisen und Ihre Ernährung überprüfen, um besser schlafen zu können, anstatt Tabletten zu nehmen.

Schlaf reduziert Streß. Doch durch zuviel Streß können wir nicht richtig schlafen und erzeugen neuen Streß. Unterbrechen Sie diesen tödlichen Kreislauf durch das Akzeptieren von Problemen, indem Sie daran arbeiten, diese zu lösen. Angenehme Musik, Naturgeräusche, Waldkulisse, das Rauschen eines Bachlaufes, mentales Training, Autogenes Training oder unsere NAPS-Programme können Ihnen dabei helfen, einen erholsamen und guten Schlaf zu programmieren.

Selbst wenn Sie nicht schlafen können, sollten Sie trotzdem mit geschlossenen Augen im Bett liegen bleiben, um dem Körper wenigstens eine Regenerations- und Entspannungsphase zu verschaffen.

4. Die Freiheit von Abhängigkeiten

Die Freiheit von Abhängigkeiten ist nicht nur für unsere Gesundheit, sondern auch für unser Selbstwertgefühl, unser Selbstimage besonders wichtig. Schon die kleinen Abhängigkeiten, wie die Abhängigkeit vom Koffein, zerstört die eigene Fähigkeit, mit Streß effektiv umgehen zu können. Es werden Mineralien und unter anderem sehr viel Calcium verbraucht. Nach einer kurzen Aufbauphase durch Kaffeekonsum kommt ein viel tieferer Absturz. Versuchen Sie doch statt dessen Kräutertees oder heißen Zitronensaft.

Alkohol, Nikotin und Tabletten zur Lösung von Problemen zu benutzen, kann im wahrsten Sinne des Wortes tödlich sein. Das Hauptproblem von Abhängigen besteht darin, daß sie eine Sucht oder Abhängigkeit grundsätzlich verleugnen. Und deshalb ist eine Lösung des Problems für diese Menschen unmöglich. Wer glaubt, kein Problem zu haben, wird auch nicht an einer Lösung arbeiten können oder wollen.

Raucher behaupten allzu häufig, sie könnten jederzeit damit aufhören, wollten es aber nicht. Alkoholabhängige sagen, sie trinken ja nicht besonders viel, nur unregelmäßig oder überhaupt nicht.

Aufgabe

Überprüfen Sie einmal, wieviel Alkohol Sie täglich oder pro Woche trinken, wie viele Zigaretten Sie rauchen, welche Mengen Kaffee Sie trinken. Um sich die Menge wirklich bewußt zu machen, schreiben Sie bitte alles auf.

Von einer Sucht können Sie nur freikommen, wenn Sie Ihr Selbstimage entsprechend verändern. Das heißt, das Bild, das Sie von sich selbst haben, darf nicht mehr das Bild eines Rauchers, eines Übergewichtigen, eines tabletten- oder alkoholabhängigen Menschen sein. Es muß das Bild eines freien, gesunden und vitalen Menschen sein. Es gibt unterschiedliche Wege, dies zu erreichen. Durch das bewußte Verändern des Selbstbildnisses, durch das Nutzen des Freude- und Schmerzprinzips und durch bewußte NAPS-technische mentale Umprogrammierung und Konditionierung wird dies möglich.

Fragen Sie sich, ob Ihre Lebensweise das reflektiert, was Sie sein könnten und was Sie anders machen müßten, um Ihrem Idealbild zu entsprechen. Sie müssen auch hier nicht ins Extrem gehen, sondern nur für einen Ausgleich sorgen. Wenn Sie beispielsweise gestern auf einer langandauernden Party waren, sehr viel gegessen und große Mengen Alkohol zu sich genommen haben, sollten Sie sich 14 Tage Regenerationszeit gönnen, bevor Sie sich wieder etwas ähnlich Destruktives antun.

Das Leben ist Gleichgewicht, und wenn für Sie eine Party Lebensqualität bedeutet, auf die Sie nicht verzichten möchten, sollten Sie ruhig auf diese gehen. Sie sollten sich aber immer dessen bewußt sein, was Sie zu sich nehmen und mit sich selbst und Ihrem Körper tun.

All diese vier Punkte zusammen in einer gesunden Ausgewogenheit bedeuten Gesundheit. Praktizieren Sie nicht einen der Punkte übertrieben, sondern machen Sie eine ausgewogene Regelmäßigkeit zu Ihrem Verhaltensmuster. Das macht den Unterschied.

Zur Erinnerung:

1. Regelmäßige, sinnvolle Bewegung
2. Gute Ernährungsgewohnheiten
3. Erholsamer Schlaf
4. Freiheit von Abhängigkeiten

Beginnen Sie gleich morgens mit einhundert Prozent

Wenn Sie morgens aufstehen, richten Sie sich kraftvoll auf, klatschen Sie dreimal in die Hände und rufen Sie laut: „Ja!“ Strecken und dehnen Sie sich. Schreiten Sie bewußt zum Badezimmerspiegel, sehen Sie sich da in die Augen, und sagen Sie: „Das ist mein Tag, und ich werde heute Großartiges vollbringen.“ Sie werden feststellen, daß Sie auf diese Art und Weise sehr viel mehr Zeit für die Lösung Ihrer Aufgaben haben. Denn Sie beginnen den Tag nicht mit 30 oder 40 Prozent Leistungskapazität, sondern gleich mit 100 Prozent, weil Sie nicht zwei, drei Stunden benötigen, um aufzuwachen oder in Gang zu kommen.

Beginnen Sie den Tag richtig, mit frischgepreßten Obstsäften und einem Obstsalat. Geben Sie dem Körper die Energie, die er benötigt, um richtig starten zu können. Unterstützen Sie ihn geistig, emotional und körperlich, und bauen Sie Ihr Selbstwertgefühl und Selbstvertrauen durch gezielte, positive Eigenkommunikation ständig und regelmäßig auf. Bevor Sie an die Lösung einer Aufgabe herangehen, sagen Sie sich: „Ich kann das! Ich schaffe das!“ Und wenn Sie auf negative Meinungen anderer stoßen, die Ihnen sagen: „Das geht nicht! Das schaffen Sie nicht! Sie können das nicht!“ reagieren Sie grundsätzlich mit der NAPS-Formel „Jetzt erst recht!“ und handeln Sie.

Es gibt fast nichts Neues, keine Erfindung, keine große Veränderung für die Menschheit, von der man zuvor nicht gesagt hat, sie sei unmöglich. Ganz gleich, ob es das Flugzeug, das elektrische Licht, die Batterie, das Grammophon, die Mondrakete oder all die anderen Dinge waren. *Wenn es getan werden muß und es niemand vor Ihnen getan hat oder tun konnte, dann sind Sie es eben, der es zuerst tun wird.*

Ein besonderer Tip: Trinken Sie morgens nach dem Aufstehen einen frisch gepreßten Möhren-Sellerie-Saft auf nüchternen Magen! Das schmeckt zwar nicht besonders gut, aber hilft Ihrem Körper, sich zu entgiften, und gibt Ihnen Energie!

Die beste Form, Streß zu vermeiden und zu verhindern, ist das Bewußtsein zu entwickeln, die Kontrolle über Ihre Handlungen zu besitzen.

Humor gegen Streß

Wer Spaß und Freude am Leben und an der Arbeit hat, stimuliert sein Gehirn entsprechend positiv und erreicht eine anabolische Verfassung. Streß hingegen produziert eine katabolische Verfassung, es werden Hormone produziert, die Ihr Immunsystem unterdrücken und destruktiv wirken.

Ein guter Beweis für die Effektivität von Humor ist Normen Cousins Heilungsgeschichte, die er in seinem Buch „Anatomie einer Krankheit" beschreibt. Der damals schwer krebskranke Autor beschreibt dort, wie er sich durch Humor, lustige Videokassetten und Tonbänder im wahrsten Sinne des Wortes gesund gelacht hat.

Lachen hat mehr positiven Einfluß auf Ihr Immunsystem, als Sie es beispielsweise durch sportliche Aktivitäten erreichen könnten. Nutzen Sie für sich selbst und für andere die positive Wirkung des Humors. Sie stärken dadurch Ihr Immunsystem und das Ihrer Mitmenschen. Ein freundliches Lächeln erzeugt Gemeinsamkeit, Offenheit und spendet Energie. Negativer Humor (ironisch oder beleidigend) zerstört Teamspiel und Effektivität. Er führt zu Konkurrenzkampf, Disharmonie und Isoliertheit. Das Gefühl von Hilflosigkeit, die Unfähigkeit zu handeln und Krankheit sind häufig die Folge.

Doch Humor darf niemals auf Kosten anderer praktiziert werden. Wichtig ist die Fähigkeit, über sich selbst lachen zu können und sich in einem Scherz selbst mit einzubeziehen. Humor wirkt als Streßreduktion gerade in angespannten Situationen sehr wohltuend auf alle Beteiligten. Nehmen Sie das Leben nicht zu ernst, denn sonst sehen Sie das Leben wie durch eine Röhre und werden blind für das gesamte Bild.

Durch humorvolle Kommunikation lassen sich Problemlösungen leichter und entspannter finden. So gibt es beispielsweise Berichte aus einem psychiatrischen Krankenhaus in New York, nach denen ein neunjähriges Mädchen, das bereits über eineinhalb Jahre vollkommen teilnahmslos war, schon nach zwölf Minuten Zusammensein mit einem professionellen Clown begann, dessen Namen zu rufen und sich nach zwei Stunden wieder vollkommen normal verhielt.

Im gleichen Krankenhaus befand sich ein 72jähriger depressiver Patient, der zu verhungern drohte, weil er im Leben keinen Sinn mehr sah. Der gleiche Clown verhalf dem Mann dazu, innerhalb von 14 Tagen das Krankenhaus als geheilt zu verlassen.

Denken Sie an Menschen, bei denen Sie sich wohl fühlen, weil sie andere zum Lachen bringen können. Diese Menschen sind in der Lage, eine gewisse Ironie in Problemen und im Leben selbst zu sehen und können sicherlich auch über sich selbst lachen. Überlegen Sie, wie Sie diese humorvolle Weise in Ihr Leben mit einbeziehen können. Umgeben Sie sich oft mit möglichst humorvollen, positiven Menschen. Fragen Sie sich, welche Situationen Sie in Ihrem Leben verändern können und wie Ihnen Humor dabei helfen kann. Lernen Sie, das Leben lustiger und optimistischer zu sehen und entsprechend zu handeln.

Übersicht der Basiselemente

Ihr Selbstwertgefühl, also Ihr Selbstimage, wie Sie sich selbst sehen und geistig erleben, bestimmt Ihre Aktionen. Aus diesem Grund müssen Sie negative Erlebnisse aus der Vergangenheit loslassen, weil Sie sonst ständig Ihr Selbstimage (zum Beispiel das des Versagers) negativ beeinflussen und dadurch Ihre Zukunft negativ bestimmen. Sie sind täglich ein neuer Mensch, durch neue Erfahrungen und Erkenntnisse und Weiterentwicklung. Sie sind nicht mehr derselbe Mensch, der Sie vor zehn oder 15 Jahren waren, als Sie vergangene Fehler und Mißerfolge produziert haben. Aus diesem Grund können Sie getrost diesen Menschen auch loslassen.

Zu viele Menschen geben im Leben auf, weil sie ihre Vergangenheit vor Augen haben und glauben, daß ihr Leben immer noch gleich ist. Doch dies kann gar nicht sein. Probleme sind Herausforderungen, durch die Sie Ihr Leben auf nächsthöhere Ebenen bringen können. Sehen Sie in Zukunft Probleme als Chancen zum Wachsen an, und gehen Sie alte

Probleme in einer neuen Art und Weise an. Vor Problemen wegzulaufen erhöht die Streßsituation und kann zu chronischem Streß führen. Sehen Sie sich als Direktor des Filmes mit dem Titel „Das ist mein Leben“ und nicht nur als Schauspieler. Sehen Sie sich als Regisseur, als Drehbuchautor und nicht als Marionette, die ausgeliefert und bestimmt durch Gedanken und Ziele anderer hilflos nach fremden Regieanweisungen reagieren muß.

- Lassen Sie die Vergangenheit los, und stoppen Sie die Befürchtungen die Zukunft betreffend, Sie können ohnehin nur in der Gegenwart handeln. Natürlich bestimmen Sie durch Ihre Ziele und Verhaltensweisen Ihre Zukunft ohnehin selbst.

- Ein sinnvolles Zeitmanagement ist ebenfalls ein wesentliches Basiselement für eine gute Streßreduktion oder Prävention, darauf gehen wir jedoch später noch genauer ein.

- Betreiben Sie ein aktives Streßmanagement, durch regelmäßige Regenerationsphasen, Belohnungen und Erfolgserlebnisse, durch sportliche Aktivitäten und Verändern des mentalen Umgangs mit sich selbst.

- Fokussieren Sie sich immer auf Lösungen und nicht auf Probleme, denn für viele Menschen ist es tatsächlich so, daß sie ihr Leben als Hindernislauf betrachten, mit sich selbst als dem größten Hindernis darin.

- Vergessen Sie niemals, daß andere Menschen Sie nur vorübergehend aufhalten können, Sie selbst sind der einzige, der Sie für immer aufhalten kann. Erst wenn Sie aufgeben und sagen: „Es ist vorbei“, ist es tatsächlich vorbei.

- Bleiben Sie ständig flexibel und kreativ, und leben Sie immer in der Gegenwart. Vermeiden Sie das Entstehen von chronischem Streß, indem Sie nicht mehr in der Vergangenheit oder Zukunft leben.

- Nur drei Prozent aller Ängste, die wir haben, werden jemals wahr. Und nur ein geringer Anteil davon in wirklich schlimmer und katastrophaler Form.

- Entfernen Sie die Energiefresser aus Ihrem Leben, und suchen Sie nach positiven Menschen, mit denen Sie ein effektives Teamspiel aufbauen können.

- Durchbrechen Sie Einsamkeit durch Freundlichkeit, durch ein Lächeln. Seien Sie interessiert und fürsorglich in bezug auf Ihre Mitmenschen, und kommunizieren Sie motivierend mit anderen und sich selbst, indem Sie sagen: „Du kannst alles erreichen, was immer du willst!“
- Gesundheit ist ein ganzheitlicher Faktor, der sich nicht isolieren läßt. Die Freiheit von Abhängigkeit oder von Kompromissen ist ebenso wichtig wie das Leben nach eigenen Wertvorstellungen und Zielen.
- Risiken, die Sie eingehen, befähigen Sie dazu, Ihre Talente effektiver zu nutzen, als Sie diese jemals zuvor benutzt haben. Auch Räumlichkeiten, in denen Sie sich befinden, können einen wesentlichen Streßfaktor darstellen, zum Beispiel zu laut, zu warm, zu kalt, zu wenig Sauerstoff usw. Finden Sie heraus, welche Elemente in Ihnen Streß auslösen, und verändern Sie diese.
- Bringen Sie sich selbst nicht unter großen Zeitdruck, planen Sie Ihre Zeit realistisch. Lassen Sie sich nicht von anderen unter Zeitdruck setzen. Dies kann sonst katastrophale Folgen für Ihr Streßempfinden haben, aber auch für Ihr Verhalten.
- Nur Sie selbst können sich zu dem gesunden, erfolgreichen und dynamischen Manager machen, der Sie sein können. Verlassen Sie sich nicht auf andere, auf den Zufall und auf das Glück, sondern übernehmen Sie die Verantwortung und Kontrolle für Ihre Gesundheit und Ihre Zukunft selbst. Benutzen Sie die Basiselemente der Neuropsychologie, die ich hier vorgestellt habe.

5 Coaching und Selbstmanagement

Jeder Profi braucht einen Coach

Jeder Mensch hat eine einzigartige Persönlichkeit. Diese Einzigartigkeit macht es möglich, daß Sie außergewöhnliche Erfolge in Ihrem Leben produzieren können. Und genau das sollten Sie auch tun. Sie sollten nicht in den Schuhen anderer laufen, keinem Führer folgen, sondern sich von Machern und Meistern beraten und trainieren lassen. Aber nur damit Sie Ihrem individuellen Potential entsprechend Ihr eigenes Erfolgskonzept entwickeln und realisieren können.

Nur sich selbst haben Sie den Rest Ihres Lebens. Was immer Sie aus Ihrer Persönlichkeit, aus Ihren Gefühlen und Ihrem Körper machen, damit müssen Sie den Rest Ihres Lebens auskommen und leben, ob Sie wollen oder nicht. Lernen Sie zuallererst, sich mit sich selbst wohl zu fühlen und immer nur Dinge zu praktizieren, hinter denen Sie auch wirklich stehen. Lernen Sie lediglich von Erfolgsgeschichten anderer, und versuchen Sie nicht, diese nachzuleben, denn das ist nicht möglich. Suchen Sie sich aus jeder Erfolgsgeschichte nur das heraus, was für Ihr Leben und Ihre individuelle Situation sinnvoll und richtig erscheint. Sie müssen sich gut bei dem fühlen, was Sie tun, Sie dürfen sich nicht bevormundet fühlen oder gar manipuliert. Sie sollten sehr vorsichtig sein mit manipulativen Techniken, durch die Sie anderen Menschen einen Einfluß auf Ihr Denken, Handeln und Fühlen geben. Diese Techniken sind seit ihrem Bestehen vielfach dazu benutzt worden, Persönlichkeitsbilder von Menschen zu verändern, sprich zu zerstören.

Hilfe zur Selbsthilfe sorgt für ein starkes, positives Selbstimage und Selbstwertgefühl und ist die Basis für Glück, Erfolg und Gesundheit. Und diesen Weg sollten Sie gehen.

Unter den zahlreichen Trainern weltweit, von denen es allein über 11 000 in Deutschland gibt (Persönlichkeitsentwicklung, Motivation), sind viele lediglich „Schüler" oder Menschen, die ein paar Bücher gelesen haben. Sie lernen verschiedene Techniken auswendig und versuchen, mit dem Vermitteln eines Lehrstoffs, den Sie nicht beherrschen und dessen Zweck Sie niemals voll begriffen haben, dem lernwilligen und handlungsbereiten Menschen etwas zu vermitteln. So etwas kann selbstverständlich nicht funktionieren und nicht zu effektiven Handlungen oder den gewünschten Resultaten führen.

Wenn Sie ein Motivationstraining im üblichen Sinn belegt haben, werden Sie feststellen, daß Sie ein bis drei Tage nach dem Seminar motiviert und aufgebaut sind und danach vollkommen zusammenbrechen. Jede Form von Fremdmotivation ist Manipulation und somit Demotivation. Dies ist die logische Folge von externer, also von außen kommender Motivation, die keinem Menschen auf der Welt langfristig und sinnvoll helfen wird oder kann.

Jede manipulative Trainingsform und Technik ist gefährlich und kann eine Karriere und sogar Leben zerstören. Deshalb sollten Sie immer nur nach Trainern, Ausbildungs-, Weiterbildungs- und Schulungsmöglichkeiten suchen, die Ihrer eigenen Persönlichkeitsentwicklung nutzen. Ziel muß sein, Ihr Leben effektiver zu gestalten, und nicht, Ihre Persönlichkeit zu verändern. Überprüfen Sie immer, bevor Sie sich einem Trainer anvertrauen, welche Erfolge er vorzuweisen hat. Sprechen Sie mit Führungskräften und Unternehmen, die diese Person zuvor betreut hat, und lassen Sie sich Resultate nachweisen oder Dankschreiben und Referenzen geben.

Versuchen Sie immer, vom Meister, vom Entdecker, vom Entwickler selbst zu lernen, wie Sie Ihr Leben durch sich selbst in die von Ihnen gewünschte Fassung bringen können. Vergessen Sie bitte nicht, wenn Sie in den Fußspuren eines anderen laufen, können Sie diesen niemals überholen und auch den Weg, den Sie gehen, nicht selbst bestimmen. Gehen Sie in Ihrem Leben nach der Aussage von Hannibal: „Wenn es keinen Weg gibt, wenn wir keinen finden, werden wir uns eben einen schaffen."

Strategien für effektives Management

Um effektiv zu managen, ist es unbedingt notwendig, daß Sie sich selbst als verständnisvolle Führungskraft mit klaren Zielen, Werten und Regeln, mit Durchhaltevermögen und all den notwendigen Fähigkeiten sehen, die Sie für Ihr persönliches Idealmanagement benötigen. Es ist Ihr Selbstbildnis, das bestimmt, ob Sie eine gute Führungskraft, ein moderner, flexibler Manager sind oder nicht. Also sehen Sie sich immer als ruhig, sachlich, freundlich, überlegen und zielbewußt. Die Grundlage für erfolgreiche Menschenführung liegt darin, daß man sich selbst akzeptiert, denn nur wer hinter sich selbst stehen kann, hinter dem stehen letztendlich auch die Mitarbeiter und Geschäftspartner.

Sie können sich selbst nur dann mögen und akzeptieren, wenn Sie Ihrer eigenen wahren Persönlichkeit entsprechend leben und handeln. Belasten Sie Ihr Leben nicht unnötig durch künstliche Verhaltensweisen, die nicht zu Ihrer wahren Persönlichkeit passen. Das Aufrechterhalten künstlicher Verhaltensweisen ist ein wesentlicher Streßfaktor, und persönlichkeitsfremdes Verhalten läßt Sie unglaubwürdig wirken.

Lernen Sie, an sich selbst zu glauben. Nutzen Sie Ihre persönlichkeitseigenen Merkmale und Charakterzüge. Verbessern Sie Ihre Verhaltensweisen, und nutzen Sie die Talente, die Ihnen dabei helfen können, mehr aus sich und Ihren Mitarbeitern zu machen.

Dabei ist zu bedenken, daß nur derjenige, der sich selbst akzeptiert, effektiv arbeitet. Somit ist es Ihre vorrangige Aufgabe, Ihren Mitarbeitern Selbstwertgefühl und Selbstvertrauen zu geben und deren Selbstbewußtsein zu stärken. Dadurch erhöhen Sie die Produktivität und mindern gleichzeitig die Rate von Krankschreibungen oder „Blaumachen“. Ein zusätzlicher positiver Begleiteffekt ist die Verbesserung des Betriebsklimas, das sich auf Kreativität, Leistungsbereitschaft der Mitarbeiter und Kunden gleichermaßen positiv auswirkt. Sie wissen selbst, daß Sie viel produktiver sind, wenn Sie sich gut fühlen. Aus diesem Grund sollten Sie ständig dafür sorgen, daß Ihre Mitarbeiter sich gut fühlen. Denn auch Sie sind dann leistungsstarker.

Führungskräfte haben die Verantwortung, ihren Mitarbeitern klare Ziele, Wege und Strategien zu vermitteln beziehungsweise diese möglichst gemeinsam mit ihnen zu entwickeln. Wodurch dieses Ziel erreicht werden soll, muß jedem Beteiligten klargemacht werden, und auch was exakt er für die Zielerfüllung zu tun hat und welches Resultat von ihm erwartet wird. Nur in dieser Klarheit, in der jeder Beteiligte genau weiß, was er warum, wann, mit welchem Ergebnis zu tun hat, ist ein optimales Management möglich.

Für bessere Kontrollmöglichkeiten und zum Ausschließen von Mißverständnissen sollten Ziele im allgemeinen so präzise wie möglich aufgeschrieben werden. Gleichzeitig sollten die Durchführungsvorgaben klar umrissen werden. Schreiben Sie zu jeder einzelnen Person kurz nieder, was von dieser speziell erwartet wird.

Wenn ein Mitarbeiter mit einem Problem zu Ihnen kommt, halten Sie sich nicht mit unnötigen Erklärungen und Meinungsbekundungen auf, sondern fragen Sie ihn, was exakt das Problem ist und was seiner Meinung nach dagegen zu tun ist. Ihr Mitarbeiter wird für das Mitarbeiten und somit auch für das Mitdenken bezahlt. Aus diesem Grund sollten Sie von einem Mitarbeiter, der mit einem Problem zu Ihnen kommt, sich das Problem kurz und klar, emotionslos und ohne viel Drumherum schildern lassen. Danach lassen Sie sich dann immer von der betreffenden Person selbst Lösungs- und Verbesserungsvorschläge machen. Kurz gesagt: keine Problemdarstellung ohne Lösungsvorschlag.

Durch das NAPS-Training geschulte Manager wissen, wie wichtig es ist, klare Ziele zu setzen und gemeinsam Realisierungsstrategien zu entwickeln, aber auch wie wichtig es ist, den regelmäßigen Fortschritt zu beobachten.

Wir geben bei unserem NAPS-Managementtraining die folgende äußerst wirksame Anleitung:

- Am Ende eines jeden Tages setzt sich jeder Mitarbeiter mit seiner schriftlich fixierten Zielvorgabe hin und schreibt in kurzen Sätzen auf, welches Verhalten, welche Aktionen ihn dieser Zielerfüllung näher gebracht haben. Danach schreibt er auf, welche weiteren Schritte er am nächsten Tag vollziehen wird, um noch effektiver zu werden. Selbstverständlich ist diese Vorgehensweise auch für die Führungskraft selbst äußerst sinnvoll, und häufig ergeben sich Antworten auf wichtige Fragen ganz von selbst.
- Mindestens einmal pro Woche sollten Sie dann mit Ihren Mitarbeitern gemeinsam Fortschritt und Strategien überprüfen beziehungsweise besprechen. Regelmäßige Treffen sind unter anderem für sinnvolles Lob und konstruktive Kritik unbedingt notwendig. Je

öfter Sie einen Mitarbeiter „dabei erwischen", daß er etwas besonders gut gemacht hat, sollten Sie ihn auf der Stelle loben.

- Wann immer die Notwendigkeit zur Kritik besteht, sollte diese ebenfalls schnellstmöglich klar, präzise, kurz und sachlich angebracht werden, indem Sie grundsätzlich immer nur das Verhalten der Person kritisieren, niemals die Person selbst. So dürfen Sie keinesfalls sagen: „Herr XY, Sie sind unfähig, diese Aufgabe zu erledigen." Besser wäre zu sagen: „Herr XY, ich bin enttäuscht darüber, daß ein Mensch mit Ihren Qualitäten und Voraussetzungen eine so mittelmäßige oder minderwertige Arbeit geleistet hat. Ich erwarte von Ihnen, daß Sie künftig Ihrem wahren Potential entsprechend handeln und Resultate produzieren."

  Mit dieser Form von Kritik haben Sie sinnvoll und effektiv die Person selbst gelobt, die Handlung, das Verhalten beziehungsweise das Resultat kritisiert, gleichzeitig Hoffnung und Vertrauen in die künftige Lösung der Aufgabe durch die betreffende Person gegeben. Wenn Sie dann noch genau definieren, was die Person falsch gemacht hat und wie sie es künftig machen soll, ist Ihr Führungsverhalten fast perfekt.

- Um es optimal zu machen, sollten Sie am besten mit dem Mitarbeiter gemeinsam künftige Ziele, Vorgehensweisen und die gewünschten Resultate festlegen. Geben Sie Ihrem Mitarbeiter die Chance, sich selbst dafür zu entscheiden, entsprechend handeln und dann das Ziel selbst erreichen zu wollen.

  Aus dem Munde des Mitarbeiters hört man dann Worte wie: „Wir haben uns dazu entschieden, das so und so zu tun", oder „der Chef und ich haben beschlossen usw.". Dies hilft dem Selbstwertgefühl und Selbstvertrauen des Mitarbeiters und gibt ihm gleichzeitig das Gefühl, mitentscheiden zu können, also Einfluß zu haben auf das Gesamtgeschehen. Er wird dadurch auch erheblich leistungsfähiger.

- Bedenken Sie bitte, daß das Gefühl der Hilflosigkeit, das Gefühl ausgeliefert zu sein oder manipuliert zu werden, zu den größten Streßfaktoren überhaupt zählt. Ein entnervter, verspannter, energieloser oder regelmäßig kranker Mitarbeiter kann nicht in Ihrem und im Interesse Ihres Betriebes sein.

  Viele Menschen begehen den Fehler, darauf zu warten, daß ein Mitarbeiter etwas falsch macht, um dann über ihn herzufallen. Ein solches Vorgehen ist äußerst verhängnisvoll für die Gesamtentwicklung dieses Mitarbeiters und dessen Leistungen. Bei Kritik und Lob ist es wichtig, dem Mitarbeiter unsere Gefühle zu vermitteln, das heißt also im negativen Fall zu sagen: „Ich bin enttäuscht, weil ..." und im positiven Fall zu sagen: „Ich bin stolz auf Sie und freue mich sehr darüber, daß ..."

- Jeder Mensch erreicht seine absolute Höchstform, wenn Sie ihm nur die Möglichkeit dazu geben, auf sich selbst und seine Leistung stolz zu sein. Dieses Gefühl geben Sie ihm durch sachliche Kritik an Fehlleistungen, während Sie gleichzeitig den Glauben an seine Fähigkeiten und seine Person bekunden.

- Machen Sie bitte nicht den Fehler, den Mitarbeiter erst dann zu loben, wenn er Außerordentliches geleistet hat. Loben Sie ihn schon auf dem Weg zum Ziel, wenn er sich sichtbar vorwärts bewegt. Das menschliche Gehirn ist so konzipiert, daß es Lob und Kritik nur in Zusammenhang mit der entsprechenden Handlung oder Leistung bringen kann, wenn Lob und Kritik in engem zeitlichen Zusammenhang mit der vollbrachten Leistung stattfinden.

  Eine Gratifikation am Ende des Monats für eine hervorragende Leistung am fünften des vergangenen Monats wird zwar vom Mitarbeiter gern und dankbar angenommen. Eine unmittelbare Auszahlung oder ein öffentliches Lob beziehungsweise eine Anerkennung in Form eines Geschenkes dann, wenn diese hervorragende Leistung vollzogen wurde, verankert im Nervensystem die Assoziation: „Gute Leistungen oder Höchstleistungen bedeuten Freude, Anerkennung, Angenehmes, Beförderung und Belohnung." Dadurch machen Sie den Mitarbeiter „süchtig" nach Erfolg und Lob. Er ist motiviert, zum eigenen Vorteil (sich gut zu fühlen) zu handeln.

- Der gute Manager weiß, wie wichtig es ist, ein harmonisches Teamspiel und positives Betriebsklima zu schaffen. Aus diesem Grund sollten Sie, so wie wir es im NAPS-Training lehren, sogar die Mitarbeiter untereinander ermutigen, sich regelmäßig zu sagen, wann der andere etwas gut gemacht hat. Unsinnige Auszeichnungen wie „Arbeiter des Monats" machen alle anderen Mitarbeiter zu Verlierern und nur einen zum Sieger. Dadurch können Konkurrenzdenken genauso entstehen wie Mobbing und andere negative Auswüchse.

Lassen Sie die Mitarbeiter untereinander abstimmen, wer der Betriebsteamspieler des Monats ist. So wird er von allen anderen mitgewählt und erhält dafür am Monatsende eine Anerkennung für das ganze Team. Trotzdem sollten Sie immer die umsatzstärksten Mitarbeiter belohnen, dies ist ebenfalls wichtig. – Diese Anerkennung wird selbst verdient und ist für die anderen Mitarbeiter nachvollziehbar und akzeptabel.

- Loben Sie nur, wenn Sie es ehrlich meinen. Zeigen Sie Ihrem Gegenüber immer, daß Sie ein wahres Interesse an ihm und seiner Leistung haben, indem Sie ihm zumindest direkt in die Augen sehen oder ihm herzlich die Hand schütteln. Gefühle der Verbundenheit und kameradschaftlich seriöse Berührungen unterstützen das gegenseitige Verständnis und Entgegenkommen in der Regel sehr. Allerdings sollten Sie, wenn Sie Menschen noch nicht lange kennen und Sie noch keinen Rapport oder keine Freundschaft aufgebaut haben, diesen möglichst nicht berühren.

  Einem Mitarbeiter freundschaftlich die Hand auf die Schulter zu legen und zu sagen: „Ich weiß, daß Sie es schaffen“, trägt erheblich dazu bei, bei Ihrem Gegenüber ein großartiges Selbstwertgefühl zu entwickeln.

- Sie sollten Kritik und Lob keinesfalls von eigenen Gemütsschwankungen oder Konfliktsituationen abhängig machen, denn das konsequente Verhalten einer Führungskraft ist eine wichtige Basis für Vertrauen und Produktivität. Sie müssen für Ihre Mitarbeiter kalkulierbar sein, um diese nicht zu verunsichern, und dies selbstverständlich im positiven Bereich mit Lob genauso wie im negativen Bereich Kritik. Seien Sie konsequent und konstant.

- Nachdem Sie eine Person gelobt haben, ist es psychologisch gesehen sehr sinnvoll, einige Sekunden verstreichen zu lassen, damit das Gefühl der Freude bewußt empfunden werden kann.

- Gleichzeitig sollten Sie nach jedem Lob Ihrem Mitarbeiter Zuversicht und Hoffnung für künftige positive Resultate geben, indem Sie beispielsweise sagen: „Ich weiß, daß das nur einer der vielen Erfolge ist, die Sie von nun an regelmäßig produzieren“ oder „hervorragend, nur weiter so“.

- Der Autor und Trainer Kenneth Blanchard sagte einmal während eines Vortrags: „In seine Posaune muß man schon selbst blasen, da man sonst Gefahr läuft, daß jemand den Trichter als Spucknapf benutzt." Und damit meinte er, daß man sich auch regelmäßig selbst für gute Leistungen und Erfolge loben und auch darüber sprechen sollte. Wenn sich Ihre Mitarbeiter durch ein Lob besser fühlen, dann ist es nur folgerichtig, daß auch Sie sich selbst durch ein Lob besser fühlen. Da man häufig selbst sein ärgster Kritiker ist, sollte man auch selber sein intensivster Förderer sein.

Wenn Sie einen Mitarbeiter kritisieren, ist es sinnvoll, sich nicht gegenüberstehend oder -sitzend zu kritisieren. Sie sollten sich möglichst mit ihm auf die gleiche Schreibtischseite begeben oder sich neben ihn stellen. Um dadurch das Gefühl der Gemeinschaft, der Verbundenheit aufrecht zu erhalten, können Sie ihm vielleicht die Hand auf die Schulter legen und ihm präzise und klar sagen, was er falsch gemacht hat, und wie Sie sich dadurch emotional berührt fühlen – gereizt, enttäuscht, wütend oder verärgert. Wenn Sie dann auch hier ein paar Sekunden des Schweigens vergehen lassen, sackt auch diese Kritik emotional bei dem Kritisierten sehr tief und hinterläßt seine Spuren.

▶ Denken Sie bitte daran, niemals die Person, sondern nur ihr Verhalten zu kritisieren und immer Ihren Glauben an die Person und deren Leistungsfähigkeit zu bekunden. Wenn Sie die Person selbst nicht kritisieren beziehungsweise nicht angreifen, fällt es ihr leichter, die Kritik zu akzeptieren und über sinnvolle Veränderungen nachzudenken.

Überlegen Sie bitte einmal, wie es auf Sie wirken würde, wenn jemand zu Ihnen sagte: „Sie sind dumm." Oder wenn jemand sagen würde: „Ihr Verhalten in dieser Situation war dumm, weil ..."

▶ Nach jeder Kritik ist es wichtig, die Hand der Versöhnung zu reichen, indem Sie noch einmal bekunden, daß Sie viel von der Person halten und nur deshalb so enttäuscht sind, weil Sie eben wissen, zu welchen großartigen Leistungen der Mitarbeiter fähig ist.

Einer der erfolgreichsten Kollegen und Trainer im Verkaufsmanagement in den USA ist der Buchautor, Trainer und Redner Zig Ziglar. Aus seinem Mund stammt folgendes Zitat: „Jede Minute, in der ich Zeit, Geld, Ausbildung und Training in meine Mitarbeiter investiere, stellt eine gewinnbringende Investition in unsere gemeinsame Zukunft und die unserer Firma dar."

Ebenfalls von ihm stammt das Zitat: „Es ist besser, einen Mitarbeiter zu trainieren und ihn dann zu verlieren, als einen Mitarbeiter nicht zu trainieren und ihn zu behalten.“ Bedenken Sie bitte, daß ein Mitarbeiter nur tun kann, was Sie von ihm erwarten, wenn Sie ihm zuvor klar und deutlich gesagt haben, was Sie von ihm erwarten. Und Sie müssen ihm zuvor beigebracht haben, wie er seine Aufgaben optimal erledigt.

Feedback ist das Frühstück der Champions

Wenn Sie regelmäßig überprüfen, ob Sie sich durch Ihre Aktionen Ihrem Ziel nähern, davon entfernen oder gar im Stillstand verharren, dann wissen Sie genau, wann Sie Ihre Strategien ändern müssen. Gleichzeitig bringt ein regelmäßiges Überprüfen des Fortschritts Erfolgserlebnisse mit sich, die Ihrem Selbstwertgefühl gut tun, und das gilt selbstverständlich auch für Ihre Mitarbeiter.

Einmal in der Woche sollten Sie zusammenkommen und sich gegenseitig die Erfolge und Fortschritte bewußt machen, die jeder einzelne für seine Aufgabenbereiche produziert hat. In der Gesundheits- und Erfolgsforschung sowie in der praktischen Arbeit mit dem NAPS-Training habe ich festgestellt, daß diese gemeinsamen Treffen, die dem Zweck dienen, voller Stolz über Fortschritte berichten zu können und im Falle von fehlendem Fortschritt gemeinsam durch ein Brainstorming nach neuen Wegen und Lösungsmöglichkeiten zu suchen, ein effektives Instrument für ein hervorragendes Management darstellen. Am Ende eines jeden Meetings sollten Sie sich gegenseitig einen Zettel schreiben, auf dem steht: „Ich mag XY, weil ... “, und dann fügen Sie ein, warum Sie diesen Mitarbeiter oder diese Mitarbeiterin mögen. Vielleicht weil sie „freiwillig mehr getan hat“ oder „ein sehr netter und aufgeschlossener Teamspieler ist“, „wertvolle Firmenziele erreicht hat“ oder was auch immer es sein mag. Diese „Ich mag dich, weil“-Zettel sind meiner Ansicht nach ein besonders wertvolles Basiselement für effektives Führen und optimales Teamspiel. Denn nur in dem Bewußtsein, „gemeinsam nach oben“, läßt sich der Erfolg produzieren, den Sie verdienen.

Wichtig ist es auch, den Mitarbeitern immer ein Gesamtverständnis für deren Tätigkeit zu vermitteln. Ein Mitarbeiter braucht das Gefühl, daß seine Tätigkeit einen Sinn ergibt. Das kann es für ihn nur, wenn er die Notwendigkeit für seine Handlungen selbst erkennt, indem er das Ziel und den Grund für die Zielerfüllung bewußt gemacht bekommt. Wenn er regelmäßig überprüfen kann, wo er sich auf dem Weg zur Zielerfüllung gerade befindet, ist er besonders produktiv. Kein Hundertmeterläufer oder Olympiaschwimmer würde so hart trainieren, wenn am Ende nicht die Meisterschaft stehen würde, durch die er feststellen kann, wie gut er ist, und an deren Ende die mögliche Belohnung, der Sieg, der Applaus, die Anerkennung steht.

Beurteilen Sie niemals einen Menschen nach seinem Verhalten, denn ein Mensch ist nicht nur das, was er tut, sondern wird danach bemessen, was er tun beziehungsweise erreichen möchte. Nach meiner festen Überzeugung ist jeder Mensch in seinem eigenen individuellen Lebensbereich für Erfolg geboren. Richtig gefördert und eingesetzt kann jeder Mensch, ganz gleich mit welchen Voraussetzungen er auf diese Welt gekommen ist, individuelle Höchstleistungen produzieren, die dem gesamten Team beziehungsweise der Firma zugute kommen. Richten Sie nicht über Menschen, bevor Sie nicht genau wissen, welche Ziele, Werthierarchien, Glaubenssysteme und Regeln diese haben und mit wieviel Einsatzbereitschaft diese Menschen bereit sind, an der Realisierung der gemeinsam gesteckten Ziele zu gehen.

Wenn Sie glauben, daß ein Mitarbeiter in der Lage ist, eine Aufgabe zu erfüllen, und wenn Sie ihm das vermitteln, wird er auch erfolgreich sein. So wie Sie jemanden behandeln, so wie Sie ihn geistig sehen, so wird er sich verhalten. Eine Studie an drei unterschiedlichen Schulen hat ergeben: Wenn man Lehrern neue Schüler vorstellt und die schlauen und intelligenten als die dummen Schüler beschreibt, die etwas langsamen Schüler dagegen als die besonders intelligenten, behandeln diese Lehrer die Schüler genau so, wie sie ihnen beschrieben wurden. Am Ende des Schuljahres spiegelt sich in den Noten genau das wider, was zuvor prognostiziert wurde. Die guten Schüler haben auf einmal schlechte Noten, und die schlechten Schüler haben plötzlich gute Noten. Ihre Erwartungshaltung und Ihre Bewertung einer Person bestimmen das, was am Ende herauskommt. Sehen Sie in Ihrem Mitarbeiter also immer einen Könner, einen Sieger, immer den Menschen, der er sein könnte.

Wenn Sie einen Menschen so sehen, wie er ist, wird er immer schlechter. Wenn Sie einen Menschen so sehen, wie er sein könnte, wird er immer besser und hat die Möglichkeit, über sich selbst hinauszuwachsen.

Wichtig ist bei Führungskräften die Fähigkeit, selbst Fehler oder Fehlverhalten öffentlich einzugestehen, damit bei allen anderen Mitarbeitern, wenn diese einmal einen Fehler machen, dies nicht zu einer emotionalen Katastrophe führt. Seien Sie menschlich, und zeigen Sie es. Zeigen Sie, daß Sie zu den Menschen stehen, auch wenn sie einmal etwas falsch machen.

Nur allzuhäufig haben wir in der Familienberatung und -therapie erleben müssen, daß sich bei Aussprachesitzungen die Ehepartner gegenseitig Verfehlungen vorgeworfen haben, die fünf oder gar 20 Jahre zurückliegen. Danach zählten sie stundenlang auf, was der andere in den letzten 30 Jahren der Ehe alles falsch gemacht hat. Weil diese Menschen sich niemals gesagt haben, was sie am Verhalten des anderen stört oder was sie sich als Idealverhalten wünschen, konnte sich der Partner, der häufig vollkommen überrascht war, auch nicht ändern. Wer nicht weiß, was er falsch macht und was von ihm erwartet wird, kommt selbstverständlich nicht einmal auf die Idee, daß er sein Verhalten ändern sollte.

Von einem Kollegen habe ich einmal den Satz gehört: „Nur wer seine Kinder stark genug liebt, um sie zu disziplinieren, gibt ihnen die Möglichkeit, eine reelle Chance im Leben zu haben.“ Antiautoritäre Erziehung produziert lebensunfähige Menschen oder Terroristen. Das bedeutet, daß Sie manchmal, auch wenn Sie sich nicht danach fühlen, sachlich und ernsthaft Kritik am Verhalten Ihrer Mitarbeiter üben müssen. Mit Lob allein werden Sie langfristig Anarchie in Ihrem Unternehmen produzieren.

Zeitmanagement

Erfolgreiche Menschen praktizieren gutes Zeitmanagement. Dieses ist gleichzeitig für ihre Gesundheit, ihr Streßempfinden und ihren Energiehaushalt äußerst wichtig. Ein gutes Zeitmanagement bringt Ihnen effektivere Resultate, besseres Einkommen und mindestens zwei Stunden mehr Zeit pro Tag. Nur allzuhäufig wird Zeit, das einzig unwiderbringliche Element in unserem Leben, sinnlos verschwendet.

Für ein optimales Zeitmanagement benötigen Sie für jeden Lebensbereich klare Ziele. Sie müssen Ziele haben und sich darauf vorbereiten, diese zu erreichen. Viele Menschen, die im Lotto einen Millionengewinn haben, besitzen schon häufig nach zwei Jahren nichts mehr von diesem

Geld. Der Grund ist, daß sie nicht auf den Erfolg vorbereitet waren und deshalb auch keinen Plan für eine sinnvolle Investition gefaßt hatten. Diese Menschen sind als Persönlichkeit mit diesem finanziellen Erfolg nicht mitgewachsen und kommen deshalb sehr schnell wieder auf ihren ursprünglichen Stand zurück.

Der Schlüssel jeglichen Erfolgs sind Aktions- beziehungsweise Realisierungspläne, die zur Zielsetzung gehören. Handeln ohne Plan ist die Basis für jeden Mißerfolg, für Frustration, Streß und mangelndes Selbstwertgefühl. Handeln mit Plan ist eine Erfolgsgarantie. Mit klaren Zielen und Aktionsplänen erreichen Sie in ein oder zwei Jahren mehr als andere in ihrem ganzen Leben. Erfolg hat nicht einmal etwas mit Talenten oder Intelligenz zu tun, sondern lediglich mit dem Setzen von eigenen Zielen, dem Handeln und Durchhalten, bis man diese erreicht hat. Es gibt im Leben nur zwei Möglichkeiten: Entweder Sie arbeiten im Leben daran, Ihre eigenen Ziele zu verwirklichen, oder Sie arbeiten daran, die Ziele anderer zu verwirklichen.

Eine Analyse erhöht Ihre Produktivität um circa 25 Prozent. Machen Sie abendlich eine Liste von dem, was Sie am nächsten Tag tun wollen, fertigen Sie gleichzeitig eine Prioritätenliste an, auf der Sie die zu erledigenden Arbeiten nach Wichtigkeit numerieren.

Sie alle haben selbstverständlich vom Pareto-Prinzip gehört. Dieses Prinzip besagt, daß 20 Prozent Ihrer Handlungen 80 Prozent der Resultate mit sich bringen und 80 Prozent Ihrer Handlungen nur 20 Prozent an Resultaten mit sich bringen. Deshalb ist es sinnvoll, sich auf die 20 Prozent Ihrer Aktionen zu konzentrieren, die 80 Prozent der Resultate erzeugen. Fragen Sie sich regelmäßig: Wie kann ich meine Zeit am sinnvollsten und wertvollsten nutzen? Allein die Beantwortung dieser Frage macht Sie um 50 Prozent effektiver.

Fragen Sie sich vor allen Dingen, bevor Sie an der Realisierung eines Ziels arbeiten, was es Ihnen für die Zukunft bringt und ob Sie bereit sind, mit den Konsequenzen zu leben und den Preis zu bezahlen, den Sie für diesen Erfolg bezahlen müssen – sei es mehr Zeitaufwand, Kraft, Einsatz oder Verzicht auf Freizeit an Wochenenden.

Ein erfolgreiches Leben ist das Resultat von erfolgreichen Tagen, und erfolgreiche Tage sind das Resultat von erfolgreichen Einzelschritten. Zu viele Menschen handeln nicht, weil sie den gesamten Berg von Aufgaben und Problemen auf einmal als Gesamtheit vor sich sehen und sich dadurch hilflos und ohnmächtig fühlen. Deshalb ist es besonders wichtig, große Ziele in Etappenziele, sprich Einzelschritte aufzuteilen, und jeweils immer nur an der Realisierung des aktuellen Ziels mit hundertprozentiger Einsatzbereitschaft zu arbeiten. Setzen Sie Prioritäten. Wenn Sie zehn Ziele aufgeschrieben haben, sind nach dem Pareto-Prinzip zwei Ziele in ihren Resultaten davon mehr wert als die anderen acht zusammen. Arbeiten Sie an der Realisierung dieser beiden Ziele zuerst.

Verlierer arbeiten oft an Nebensächlichkeiten. Für Verlierer ist es wichtig, beschäftigt zu sein, das zu tun, was ihnen Spaß macht, nicht das, was wichtig und sinnvoll ist. Für viele Menschen ist es nicht wichtig, produktiv zu handeln, sondern nur zu handeln. Fragen Sie sich vor einer Handlung immer, was sie Ihnen für Ihre Zukunft bringt. Entscheidungen haben immer einen Einfluß auf Ihre Zukunft. Lernen Sie, qualitativ bessere und effektivere Entscheidungen zu treffen.

Konzentrieren Sie sich grundsätzlich immer nur auf eine Sache. Beenden Sie immer, was Sie begonnen haben. Verlierer hören immer auf, das Buch zu lesen, das sie begonnen haben, mähen den Rasen nicht zu Ende und brechen in der Regel auch alle anderen begonnenen Tätigkeiten ab.

Überprüfen Sie ständig Ihre Prioritätenliste, und fragen Sie sich: Muß ich das selbst tun? Wenn nicht, delegieren Sie es! Fragen Sie sich: Ist es langfristig sinnvoll und richtig, das zu tun? Wenn nicht, eliminieren Sie es von Ihrer Liste! Entscheiden Sie sich selbst dazu zu tun, was getan werden muß. Belohnen Sie sich regelmäßig für Ihr Wunschverhalten. Entwickeln Sie ein eigenes Bonussystem, durch das Sie sich selbst für Ihre Erfolge belohnen. Dadurch trainieren Sie sich selbst auf Erfolg.

Legen Sie immer ein Erfüllungsdatum fest, zu dem Ihr Ziel erreicht sein soll, und versuchen Sie, möglichst vorher fertig zu sein. Machen Sie sich selbst Druck. Das Parkinson-Gesetz besagt: Arbeit füllt die Zeit, die dafür zur Verfügung steht. Haben Sie für eine Aufgabe acht Stunden Zeit, werden Sie acht Stunden benötigen. Haben Sie jedoch nur zwei Stunden Zeit, schaffen Sie es in der Regel auch in zwei Stunden. Stellen Sie sich immer wieder die Frage: Setze ich meine Zeit so ein, daß es mir einen Vorteil bringt?

Leben Sie nach der Philosophie: „Ich tue es jetzt!“ Was immer getan werden muß, sollten Sie gleich tun oder schnellstmöglich. Zögern ist der Hauptfeind des Erfolgs. Genauso gefährlich ist die Falle der Bequemlichkeit, wenn man sagt: „Es geht mir doch eigentlich ganz gut", „andere haben es viel schlechter" usw. Man kann sich selbstverständlich immer nach unten orientieren, es gibt immer irgendwo auf der Welt Menschen, die hungern, die im Krieg leben müssen und denen es eben schlechter geht als uns. Aber Sie sollten sich nach oben orientieren und sich immer fragen: „Gemessen an dem, was ich wirklich möchte und wirklich erreichen könnte, wo stehe ich jetzt? Will ich wirklich auf das, was an Lebensqualität und Erfolg möglich wäre, verzichten?" Wenn Sie nicht in jedem Bereich Ihrem vollen Potential entsprechend leben, betrügen Sie sich selbst und Ihre Mitmenschen um viele positive Resultate.

Professionelles Management heißt auch, daß Sie lernen müssen zu delegieren. Viele Manager, die ich betreut habe, sagen immer wieder: „Ich mache es lieber selbst, denn bevor ich es dem Mitarbeiter erklärt und gezeigt habe, bin ich schon längst fertig." Diese Manager sollten sich lieber einmal die Zeit nehmen, ihre Mitarbeiter zu trainieren und zu informieren, so daß sie künftig die Aufgabe selbständig erledigen können. Delegieren bedeutet immer Klarheit. Schreiben Sie auf, was, wie, wann durch welche Person getan und erreicht werden soll, und überprüfen Sie regelmäßig den Fortschritt.

Ein wesentlicher Bestandteil Ihrer beruflichen Tätigkeit sind Meetings im großen und kleinen Stil. Gerade in diesen Meetings wird eine Menge Zeit sinnlos verschwendet. Um Ihre Zeit produktiv zu nutzen, sollten Sie jedem Beteiligten mitteilen, aus welchem Grund er Zeit, eventuell Geld oder Verdienstausfall in dieses Meeting investieren soll. Fertigen Sie eine Liste an, die klarstellt, wer, was, wann, wie zu erledigen hat. Beginnen Sie pünktlich und schließen Sie das Meeting pünktlich. Warten Sie nie auf Zuspätkommer. Sorgen Sie dafür, daß Unterbrechungen, wie beispielsweise durch das Telefon, möglichst ausgeschaltet werden.

Viele Menschen sind Zeitverschwender, weil sie in ihrem Leben keinen Sinn gefunden haben. Sie haben das Gefühl, daß Zeit keinen besonderen Wert besitzt und gehen davon aus, daß das für Sie, verehrte Leserin, verehrter Leser, genauso gilt. Deshalb ist es wichtig, nein sagen zu können, indem Sie diese Menschen darauf hinweisen, wenn Sie für sie keine Zeit haben.

Wenn ein Mensch unangemeldet in Ihr Büro kommt, stehen Sie gleich auf, und gehen Sie auf ihn zu, so daß er sich erst gar nicht hinsetzt. Sagen Sie eventuell: „Ich gehe gerade, gibt es etwas Wichtiges?" Legen Sie dann, falls es wichtig ist, einen Zeitpunkt fest, der Ihnen paßt. Oder sagen Sie Ihrem Gegenüber: „Bevor Sie jetzt gehen, sagen Sie mir noch kurz, was genau Ihr Anliegen ist und was Sie von mir erwarten?“

Stellen Sie sich regelmäßig die Frage: Wofür werde ich bezahlt, für welche Resultate, was erwartet man von mir? Was erwartet der Kunde, der Mitarbeiter, der Vorgesetzte. Welche Resultate und welche Prioritäten sind in diesem Zusammenhang besonders wichtig? Fragen Sie gegebenenfalls Ihre Kunden oder Ihren Vorgesetzten, was diese von Ihnen erwarten. So können Sie sich schneller und leichter weiterentwickeln.

Legen Sie zur Zeitersparnis Tätigkeiten gleicher Art zusammen. Erledigen Sie möglichst alle Telefonate nacheinander am Stück. Legen Sie zuvor eine feste Zeit für das Telefonieren fest, oder lassen Sie sich von vornherein nur zu ganz bestimmten Zeiten anrufen. So werden Ihre Tätigkeiten nicht ständig unterbrochen, und Sie werden nicht aus Ihren Gedankengängen oder kreativen Phasen herausgerissen.

Ein übersichtlicher Arbeitsplatz sorgt dafür, daß Sie um 45 Prozent effektiver arbeiten können. Werfen Sie weg, was Sie nicht benötigen. Delegieren Sie, was möglich ist. Handeln Sie ständig. Archivieren Sie nur Dinge, die Sie garantiert wieder benötigen. Wenn Sie etwas anfassen, fragen Sie sich jedesmal: „Wenn ich das jetzt niemals wiederfinden würde, welche Konsequenzen würde das nach sich ziehen?“ Wenn diese unwichtig sind, werfen Sie die Dinge weg.

Legen Sie eine Akte an für aktuelle Tätigkeiten. Sorgen Sie für Ordnung und Sauberkeit in Ihrem Aktenkoffer. Bedenken Sie, daß Kunden keine Geschäfte mit unordentlichen Menschen oder Verkäufern machen. Vor allen Dingen sorgen Sie dafür, daß Ihr Auto nicht unaufgeräumt und schmutzig ist – es könnte ja sein, daß Ihr Kunde einen Blick hineinwirft.

Trennen Sie kreative Arbeit von Routinearbeit, damit Sie dann, wenn Sie sich besonders kreativ fühlen, möglichst die gesamte kreative Arbeit des Tages zusammenhängend erledigen können, und in Phasen, in denen Sie weniger kreativ sind, Sie die notwendige Routinearbeit erledigen, zum Beispiel das Bearbeiten von Post. Bedenken Sie, daß es nicht die Quantität des Zeiteinsatzes, sondern die Qualität Ihrer Handlungen innerhalb dieser Zeit ist, die den wahren Unterschied macht.

Es gibt Menschen, die bei einer Sechs-Tage-Woche und zehn Stunden Arbeit pro Tag 50 000 Mark im Jahr verdienen, und es gibt Menschen, die mit einer Stunde Arbeit pro Tag und einer Drei-Tage-Woche 500 000

Mark oder mehr pro Jahr verdienen. Es ist nicht die Quantität, sondern die Qualität Ihrer Handlungen, die den Unterschied in Ihren Ergebnissen macht.

Investieren Sie täglich eine Stunde pro Tag in Ihre Weiterentwicklung und Weiterbildung, so daß Sie ständig auf dem Laufenden bleiben. Sie dürfen nicht vergessen, daß sich das Allgemeinwissen ständig erneuert und alle fünf Jahre sogar vollständig verändert.

Wenn Sie zwei Stunden pro Tag in Ihre Weiterbildung also in sich selbst und Ihre Zukunft investieren, werden Sie garantiert zu einem besonders erfolgreichen Menschen. Nutzen Sie Kassettenprogramme zur Weiterbildung und zum Lernen, beispielsweise während Sie Auto fahren. Machen Sie Ihr Auto zu einer Lernmaschine. Lernen Sie neue Sprachen, oder bilden Sie sich durch Audioseminare während der Fahrt weiter. Lernen Sie per Audiokassetten am Strand, beim Joggen oder beim Spazierengehen.

Lesen Sie während Ihrer Mittags- oder Kaffeepause. Bedenken Sie, daß eine Kaffeepause von 20 Minuten, zweimal pro Tag 40 Minuten pro Tag ergibt, das sind zusammen 200 Minuten in fünf Tagen, und das macht 10 000 Minuten in einem Jahr. Das ergibt 166 Stunden, die Sie für Ihre Weiterbildung nutzen können. Wenn Sie sich diese 166 Stunden nur mit einer Sache befassen, werden Sie garantiert zu einem Experten in diesem Bereich. In der Regel verdoppeln Sie so Ihr Einkommen.

Ganzheitliches Glück, Erfolg und Zufriedenheit mit NAPS

Um wirklich glücklich, zufrieden, harmonisch und ausgeglichen zu sein und sich in jedem Lebensbereich erfolgreich zu fühlen, sollten Sie nach folgenden NAPS-Grundregeln des Erfolgs leben:

NAPS-Erfolgsgesetz Nummer 1

Machen Sie sich bewußt, daß Sie für Erfolg geboren sind und nicht für Mittelmaß oder Mangel. Machen Sie sich klar, daß Ihnen das Allerbeste zusteht und daß Sie nie wieder bereit sein dürfen, sich mit weniger zufriedenzugeben, als Sie sein, besitzen oder erreichen können. Entscheiden Sie sich klar dazu, sich nie wieder selbst zu bemitleiden, sich selbst herabzumindern oder sich von anderen abwerten zu lassen.

NAPS-Erfolgsgesetz Nummer 2

Beenden Sie jeden Tag mit einem klaren Handlungsplan, mit den zu erreichenden Zielen für den kommenden Tag. Beginnen Sie auf diese Weise jeden Morgen zielorientiert mit einem effektiven Einsatz von Kraft und Zeit.

Quälen Sie sich morgens nicht aus dem Bett, sondern springen Sie heraus, klatschen Sie in beide Hände, rufen Sie laut: „Ja!“ und sagen Sie laut: „Das ist mein Tag!“ Wenn Sie zum Rasier- oder Schminkspiegel gehen, sehen Sie sich selbst in die Augen, und sagen Sie sich: „Du bist großartig, du wirst es schaffen, das ist dein Tag!“

Machen Sie sich bewußt, daß jeder neue Morgen, jeder neue Tag eine vollkommen neue Geburt darstellt und die Möglichkeit mit sich bringt, vollkommen neu zu beginnen. Verschwenden Sie keine Minute damit, morgens langsam wach zu werden, und erst mittags mit dem Handeln zu beginnen. Beginnen Sie Ihren Tag früh, voller Begeisterung und Leidenschaft und vor allen Dingen mit einem Plan.

NAPS-Erfolgsgesetz Nummer 3

Machen Sie sich jeden Morgen bewußt, welche großartigen Vorteile Sie durch das Erreichen Ihrer Ziele haben. Motivieren Sie sich selbst dadurch zum Handeln und Durchhalten, indem Sie sich selbst geistig bereits beim Erreichen Ihrer Ziele sehen und erleben. Nehmen Sie das Gefühl der Freude schon einmal vorweg, das Sie haben werden, wenn Sie das Ziel real erreicht haben. So wächst Ihre Motivation, es Wirklichkeit werden zu lassen.

Fertigen Sie eine Karte an, auf der alle Eigenschaften stehen, die Sie gern besitzen möchten. Zum Beispiel: „Ich bin ein begeisterter, einsatzbereiter, lebensfroher, lebensbejahender Mensch mit sehr viel Verständnis, Flexibilität, Selbstvertrauen und Selbstwertgefühl, der aus diesem Tag einen hervorragenden und erfolgreichen Tag macht und täglich mehr von seinen Möglichkeiten, Talenten und Chancen nutzt.“

NAPS-Erfolgsgesetz Nummer 4

Lassen Sie sich niemals von einem anderen Menschen dazu verleiten, unfreundlich zu sein, nur weil dieser unfreundlich ist. Nicht das, was geschieht, ist wichtig, sondern wie Sie auf das, was geschieht, reagieren, bestimmt Ihr Leben und somit Ihr Schicksal.

Wenn ein Mensch unfreundlich und mißmutig ist, müssen Sie es nicht auch sein. Wenn ein Mensch nicht grüßt oder unfreundlich grüßt, müssen Sie sich dadurch noch lange nicht auf sein minderes Verhaltensniveau herabziehen lassen.

Begegnen Sie jedem Menschen freundlich mit einem Lächeln, so als würden Sie ihn schon lange kennen, und genießen Sie es, neue Menschen kennenlernen zu dürfen. Bedenken Sie, daß Ihr Verhalten immer auf einen Spiegel trifft, den Spiegel des Lebens, der das zurücksendet, was Sie aussenden. Senden Sie Freundlichkeit aus, kehrt Freundlichkeit zurück.

Begegnen Sie jedem Menschen immer in der Art und Weise, wie Sie möchten, daß andere Ihnen begegnen.

NAPS-Erfolgsgesetz Nummer 5

Befreien Sie sich von Miesmachern, Energiefressern, von Menschen, die sich nicht mit Ihnen freuen können, sondern Ihnen jede Freude verleiden. Energiefresser sind Menschen, die immer wieder sagen: „Meinst du, das geht, denkst du, daß das klappt, ich glaube nicht, daß das funktioniert", „wenn das gehen würde, hätten das schon viele andere geschafft", „warum sollst gerade Du das schaffen" usw.

Wenn Sie in Ihrem Leben negative Menschen um sich haben, die mit ihrem Pessimismus und ihrer negativen Lebenseinstellung nicht nur ihr eigenes Leben zu einer Katastrophe machen, sondern auch die Lebensqualität ihrer Mitmenschen ständig herabmindern, werden Sie niemals Ihrem vollen Potential entsprechend leben. Indem diese Menschen immer nur mögliche Fehlresultate und mögliches Versagen prognostizieren und erwarten, halten sie so die anderen vom Handeln und Durchhalten ab. Dadurch werden sehr viele Menschen ihr Erfolgspotential nicht realisieren!

Durch diese Menschen werden viele Erfindungen nicht realisiert, viele Ziele nicht erreicht und viele Träume nicht wahrgemacht. Menschen, die umgeben sind von Energiefressern, haben keine klaren, großen Visionen mehr. Wir alle werden von unseren Umwelteinflüssen geprägt und der falsche Umgang sorgt nur allzuhäufig dafür, daß man nicht seinen eigenen Möglichkeiten entsprechend lebt.

NAPS-Erfolgsgesetz Nummer 6

Betrachten Sie jeden Schicksalsschlag als Möglichkeit, sich weiter zu entwickeln, als eine Chance, daran zu wachsen, Ihr Leben zu vergrößern, als Person und als Persönlichkeit daran zu reifen.

Ob Sie ein Problem als Problem bezeichnen oder gar als Katastrophe, ob Sie die Lebenssituation als Chance, als Möglichkeit ansehen, zu beweisen, wer Sie wirklich sind, was wirklich in Ihnen steckt und was Sie zu leisten in der Lage sind, oder Ihr Selbstwertgefühl und Ihr Selbstvertrauen dadurch festigen und verbessern, indem Sie sich durch sinnvolles, zielgerichtetes Handeln immer wieder selbst zeigen, daß Sie ein Mensch sind, der in der Lage ist, mit jeder Lebenssituation fertig zu werden und optimal damit umzugehen: Sie stabilisieren damit das Fundament, auf dem Ihr Leben steht – Ihr Selbstvertrauen, Selbstwertgefühl und Selbstimage.

Sehen Sie Probleme als Aufgaben an, für die es eine Lösung zu finden gilt. Sobald Sie das Problem klar definiert haben, beginnen Sie sofort, nach Lösungen zu suchen und diese zu realisieren.

Wenn Sie regelmäßig an sich selbst arbeiten, ständig das geistige Bild von Ihrer perfekten Wunschfassung, Ihr Verhalten und Sein geistig programmieren und konditionieren, werden Sie sich bald konsequent so verhalten, wie Sie es durch geistige Bilder, durch geistiges Erleben programmiert haben.

Hierzu eine Analogie. Wenn Sie eine Apfelsine quetschen, kann nur Orangensaft herauskommen und kein Apfelsaft. Wenn Sie eine Banane quetschen, kann nur Bananensaft herauskommen und kein Birnensaft. Und wenn das Leben Sie „quetscht“, im übertragenen Sinn, dann kann nur herauskommen, was in Ihnen ist, nichts sonst. Programmieren Sie sich selbst darauf, ein einsatzbereiter, kampfbereiter, durchhaltender, konsequenter, lebensfroher, erfolgreicher Mensch zu sein. Es können dann in Krisensituationen nur die durch Ihr Selbstimage vorbestimmten Reaktionen folgen. Bedenken Sie, Druck erzeugt Diamanten.

NAPS-Erfolgsgesetz Nummer 7

Sie sind einmalig im Universum, geschaffen für Größe, designed für das Beste. Aus diesem Grund sind Sie nicht nur dazu in der Lage, sondern auch dazu verpflichtet, Ihrer Einmaligkeit entsprechend Resultate zu produzieren und Leistungen zu vollbringen.

Lassen Sie es in Ihrem Geist nie wieder zu, daß Sie sich mit weniger Leistung, weniger Einsatzbereitschaft und weniger Erfolg zufrieden geben, als Sie produzieren können. Wenn Sie etwas tun, geben Sie Ihr Bestes. Und wenn Sie immer 100 Prozent geben, geben Sie bereits 60 Prozent mehr als die breite Masse. Sie werden damit ein Vielfaches mehr erreichen als diese Menschen.

Seien Sie bereit, die Extra-Meile zu gehen, und den Preis zu bezahlen, den das Leben für besonderen Erfolg verlangt. Sie sind nicht für Mittelmaß und Mangel geboren, sondern für grenzenlosen Erfolg und unbegrenzte persönliche Höchstleistungen. Seien Sie bereit, 110 Prozent zu geben und immer einmal mehr aufzustehen, als das Leben Sie niederwirft, denn die Zukunft gehört Ihnen. Wenn Sie damit beginnen, ans ich selbst zu glauben, beginnen sich in Ihrem Leben ganz besondere Erfolge zu realisieren. Es ist unter Ihrem Niveau, weniger als Ihr Bestes zu geben.

NAPS-Erfolgsgesetz Nummer 8

Konzentrieren Sie sich mit all Ihrer Kraft und Einsatzbereitschaft immer nur konsequent und durchhaltend auf die Aufgabe, an der Sie unmittelbar arbeiten. Beenden Sie zuerst jede Aufgabe, bevor Sie an der Realisierung der nächsten arbeiten.

Wenn Sie in zu viele verschiedene Richtungen gleichzeitig arbeiten, streuen Sie Ihre Kräfte und machen sie wirkungslos. Die Menschen, die von allem etwas tun, werden meist im Leben nie irgend etwas richtig tun, sie werden alles anfangen und nichts beenden und letztendlich nie irgendwo ankommen.

Bündeln Sie Ihre Energien. Durch gebündeltes Licht, wie bei einem Laserstrahl, werden durch die Konzentration des Lichtes ungeahnte Kräfte entwickelt. Wenn Sie mit einem Lupenglas ein Feuer entfachen wollen, müssen Sie das gebündelte Licht nur auf einen Punkt halten. Würden Sie es ständig nur hin- und herbewegen, würde nichts geschehen. Konzentrieren Sie immer all Ihre Kräfte voll auf die aktuellen Aufgaben.

Viele Menschen leben niemals wirklich. Wenn sie im Büro sind, denken sie darüber nach, was sie zu Hause gern tun möchten. Wenn sie zu Hause sind, denken sie darüber nach, was sie im Job eigentlich tun sollten. Diese Menschen leben niemals im Jetzt. Sie sind deshalb ständig gestreßt, ausgelaugt und unproduktiv, weil sie immer das Gefühl haben, etwas Falsches zu tun oder nichts zu erreichen. Was auch wahr ist, da sie ja immer das tun wollen oder sich damit beschäftigen möchten, was im Moment in der Ferne liegt. Ebenso gefährlich ist es, wenn man ein „Wenn-dann-Mensch" ist.

Wenn-dann-Menschen sind Menschen, die sagen: „Wenn ich aus der Schule bin, dann werde ich anfangen zu handeln." – „Wenn ich meine Lehre beendet habe oder mein Studium, dann werde ich anfangen zu handeln." – „Wenn ich erst einmal verheiratet bin, dann lege ich aber wirklich los." – „Wenn die Kinder groß sind, dann werde ich endlich beginnen, meine Träume zu realisieren." – „Wenn ich geschieden bin, dann …" – „Wenn ich in Rente bin, dann …". Plötzlich ist das Leben vorbei, und am Ende ihres Lebens stellen diese Menschen voller Verbitterung und oft einhergehend mit Neid und Haßgefühlen fest, daß sie nur zehn Prozent ihres Lebens gelebt haben. Sie merken dann, daß sie nie im Jetzt gelebt haben, sondern immer in der Zukunft und somit ihr ganzes Leben verschwendet haben.

Sie leben jetzt, hier und heute, und jetzt, hier und heute müssen Sie glücklich, zufrieden und gesund sein. Obwohl Sie sich lang-, mittel- und kurzfristige Ziele setzen müssen, um erfolgreich zu sein und zu bleiben, ist es dennoch wichtig, immer einen Tag nach dem anderen für sich selbst intensiv zu leben und immer im Jetzt zu handeln.

NAPS-Erfolgsgesetz Nummer 9

Behandeln Sie Ihren Multi-Milliarden-Dollar-Körper und Ihren Multi-Milliarden-Dollar-Geist so, wie er es verdient, und schaffen und erhalten Sie sich Ihre Gesundheit ständig neu. Sie dürfen niemals damit aufhören, alles für Ihre Gesundheit, Vitalität und Fitneß zu tun, um für sich selbst die lebenslange optimale Gesundheit zu kreieren.

Machen Sie dreimal täglich die Atem-Power-Übung. Sorgen Sie dafür, daß Sie ständig wasserreiche Nahrung zu sich nehmen, wie Obst,

Gemüse und Salat und daß Sie bei jeder trockenen Nahrung wie Kartoffeln oder Fleisch mindestens zweimal soviel Salat und Gemüse dazu essen.

Versorgen Sie Ihren Körper optimal mit Nährstoffen und Energie, indem Sie vom Aufstehen bis zwölf Uhr mittags ausschließlich Obst essen. Denken Sie daran, Obst nur auf nüchternen Magen zu essen. Trennen Sie Kohlehydrate und Eiweiß während eines Essens, und bedenken Sie, daß auch normal zusammengestellte Nahrung bis zu vier Stunden in Ihrem Magen verbleibt. Essen Sie mindestens 70 Prozent feuchtigkeitsreiche Nahrung. Essen Sie nur, wenn Sie sich in einer guten, entspannten Verfassung befinden. Essen Sie immer in Ruhe, nie in Hektik. Essen Sie lieber öfter und kleine Mengen als wenig und große Mengen auf einmal. Trinken Sie Wasser ohne Kohlensäure und möglichst ohne Mineralien vor dem Essen und nicht bei oder nach dem Essen, weil sonst die Verdauungssäfte verwässert werden. Essen Sie soviel lebendige Nahrung wie irgend möglich, also auch Gemüse, das möglichst nur gedünstet oder roh ist. Essen Sie möglichst drei bis vier Stunden vor dem Zubettgehen nichts mehr, um sich nachts optimal regenerieren zu können.

Trainieren Sie bitte circa viermal die Woche aerob, indem Sie sich 15 Minuten aufwärmen, mindestens 15 Minuten bei Ihrer idealen Herzfrequenz 180 minus Ihr Alter trainieren und sich 15 Minuten langsam abkühlen. Kontrollieren Sie Ihren Appetit, essen Sie also wirklich nur, wenn Sie Hunger haben und nur soviel und so lange, wie Sie Hunger haben.

Suchen Sie nach professioneller Hilfe für Ihren Körper, lassen Sie sich Massagen geben. Gehen Sie regelmäßig in die Sonne, ganz gleich, was Ihnen die Medien diesbezüglich auch weismachen wollen, aber übertreiben Sie es nicht. Sorgen Sie für regelmäßigen Spaß und Regenerationsphasen. Eliminieren Sie Fette und Öle so weit es geht aus Ihrer Ernährung, und essen Sie, wenn möglich, höchstens einmal die Woche Fleisch. Eliminieren Sie grundsätzlich Milch, Käse, Eier und Milchprodukte aus Ihrer Ernährung. Versuchen Sie, soweit es geht, weißen Zucker, Salz und Essig aus Ihrer Nahrung fernzuhalten. Schon nach 21 Tagen gewöhnt sich der Körper um, und das Suchtempfinden nach diesen Giftstoffen hört in der Regel auf. Machen Sie sich selbst das Geschenk einer vitalen Gesundheit, Fitneß und Energie, und versorgen Sie Ihren Körper mit Kraft und Gesundheit, so daß Sie sich wirklich lebendig fühlen. Erleben Sie das Gefühl totaler Gesundheit, indem Sie sich diese selbst verschaffen.

NAPS-Erfolgsgesetz Nummer 10

Wenn Sie glauben, daß Erfolg ein Zufallsprodukt ist, etwas mit Glück zu tun hat und Sie nur darauf zu hoffen brauchen, sechs Richtige im Lotto zu haben, werden Sie den Rest Ihres Lebens mit Harren und Hoffen verschwenden. Nur wenn Sie selbst für die Realisierung Ihrer Ziele arbeiten, die Sie sich wünschen und die Ihren Wertehierarchien entsprechen, und wenn Sie Ihren Erfolg selbst schaffen, auf- und ausbauen und erhalten, werden Sie Ihrem vollen Potential entsprechend erfolgreich sein und sich erfolgreich fühlen, sonst nicht.

Kein anderer Mensch wird Ihre Probleme für Sie lösen, es sei denn, er selbst hat einen Vorteil dadurch. Niemand wird Reichtum anhäufen und Ihnen diesen dann schenken. Wenn Sie glauben, daß Probleme sich von selbst lösen, werden Sie schon bald feststellen, daß jedes Problem, vor dem Sie weglaufen, Ihnen hinterherläuft und mit jedem Schritt größer wird, bis es zu einem bedrohlichen Monster angewachsen ist, das Sie entweder beseitigen müssen oder das Sie beseitigt. Beseitigen Sie das „Monster“ solange es noch klein ist.

NAPS-Erfolgsgesetz Nummer 11

Feedback ist das Frühstück des Champions. Das bedeutet, daß Sie jeden Abend den vorangegangenen Tag und Ihre Handlungen auf seine Effektivität hin überprüfen sollen. Kontrollieren Sie, welche Handlungen Sie weitergebracht haben. Welche Handlungen unsinnig waren. Stellen Sie fest: Was können Sie nächstes Mal besser machen, morgen effektiver oder konzentrierter tun.

Stellen Sie sich an jedem Abend die Frage: Wenn ich diesen Tag noch einmal erleben könnte, was würde ich dann anders machen? Die gleiche Frage können Sie sich nach jedem Kunden- oder Mitarbeitergespräch stellen. Wenn Sie Ihre Antworten aufschreiben, entwickeln Sie dadurch ein effektives Erfolgskonzept für künftige Vorgehensweisen. Gleichzeitig programmieren Sie Ihr Unterbewußtsein (Gehirn und Selbstimage) auf das gewünschte Verhalten.

Meiner Ansicht nach sollte jeder Mensch ein Buch schreiben, das nicht unbedingt publiziert werden muß, aber schreiben sollte es jeder, und es sollte den Titel tragen: „Was ich glaube, was Menschen tun sollten, um erfolgreich zu sein.“ Wenn Sie ein Buch mit diesem Titel schreiben, werden Sie gleichzeitig eine Erfolgsrezeptur für Lebenssituationen und Verbesserungen in jedem einzelnen Lebensbereich erschaffen. Von diesen können Sie selbst den Rest Ihres Lebens wieder und wieder profitieren und im Idealfall viele andere Menschen auch.

Es ist besonders wichtig, ein eigenes Erfolgsjournal zu führen. In diesem Buch tragen Sie all Ihre Ziele, Ihre Wertehierarchien, Ihre Ideen, Ihre Träume, Ihre Erkenntnisse ein. So können Sie den Erfolg Ihrer Weiterentwicklung und Ihres Lebens dokumentieren.

NAPS-Erfolgsgesetz Nummer 12

Machen Sie sich immer bewußt, daß wahrer Erfolg nur durch praktiziertes Teamspiel im beruflichen und privaten Bereich zu erreichen ist. „Gemeinsam nach oben!“ muß die Devise Ihres Lebens sein. Sie müssen sich in Ihrem Leben ausreichend Zeit für Familie, Freunde, Hobbys, Spaß, Regeneration nehmen. Planen Sie Ihre Regenerationsphasen, Urlaubszeiten, Zeiten des Alleinseins mit sich selbst, zum Abschalten und Überdenken des eigenen Lebens bewußt mit ein. Dennoch ist die Basis für Glück und Erfolg das effektive Zusammenspiel mit unseren Mitmenschen. Es ist das soziale Netz von Freunden und Verwandten, das uns auffängt, wenn das Leben uns niederwirft. Nur so fallen wir nicht ins Bodenlose. Ohne Freunde sind wir wie ein Krieger ohne Schild in der Schlacht.

Sicher haben Sie als Kind genau wie ich auch mit Ihren Freunden auf Eisenbahnschienen balanciert und ausprobiert, wer von ihnen wohl weiter auf diesen Eisenbahnschienen gehen kann, bevor er herunterfällt. Bedenken Sie, wenn Sie nebeneinander, jeder auf einer Schiene gehen würden und sich gegenseitig an der Hand festhielten, also stützten, könnten Sie endlos weit auf den Schienen balancieren. Dieses Beispiel verdeutlicht Ihnen den Sinn des Teamspiels. Denselben Zweck erfüllt die V-Formation der Wildgänse, wobei die Führer regelmäßig wechseln. Der Sinn hierfür ist einfach, daß der erste den Luftwiderstand bricht und die anderen Gänse dadurch mit erheblich weniger Luftwiderstand fliegen. Sobald der Führer müde wird, wechselt er, und der nächste tritt an seine Stelle. Auf diese Art und Weise ist es den Wildgänsen möglich, 79 Prozent weiter zu fliegen, als eine einzelne Wildgans es allein tun könnte.

Teamspiel machte es möglich, daß Albrecht Dürer in Nürnberg auf der Kunstakademie studieren konnte und so der Nachwelt so viele hervorragende Kunstwerke hinterlassen konnte. Sein Bruder Albert Dürer arbeitete für ihn in den Minen, um die Kunstakademie zu finanzieren. Albert ruinierte dabei seine Gesundheit vollkommen. Zum Dank malte Albrecht Dürer die Hände seines Bruders Albert, die heute als die betenden Hände bekannt sind.

Es gibt keinen Selfmade-Millionär und keine Selfmade-Millionärin, denn auf dem Weg nach oben haben immer sehr viele andere dabei geholfen, diesen Erfolg zu ermöglichen. In der Regel machen 80 Prozent eines bleibenden großen Erfolgs einer Person immer die Lebenspartner aus. Hinter jedem erfolgreichen Mann steht eine noch erfolgreichere Frau, und hinter jeder erfolgreichen Frau steht ein noch erfolgreicherer Mann. Erfolg ist immer das Resultat aus praktiziertem Teamspiel.

Wir alle brauchen jemanden, mit dem wir einmal gemeinsam weinen können oder an dessen Schulter wir uns ausheulen können. Wir alle brauchen jemanden, mit dem wir gemeinsam lachen können, unsere Erfolge genießen und unsere Siege feiern können.

Träumen Sie Ihre eigenen Träume. Glauben Sie an sich selbst und an die unbegrenzten Möglichkeiten, die in Ihnen stecken. Arbeiten Sie jeden Tag Ihres Lebens daran, Ihre eigenen Träume, Wünsche und Ziele mehr und mehr zu realisieren. Dann gehören Sie zur Elite, zu den 0,8 Prozent von Menschen mit den ganz besonderen Erfolgen und den ganz besonderen Höchstleistungen.

Welche Möglichkeiten bietet Ihnen NAPS?

Unter anderem bietet Ihnen NAPS folgende Investitionsmöglichkeit für Ihre Zukunft:

- Individuelles NAPS-Einzeltraining in zwölf Sitzungen à 60 Minuten, Persönlichkeitsentwicklungs-, Motivations- und Erfolgskonditionierungstraining auf dem höchstmöglichen Level, mit einem in fünfjähriger Ausbildungszeit von Leonard Coldwell persönlich ausgebildeten und von der NAPS Research International, USA, lizensierten NAPS-Trainer
- Betreuung Ihrer Firma, individuelle Ausbildung von Mitarbeitern und Führungskräften nach Ihren Vorgaben in jedem Bereich und Ausbildung Ihrer Trainer
- Frauen-Power-Seminare – NAPS – von Frauen für Frauen
- Die großen NAPS-Gesundheits- und Fitneßseminare, durchgeführt von absoluten NAPS-Spezialisten auf diesem Gebiet
- und natürlich

  Leonard Coldwell live!

Leonard Coldwell Gesundheitstag	ein Seminar, das Ihnen die Augen öffnen wird und ungeahnte Möglichkeiten bietet
Sie sind für Erfolg geboren!	1- und 2-Tages-Seminar, in dem Sie lernen, die Kontrolle über Ihr Leben zu übernehmen
Optimale Kommunikationsstrategien	1- und 3-Tages-Seminare, die wirklich Resultate produzieren
Strategie für Erfolg	Moderne Verkaufs- und Beratungsstrategien
Die Mind Revolution	3 Tage, die Ihr Leben verändern!
Verhaltensmuster des Erfolgs	NAPS in Reinkultur, 1- bis 3-Tages-Seminar
Gesundheitscoaching für den Top-Manager	Wochenendkurse (Frei von Streßschäden und Managerkrankheiten)

- Stellen Sie uns Aufgaben – gemeinsam werden wir jede Aufgabe lösen!
- NAPS-Power-Training – Es ist unser Ziel, Ihnen zu helfen, Ihre Ziele zu erreichen!
- Was haben Sie heute schon für Ihren Erfolg getan?
- Rufen Sie uns gleich an:
  0 57 22 / 98 12 55 oder Fax: 0 57 22 / 98 12 44
  Wenn nicht jetzt – wann dann?

NAPS-Bibliothek

Bücher von Leonard Coldwell

Endlich! Abschied von Ihrer Krankheit, imv-Verlag
Sie sind für Erfolg geboren, imv-Verlag
Die Erfolgsgarantie, Verlag edition q
Die unbegrenzte Kraft des Unterbewußtseins,
Heinrich Hugendubel Verlag

Kassettenprogramme von Leonard Coldwell

Endlich! Abschied von Ihrer Krankheit	34,80 DM
Die unbegrenzte Kraft des Unterbewußtseins	89,00 DM
Die bewußte Programmierung der Kräfte Ihres Unterbewußtseins	89,00 DM
Programmieren Sie Ihre Gesundheit, Kraft und Vitalität	89,00 DM
Programmieren Sie Ihr wunderbares, glückliches Privatleben selbst	89,00 DM
Programmieren Sie sich selbst zu Selbstvertrauen, innerer Stärke und Durchsetzungsvermögen	89,00 DM
Programmieren Sie sich selbst zu unbegrenzten finanziellen Erfolgen	89,00 DM
Programmieren Sie selbst Ihren optimalen Körper	89,00 DM
Nichtraucherprogramm	89,00 DM

Sie sind für Erfolg geboren – das Tonseminar	129,00 DM
Der große Zielsetzungsworkshop	189,00 DM
„Powertalk", Leonard Coldwells monatliche „Zeitschrift" auf Audio-Kassetten mit Leonard Coldwells eigener Art von Lebendigkeit und Motivation als regelmäßige NAPS-Erfolgskonditionierungs-, Motivations- und Persönlichkeitsentwicklungstraining für zu Hause, 12 Ausgaben.	498,00 DM pro Jahr
Persönlicher Erfolg – NAPS-Power-Strategien für persönliche Höchstleistungen und unbegrenzten persönlichen Erfolg. Ein Audio-, Schulungs- und Trainingsprogramm, das Sie mit dem Basiswissen des NAPS-Erfolgssystems vertraut macht und unterstützt ist von schriftlichem Arbeitsmaterial und Merkkarten. Ein echtes Ausbildungsprogramm und Training für Sie persönlich zu Hause erstellt. Machen Sie Leonard Coldwell durch dieses Programm zu Ihrem persönlichen Erfolgscoach. Entwickeln Sie wie in einem Live-Seminar für sich selbst individuelle Erfolgsstrategien, und lassen Sie sich von Leonard Coldwells einmaliger Art begeistern und zum Handeln anspornen.	Preis auf Anfrage
Live your Dreams – Das Motivationspaket – 4 Audiokassetten, die Ihr Leben verändern!	

Adresse für Informationen über NAPS-Training und NAPS-Produkte:

NAPS Professional
Education Institut
Bückeburger Straße 17
31707 Bad Eilsen
Tel.: 0 57 22 / 98 12 55
Fax: 0 57 22 / 98 12 44

Schreiben Sie mir!

Liebe Leserin, lieber Leser, ich wäre Ihnen sehr dankbar, wenn Sie mir von Ihren Erfahrungen und Erfolgen mit meinem NAPS-Erfolgskonditionierungs-, Motivations- und Persönlichkeitsentwicklungstraining berichten würden. Vielleicht kann ich einmal Ihre ganz persönliche Erfolgsgeschichte in einem meiner Bücher und in meinen Seminaren erzählen.

Teilen Sie mir bitte mit, zu welchen Themen Sie weitere Bücher oder zu welchem Bereich Sie genauere Informationen wünschen.

Schön wäre es, wenn wir uns einmal bei einem meiner Seminare persönlich kennenlernen könnten. Sprechen Sie mich einfach an.

Bis bald – über dem Gipfel! Denken Sie daran: Sie sind für Erfolg geboren!

Herzlichst

Ihr Leonard Coldwell

NAPS Research International
Leonard Coldwell
4938 Hampden Lane, Suite 308
Bethesda, Maryland 20814
U.S.A.

Der Autor

Leonard Coldwell, geboren 1957, studierte in den USA und in Kanada Psychologie und Holistic Health. Er ist der führende Erfolgs- und Gesundheitsforscher und Therapeut im Bereich Streßschäden und Managerkrankheiten, aber auch chronischer Krankheiten, und Begründer von NAPS (Neuro-Assoziative Programmierungssysteme) sowie des darauf aufbauenden NAPS-Trainings und des NAPS-Gesundheitstrainings.

Leonard Coldwell ist Berater des Canadian Institute of Health und Vitality sowie Coach von Spitzensportlern und Trainer der Verkaufs- und Managementelite in Deutschland. Er lebt abwechselnd in Deutschland und in den USA.

Weitere Bücher von Wolf W. Lasko

Small talk und Karriere
– Mit Erfolg Kontakte knüpfen –
ISBN 3-409-19679-X, 1993, 176 Seiten, DM 58,–
Nur wer Small talk sicher und elegant beherrscht, findet auch die richtigen Kanäle zur Spitze und kann sich dort behaupten, wo die Luft dünn wird.

Stammkunden-Management
– Strategien zur Umsatzsteigerung –
ISBN 3-409-29617-4, 2. Auflage 1993, 290 Seiten, DM 78,–
Wie läßt sich der Umsatz erheblich erhöhen, ohne daß die Kosten nennenswert steigen? Maßnahmen und Instrumente zur dauerhaften Umsatzsteigerung – nie belehrend, aber mit Witz und Überzeugungskraft.

Charisma
– Mehr Erfolg durch persönliche Ausstrahlung –
ISBN 3-409-19680-3, 1994, 260 Seiten, DM 68,–
Wer Charisma besitzt, wirkt faszinierend, attraktiv und hat Erfolg. Teils höchst amüsante Tips helfen, die persönliche Ausstrahlung gezielt zu verbessern.

Personal Power
– Wie Sie bekommen, was Sie wollen –
ISBN 3-409-19699-4, 1995, 216 Seiten, DM 68,–
Wer sich Schritt für Schritt in unbekannte Gebiete wagt und sich von lähmenden Gewohnheiten befreit, kann das Potential seiner Personal Power erkennen und ausschöpfen. Wie, das zeigt dieses faszinierende Buch.

Die Kraft der Faszination
– Talente aufspüren, Lebensvisionen entwerfen, Begeisterung erleben –
ISBN 3-409-19623-4, 1995, 244 Seiten, DM 68,–
Ein überaus nützlicher Begleiter bei der spannenden Entdeckungsreise zu den eigenen Talenten.

Zu beziehen über den Buchhandel oder den Verlag.
Stand der Angaben und Preise: 1.5.1996.
Änderungen vorbehalten.

GABLER

BETRIEBSWIRTSCHAFTLICHER VERLAG DR. TH. GABLER GMBH, ABRAHAM-LINCOLN-STRASSE 46, 65189 WIESBADEN